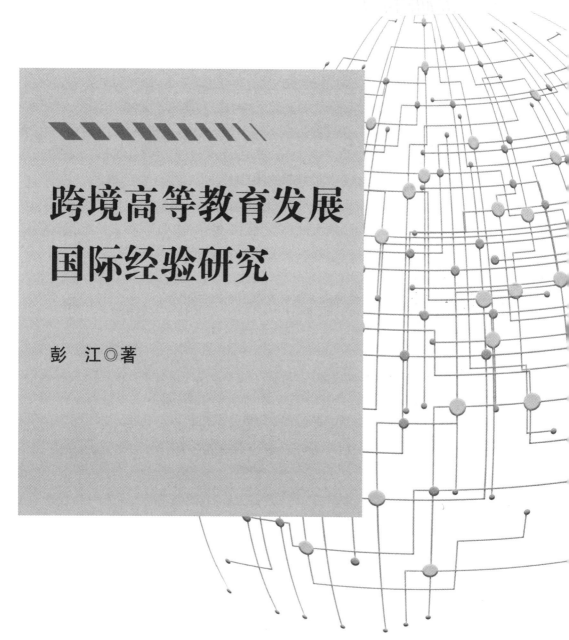

跨境高等教育发展
国际经验研究

彭 江◎著

重庆大学出版社

图书在版编目（CIP）数据

跨境高等教育发展国际经验研究 / 彭江著. --重庆：重庆大学出版社，2024.6

ISBN 978-7-5689-3913-3

Ⅰ.①跨… Ⅱ.①彭… Ⅲ.①国际教育—高等教育—教育研究 Ⅳ.①G64

中国国家版本馆CIP数据核字（2023）第093445号

跨境高等教育发展国际经验研究
KUAJING GAODENG JIAOYU FAZHAN GUOJI JINGYAN YANJIU
彭 江 著

责任编辑：陈筱萌　　版式设计：陈筱萌
责任校对：王 倩　　责任印制：张 策

*

重庆大学出版社出版发行
出版人：陈晓阳
社址：重庆市沙坪坝区大学城西路21号
邮编：401331
电话：（023）88617190　88617185（中小学）
传真：（023）88617186　88617166
网址：http：//www.cqup.com.cn
邮箱：fxk@cqup.com.cn（营销中心）
全国新华书店经销
重庆市国丰印务有限责任公司印刷

*

开本：720mm×1020mm　1/16　印张：16　字数：290千
2024年6月第1版　　2024年6月第1次印刷
ISBN 978-7-5689-3913-3　　定价：75.00元

目录 / Contents

第一章　跨境高等教育发展概述

一、跨境高等教育的内涵

（一）跨境教育

跨境教育（cross-border education）一般指教师、学生、项目、机构或者课程材料跨越国家管辖的边界，开展教学活动。"跨境"是指跨越"国家边界"，因此跨境教育体现的也是教育的国际化进程。跨境教育的主体是人员、项目和机构，表现形式为"主体的流动"。人员流动的形式主要是"学生前往境外学习，教师赴境外从事教育教学活动"。项目流动的主要形式有"国内外教育机构合办联合教育项目或学位课程，教育机构在境外办学，远程提供跨境教育课程"[1]。跨境教育不仅是国与国的教育交流，还具有政治、经济、外交、文化、贸易意义。

最初，"跨境教育"是从"教育服务贸易"的概念中分离而来的。2003年11月，在第二届教育服务贸易论坛上，加拿大学者简·奈特（Jane Knight）第一次提出"跨境教育"的概念。此前，"教育服务"是否存在贸易性质在国际上存在广泛争议，"跨境教育"这一概念得到认可后，逐渐替代"教育服务贸易"的概念。2004年10月，澳大利亚召开第三届教育服务贸易国际论坛，"跨境教育提供"（cross-border provision of education）受到与会国家认可。此后各国逐渐达成共识：随着全球化的发展，教育国际化不可避免，跨境高等教育将会成为全球化的主要表现形式之一。简·奈特认为"跨境教育是指人、专业、教育提供者、课程、项目、研究和服务的跨国家或地区的流动。跨境教育是国际化的一部分，也是发展合作项目、学术交流项目和商业运作的一部分"[2]。

（二）跨境高等教育的定义及分类

在跨境教育的范畴内，跨境高等教育是主要组成部分，本书也主要讨论跨境高等教育的系列问题。1993年11月，联合国教科文组织在第27届大会上对高

1　OECD. Internationalisation and trade in higher education: opportunities and challenges[M]. Paris: OECD Publishing, 2004: 19.
2　兰格林.跨境高等教育：能力建设之路[M].江彦桥，等译.北京：高等教育出版社，2010：8-9.

等教育下了定义："高等教育包括由大学或国家核准为高等教育机构的其他高校实施的中学后层次的各种类型的学习、培训或者研究性培训。"

目前，跨境高等教育的定义有以下几种。国内学者张进清认为：跨境高等教育是指国与国之间高等教育领域中的任何形式的人员、项目和机构等跨越国家司法边界和地理边界的流动。[1] 2005年10月，经合组织（OECD）与联合国教科文组织（UNESCO）联合颁布了《保障跨境高等教育办学质量的指导方针》，对跨境高等教育下了定义："跨境高等教育是指教师、学生、项目、机构、课程材料在跨越国家管辖边境的情况下进行的高等教育。"跨境高等教育的施行主体既有公立和私立部门，也包括营利或非营利院校。教育形式涵盖了多种模式，从面授到远程学习都囊括其中。从跨境高等教育的目的来看，其实质是高等教育在国家间流动，是知识要素在各国之间移动和重组配置的过程。[2]

基于以上的概念，本书将跨境高等教育定义为国与国之间各种形式的高等教育人员、课程以及教育服务跨越国界的流动，具体表现为一国高等机构与外国机构合作开设学位课程、在国外开设分支机构、互联网远程教育等。

明确了跨境高等教育的定义，可以根据跨境教育主体类型对其进行区分。跨境的主体只能是"人员、教育项目、各种营利或非营利机构"[3]。从跨境高等教育设计的要素角度区分，跨境有以下四类：第一类要素是人的流动，包括学生、教授、专家学者；第二类要素是项目，项目的实施通常是国内外合作，或由国外独立发起；第三类要素是提供者，包括各类高等教育机构、跨境教育公司和网络机构；第四类要素是服务，如联合课程开发、研究、专业、基准、技术支持、网络学习平台、专业发展和其他方面特别是信息技术领域的能力建设行动。[4]

（三）跨境高等教育的特征

跨境高等教育作为高等教育国际化的体现，逐渐成为全球高等教育领域新的生长点和发展动能。特别是新冠疫情暴发以来，跨境高等教育担负起了新的使命。从目前全球跨境教育的实施来看，主要呈现出跨国性、流动性、多样性、复杂性、贸易性这五个特点。

跨境高等教育是跨越国家司法边界和地理边界的高等教育供给与需求，大学自诞生之日起便具有跨国属性。进入21世纪，各国争先推进高等教育的

1　张进清.跨境高等教育研究[D].重庆：西南大学，2012.
2　张进清.跨境高等教育研究[D].重庆：西南大学，2012.
3　兰格林.跨境高等教育：能力建设之路[M]江彦桥，等译.北京：高等教育出版社，2010：10-11.
4　兰格林.跨境高等教育：能力建设之路[M]江彦桥，等译.北京：高等教育出版社，2010：10-11.

联系与合作，高等教育呈现出开放合作的发展趋势。[1]跨境高等教育的首要特征就是流动性。

跨境高等教育的流动性主要表现为人员、项目、机构、教育管理制度或者标准等在全球范围的单向、双向或多向的跨境流动。跨境高等教育流动是在一定的背景和条件下受不同层面的各种推拉因素影响的共同作用结果。从国家层面看，跨境高等教育流动的主要影响因素是发展中国家高等教育的短缺形成的拉力和发达国家高等教育的过剩产生的推力。而不同层面的推力和拉力在不同国家、政府、院校和个人层面又会呈现出多样性的特点。

跨境高等教育具有多样性特征，主要表现为跨境高等教育供给模式的多样性和跨境高等教育提供者的多样性。跨境高等教育机构的供给模式主要有分校、卫星分校、独立院校、企业大学、虚拟大学、学习中心或教学点、本地与国外之间的合作或并购等模式；跨境高等教育项目的供给模式主要有特许、结对子、双学位或联合学位、项目衔接等模式。跨境高等教育提供者除了公立院校或私立学院、营利性组织或非营利性组织、教育机构、研究组织和公司等[2]，还有上市公司、网络大学、专业协会和专业组织等新型办学机构。"一张围绕传统高等教育机构、由多元办学主体组成的既合作又竞争的跨国知识传播网络已初见端倪。"[3]

21世纪的跨境高等教育变得日益复杂，其复杂性主要体现在参与主体多元和质量保障标准不一。跨境高等教育的参与者主要包括行政政府和机构、非政府和准政府机构、私立基金会、教育机构等，参与主体的数量与日俱增且承担着多个角色，其活动形式也是多种多样。高等教育质量在本国和国外存在差异，传统高等教育机构和新的商业性私人提供者不断参与到跨境高等教育行列中，这些都是把跨境高等教育质量保障推向首要位置的原因。

最后，跨境高等教育还加入了商业运作模式，贸易性也是跨境高等教育的主要特征之一。跨境高等教育的国际服务贸易性质于1994年确立，《服务贸易总协定》（GATS）正式将教育纳入"服务贸易"的范畴。在GATS的框架中，人员跨境流动以"跨境交付"与"自然人的流动"方式存在，项目跨境流动和机构跨境流动是以"跨境交付"和"商业存在"的方式体现。在跨境高等教育服务贸易中，"外国学生不仅可以为高校带来收入，填补本国学生不足，提供廉价的助教和研究助理等，而且可以在国外开设分校，或是授权国外学校教授课程并颁发

---

1 顾建新.跨国教育发展理念与策略[M].上海：学林出版社，2008：105.
2 奈特.激流中的高等教育：国际化变革与发展[M].刘东风，陈巧云，译.北京：北京大学出版社，2011：119.
3 顾建新.跨国教育发展理念与策略[M].上海：学林出版社，2008：266.

学位，以此增加收入，提高学校的国际知名度和国家的影响力"[1]。在 GATS 的推动下，服务性质的跨境高等教育开始成为各国重要的投资和消费领域，学术流动（学生、项目、提供者）成为一种重要的经济来源。美国、英国、澳大利亚、日本、德国、法国、加拿大等国家更是将跨境高等教育作为国家经济政策和对外贸易的一部分，积极推动跨境高等教育成为出口商品，推进教育市场化政策的改革。

（四）跨境教育的相关概念

1.高等教育国际化

国际化（internationalization）已成为对教育发展最为重要且日渐复杂的推动力量之一，国际维度已融入教育目的、目标、职能和实施之中。国际化的概念主要指国家间增加合作的过程，因而也指跨越国家边界的活动。[2] 国际化以民族国家的存在为前提，它反映的世界秩序以民族国家占据中心地位，侧重于两个或两个以上的国家和文化之间的人员、观念、货物和服务的交流。国际化是教育回应全球化机会和挑战的一种方式，教育国际化通常被理解为教育为适应经济和文化全球化，在承担的人才培养、科学研究和社会服务中融入国际方面的内容的过程。教育国际化通常是指跨国界、跨民族、跨文化的教育交流与合作及一个国家面向世界发展本国教育的思想理论、国际化活动以及与其他国家开展的相互交流与合作。高等教育国际化以增进理解、提高质量和加深对知识进步的普遍性本质的理解为主要动力。根据联合国教科文组织 1998 年 10 月在巴黎召开的世界高等教育大会发表的《21 世纪的高等教育：展望和行动世界宣言》中提出，教育国际化主要有以下五个特征：一是大学教师和学生的国际交流；二是设置国际化的课程；三是互相承认学历；四是积极进行国际学术交流和合作；五是充分利用现代信息技术实现高等教育资源共享。[3] 跨境教育是"国际化的一个重要因素"，是教育国际化的有机组成部分，两者密不可分。

2.高等教育全球化

"高等教育全球化"是基于"全球化"的广义概念发展出来的。一般认为，全球化（globalization）是自 15 世纪末 16 世纪初不断国际化、世界化这一长久的历史过程的晚近形态。[4] 全球化主要指经济之间的不断相互依赖和趋同的过程，

1 ALTBACH P G. Comparative higher education: knowledge, the university, and development[M]. Greenwich, Conn: Ablex Publishing Corporation, 1998: 203-205.
2 SCOTT P. The globalization of higher education[M]. Buckingham, UK: Open University Press, 1988: 123-124.
3 全球大学创新联盟. 2007年世界高等教育报告：高等教育的质量保证[M]. 汪利兵，阚阅，译. 杭州：浙江大学出版社，2009: 135.
4 马曼丽，张树青. 跨国民族理论问题综论[M]. 北京：民族出版社，2005: 228.

也指贸易和市场的自由化，具体包括人口、文化、观念、价值、知识、技术以及经济的跨国界流动。全球化以不同的方式影响了每个国家，对社会生活各个领域产生了深刻的影响。教育是受全球化趋势影响的行业之一。"全球化中最具影响力的一些因素，比如处于主导地位的'市场意识'、大众化进程、技术革命、社会的分散性知识生产体系等"[1]，对教育产生了巨大冲击。全球化推动了国外各高等教育机构和商业企业组织进入本国境内，并使本来单一的高等教育环境、本国高等教育的性质及对高等教育相对一致的期望变得日益模糊起来。[2]教育改革逐渐成为全球化市场中交换的商品。因此，高等教育全球化指具有跨国家意义的高等教育趋向，包括大众化的高等教育，学生、教师和接受过高级教育的人员的全球市场，以及基于因特网的新技术的全球拓展。[3]教育全球化由以下三种行为构成：第一，构思行为。即领导者把全球化看作一个全球性的实践活动领域，他们在实际创建之前先要构思其机构的全球性活动计划。第二，生产行为。即研究知识、信息、开放课件的全球性产出以及全球性的教学项目，如商业类学位项目以及欧盟的全球教学计划。第三，监管行为。通过国家监管系统，并通过双边和多边谈判，各国政府制定了全球性活动的条件和规定。[4]教育全球化为跨境高等教育的发展创造了环境和空间，对世界各国的教育系统产生了广泛的影响，教育全球化的是跨境高等教育发展的直接推动因素。

3.高等教育贸易服务

在世界贸易组织（WTO）的框架下，教育服务贸易属于世界贸易组织 12 类服务贸易中的第五类，在项目上包括初等教育服务、中等教育服务、高等教育服务、成人教育服务和其他教育服务 5 类。根据 WTO《服务贸易总协定》第 10 条第 3 款规定，"除完全由各国政府资助的教学活动之外，凡收取学费、带有商业性质的教学活动都属于教育服务范畴"。根据《服务贸易总协定》一览表总则及《中心产品分类》（CPC）中对教育服务的界定和范围，高等教育服务指"中等后技术职业教育服务：中等后副学位技术职业教育服务，包括各种不同的学科课程，强调实践技能的教授，以及相当的理论知识的指导；其他高等教育服务：使学生获得大学学位或同等学历的教育服务，由大学或专科学校提供，课程不仅强调理论的教授，并且为学生将来的就业作准备"。高等教育服务贸易指作为第三

1 斯科特. 高等教育全球化：理论与政策[M]. 周倩，高耀丽，译. 北京：北京大学出版社，2009：91.
2 柯里，德安吉里斯，波尔，等. 全球化与大学的回应[M]. 王雷，译. 北京：北京大学出版社，2010：138.
3 ALTBACH，P. G. Perspectives on interationalizing higher education[J]. Inernational Higher Education，2015（27）：6-8.
4 王琪，程莹，刘念才. 世界一流大学：国家战略与大学实践[M]. 上海：上海交通大学出版社，2011：14.

产业的高等教育在世界贸易范围内提供国际合作办学、合作研究、人员交流等活动以及围绕这些活动形成的相关产业的服务贸易。

教育服务贸易通过跨境交付、境外消费、商业存在和自然人流动这四种模式得以实现。在高等教育领域，最典型的服务贸易形式就是境外消费模式中的出国留学。跨境教育是一个中性的概念，而教育贸易服务并非中性概念，它指以营利为目的的、带有商业性质的跨境教育。跨境教育包含了教育服务贸易，在 WTO 框架下，教育服务贸易这一概念将继续被沿用。

4. 无边界教育

"无边界教育"最早在 1998 年澳大利亚出版的《新媒体与无边界教育：评全球媒体网络和高等教育相结合》报告中被提出，该报告得出的结论是：企业和虚拟大学的涌现对传统高等教育供给者构成的竞争可能要超过全球媒体企业。这里的"无边界教育"是指传统高等教育机构、公司、政府或非政府组织利用现代媒体网络、通信和信息技术从事跨地区（国界）的教育与培训活动。[1] 同一时期，英国大学校长委员会（CVCP）和英国高等教育基金会（HEFCE）发表题为《无边界教育事业：英国观点》的报告，该报告首次采用了"无边界高等教育"这一术语，并将"无边界教育"定义为对传统固有的高等教育在概念、准则和地理边界的模糊理解。[2] 这说明高等教育传统模式中的制度和空间界限已被分解，变得有"可被渗透"或"无边界"的发展特点。[3] 根据米德赫斯特（Middlehurst）的观点，有四种边界正在被超越：教育的层次和类型、私立与公立营利与非营利教育、企业与公共部门及高等教育之间的国家界限、时空界限。[4] 无边界高等教育不仅仅是指跨越国家边界的教育教学活动，也指国内高等教育边界的渗透，特别是在信息通信技术的作用下，高等教育部门与私营部门、传统在校学习与非正规学校学习之间的边界在消解。[5]

无边界教育和跨境教育都强调全球化背景下教育供给过程中地理和部门边界被突破，但在内涵上二者存在区别，无边界教育比跨境教育的范畴大。跨境教育仅指跨越国家边界的教育活动。无边界教育除了指跨越国家边界的教育教学活动外，还指国内教育边界的渗透，特别是随着信息通信技术的发展，教育部门与私

1　张宝蓉. 无边界高等教育：西方发达国家高等教育发展的新概念——以美、英、澳三国为例[J]. 外国教育研究，2005（12）：30-34.
2　CVCP, HEFCE. The Business of Borderless Education：UK Perspectives：Sunmary Report[M]. London：CVCP，2000：3.
3　顾建新. 跨国教育发展理念与策略[M]. 上海：学林出版社，2008：60.
4　MIDDLEHURST R. Variations on a theme：complexity and choice in a world of borderless education[J]. Journal of Studies in International Education，2002（6）：134-155.
5　顾建新. 跨国教育发展理念与策略[M]. 上海：学林出版社，2008：61.

营部门、传统在校学习与非正规学校学习之间的边界正在消解。

5.跨国高等教育

跨国教育（transnational education）这一术语最早来自联合国教科文组织和英国委员会的《跨国教育实践章程》。[1] 由于跨国教育主要反映在高等教育领域，因此对其所下定义往往直接与高等教育本身的活动相联系。[2] 目前被广泛接受的是联合国教科文组织欧洲高教局（UNESCO-CEPES）和欧洲理事会（European Council）的定义。跨国教育系"学习者不在颁证机构所在国而在另一国接受有关机构提供的各种高等教育学习项目、课程或教育服务。这类项目可以属于项目举办国之外的另一国的教育系统，也可以独立于任何国家的教育系统之外。"[3] 简单地说，跨国教育是通过机构流动和项目流动，旨在为他国学生单独或合作提供高等教育的办学活动。[4]

跨国教育与跨境教育都是用以描述跨越国家边界提供教育服务的现象，而跨国教育仅指项目和机构的流动，不包含学生的流动，因此，跨国教育主要局限于教育服务贸易的"跨境提供"和"商业存在"两种模式。跨境教育的概念除了包括项目和机构的跨境流动，还包含了人员的流动，换言之，跨境教育包含了教育服务贸易的所有类型。不过这种区分也是相对的，若跨国教育以课程衔接、联合学位/双学位等形式实现，通常也伴随着境外消费和自然人流动的情况，所以跨境教育和跨国教育在大多数情况下被混同使用。

二、跨境高等教育发展的背景

跨境高等教育最早可以追溯到古罗马经济社会发展时期。我国春秋战国时期的游学，在某种程度上也可以被视作跨境教育工作的发展雏形。[5]

（一）经济全球化——宏观环境

教育是一种上层建筑，基于经济基础之上，经济全球化为跨境高等教育的发展提供了宏观环境。经济全球化的实质是马克思主义的"世界市场"理论在历史新时期的进一步深化和扩展。经济全球化的起源是工业革命促成的机器大工业的出现。机器大工业又带来了生产效率的提升，随着一国商品产能发展到一定阶段，

---

1 CVCP. The business of borderless education：UK perspectives，summary report[M]. London：CVCP, 2002：5.

2 张进清.跨境高等教育研究[D].重庆：西南大学，2012.

3 UNESCO-CEPES. Code of Good Practice in the Provision of Transnational Education[M]. Bucharest：UNESCO-CEPES, 2001：999.

4 顾建新.跨国教育发展理念与策略[M].上海：学林出版社，2008：51.

5 王天鹏.跨境高等教育现状研究[J].现代交际，2018（19）：28-29.

国内市场接近饱和时，为了避免商品过度积压导致的利润下降，商品生产者就会将商品销往更广阔的国际市场，经济全球化就这样产生了。

经济全球化的发展带来人力、资金、商品、服务、知识、技术和信息等的跨国界流动[1]，带来了一个更加紧密联系、更加相互依存的世界。教育既是一国经济发展的助力，也是经济持续发展的资源保障之一。跨境教育就是在这样的宏观环境下应运而生，成为经济全球化的一部分，在教育领域发展合作项目、学术交流项目和商业运作[2]。

（二）高等教育市场化——概念保障

"高等教育市场化"的定义是通过引进市场机制，使高等教育的运营具有市场特征，学生是最大的消费主体[3]。17世纪时，英国自由主义经济学家霍布斯和洛克在其著作中就初次提到"教育市场化"的概念。19世纪时，亚当·斯密再次阐述了市场和政府的意义，进一步强调了市场在教育中的作用。20世纪80年代，欧洲国家经济衰退，政府财政赤字加大，撒切尔主义大行其道，教育市场化相关实践探索正式开启。为了应对高等教育大众化带来的公共教育资金紧缩的问题，经济学中的私有化、市场化等概念被引入医疗、交通、社会福利、教育等公共服务领域[4]。高等教育传统的"政府主导"模式也转向了"市场主导"模式。

（三）教育服务贸易自由化——制度保障

世界市场的建立，促成了各国国内市场的高效国际分工体系和交换体系，市场经济的生产方式也突破了原材料和销售市场的双重限制，极大地促进国际贸易的快速发展。正如马克思所说："大工业造成的新世界市场关系也引起产品的精致和多样化。不仅有更多的外国消费品同本国的产品相交换，而且还有更多的外国原料、材料、半成品等作为生产资料进入本国工业。"[5]就是在这样的环境下，教育弱化了公益性，成为一种在国际上交换的产品，并开始成为一种贸易活跃在国际市场。

1 杨德广，王勤.从经济全球化到教育国际化的思考[J].武汉科技大学学报（社会科学版），2001（1）：82.
2 兰格林.跨境高等教育：能力建设之路[M].江彦桥，等译.北京：高等教育出版社，2010：8.
3 李盛兵.高等教育市场化：欧洲观点[J].高等教育研究，2000（4）：108-111.
4 孙冬梅，孙伦轩.高等教育市场化的危机[J].高教探索，2011（2）：63-67.
5 马克思.资本论：第1卷[M].中共中央马克思恩格斯列宁斯大林著作编译局，译.北京：人民出版社，1975：487，493-494.

三、跨境高等教育的发展模式

在迅速发展的全球跨境高等教育领域，新的办学形式不断涌现，各国学者对跨境高等教育的分类有所不同，目前对跨境高等教育类型的划分主要以流动主体和提供者两个维度为主。本书主要依据跨境高等教育流动主体对其类型进行划分，将其划分为人员跨境流动、项目跨境流动和机构跨境流动。

（一）人员跨境流动

人员跨境流动主要是指参与到跨境高等教育活动中的学生、教授、学者、专家等的流动。学生跨境流动的资金来源可以是交换协议、政府奖学金、公共或私人资助以及自筹经费。学生跨境流动的目的主要有获得学位、参加出国交换计划、进行实地调查或者实习、加入学期或学年度的外国学习项目等。教授、学者和专家可以借助教学科研活动、技术援助和咨询、学术休假、研讨会和其他专业活动等方式实现跨境流动。这些类型的活动资金可以由院校或自己提供，也可以在交换协议的基础上签订服务合同并收费，或由公共、私人资助。[1]

1.学生的跨境流动

学生跨境流动是指某一国学生到另一国进行短期和长期学习，在跨境高等教育人员构成中的占比最大。学生出国学习的动机主要有以下几个：获取新的知识；提高外语水平；接触新的教学方法，体验新的科学设备；购买新的图书和软件；建立新的人际关系和专业网络；熟悉新的国家，促进个人发展并增加自信。[2]根据联合国教科文组织和经合组织公布的数据，1975年世界各国的外国留学生总数为80万人，2009年这一数值达到370万人，34年间人数增长了四倍。2009年全球共有高等教育学生1.65亿人，外国留学生占世界高等教育学生的比例从2000年到2009年增长了7%。[3]据经合组织数据统计，2010年至2013年跨境接受高等教育的学生的总比例增加了0.4个百分点，2013年至2017年又增加了1.6个百分点。[4]2019年全球跨境流动的学生总数为6063663人，2020年受新冠疫情影响，跨境求学的国际生总数约为400万，教学方式也以在线教育为主。[5]

（1）跨境学生的输出国

学生来源国的经济持续稳定地增长是该国学生到另一国学习的基础，其中主

1　奈特.激流中的高等教育：国际化变革与发展[M].刘东风，陈巧云，译.北京：北京大学出版社，2011：118.
2　斯科特.高等教育全球化：理论与政策[M].周倩，高耀丽，译.北京：北京大学出版社，2009：157.
3　OECD. Education at a glance 2011[M]. Paris：OECD Publishing，2011：320.
4　OECD. Education at a glance 2019[M]. Paris：OECD Publishing，2019：232.
5　OECD. Education at a glance 2022[M]. Paris：OECD Publishing，2022：219.

要是中产阶级有可自由支配的资金送子女出国接受教育。[1]有研究表明：当经济发展到一定的水平，就会出现留学需求；当人均 GDP 达到 3000 美元时，出国留学的学生数量就会大幅增加。[2]随着亚太地区的新型工业国家的中产阶级阶层不断壮大，亚太地区和国家跨境流动的学生数量也不断壮大。

2001 年，亚洲向海外输送的留学生占全球的 43%，紧随其后的是欧洲（35%）、非洲（12%）、北美洲（7%）、南美洲（3%）、大洋洲（1%）。中国有大量学生出国留学，占经合组织国家的国际学生总数的 10%，接下来是韩国（5%）、印度（4%）、新加坡（4%）、泰国和越南（共占 5%）。[3]到了 2007 年，全球到国外的流动出境率达到了 1.8%。这表明每 100 名大学本科生中就有 2 名离开了他们自己的国家到国外去学习。亚撒哈拉地区、中亚、阿拉伯国家、西欧、东亚和太平洋地区的流动出境率都高于全球平均水平。[4]其中，东亚和太平洋地区以及西欧等地区的国家是国际学生的主要派出国，全球跨境流动学生有 29% 来自东亚和太平洋地区。2007 年，全球派出留学生最多的前十个国家分别是：中国（421100）、印度（153300）、朝鲜（105300）、德国（77500）、日本（54500）、法国（54000）、美国（50300）、马来西亚（46500）、加拿大（43900）和俄罗斯（42900）。主要派出的 10 个国家和地区的学生占到全球跨境流动学生数的 37.5%，中国高居这 10 个国家的榜首，占世界国际学生人数的七分之一（15%）。[5]2017 年时，亚洲学生已成为接受跨境高等教育的主力军，56% 的国际留学生来自经合组织中的亚洲国家。接受跨境高等教育的学生从 1998 年的 200 万增加到 2017 年的 530 万，2017 年有 370 万国际或外国学生，比 2016 年多 6%。[6]

（2）跨境学生的接受国

自 20 世纪 90 年代中期以来，经合组织国家占全世界国际学生总数的 85% 左右。学生流向最多的是欧洲地区。欧洲的 22 个经合组织国家拥有数量最多的留学生，年度增加 32% 以上。2001 年，欧洲留学生规模为 840000 人，占其整个高等教育入学规模的 5%，占世界留学生总人数的 53%。北美三个经合组织国家

1 斯科特.高等教育全球化：理论与政策[M].周倩，高耀丽，译.北京：北京大学出版社，2009：110.
2 姜海山，张沧海，吕志清，等.自费出国留学及低龄化发展趋势研究[J].教育发展研究，2000（2）：35-40.
3 OECD. Internationalisation and Trade in Higher Education：Opportunities and Chalenges[M]. Paris：OECD Publishing，2004：11.
4 UNESCO Institute for Statistics. Global Education Digest 2009：Comparing Education Statistics across the World [M]. Paris：UNESCO Institute for Statistics，2009：37.
5 UNESCO Institute for Statistics. Global Education Digest 2009：Comparing Education Statistics across the World[M]. Paris：UNESCO Institute for Statistics，2009：47.
6 OECD. Education at a Glance 2019[M]. Paris：Publishing，2019：229.

（美国、加拿大、墨西哥）名列第二，2001 年大约有 520000 名留学生，占北美整个高等教育入学规模的 3%。亚太地区五个经合组织国家大约拥有 190000 名留学生，占其整个高等教育入学规模的 2%。2001 年，六个经合组织国家中的留学生占全世界留学生总数的四分之三：美国（30%）、英国（14%）、德国（13%）、法国（9%）、澳大利亚（7%）以及日本（4%）。[1]2001 年，英国、德国和法国的国际学生占全世界国际学生市场份额的 36%，大于美国 30% 的市场份额。[2] 经合组织成员国接受全球留学生的比例一直呈增长趋势。2007 年，有 250 万外国学生在 OECD（经合组织）国家学习，外国学生数量比 1998 年增长了 90%，占2007 年世界留学生总数的 89.3%。[3]

2007 年，世界上接收留学生最多的国家是美国，共招收了 595900 名留学生，占世界留学生总数的 21.3%；紧随其后的是英国（351500）、法国（246600）、澳大利亚（211500）、德国（206900）、日本（125900）、加拿大（68500）、南非（60600）、俄罗斯（60300）以及意大利（57300）。这 10 个国家接收了世界流动学生总数的 71%，其中前 6 位国家接收了 62% 的全球跨境流动学生。[4]

（3）跨境学生的流向

国际学生的流向主要受六个方面的因素影响：自然地理环境、历史文化传统、国际政治关系、经济发展水平、国家留学政策和教育发展程度，[5]并呈现出集中性、区域性和多向性三个特点。

国际学生流向的集中性主要体现在国际学生比较集中地流向发达国家。在 20 世纪 90 年代中期，大约 70% 的亚洲学生出国留学会选择三个先进的以英语为母语的国家：美国、英国和澳大利亚。[6]自 1999 年以来，世界留学生主要集中在美国、英国、澳大利亚、德国、法国等数量有限的几个发达国家。例如，2009 年，美国（占 18%）、英国（占 9.9%）、澳大利亚（占 7%）、德国（占 7%）、法国（占 6.8%），这五个国家招收了约一半的世界留学生（占 48.7%）。[7] 中国 2009 年的出国留学生中，21.9% 到美国，14% 到日本，12.4% 到澳大利亚。[8]2011

1 OECD. Internationalisation and trade in higher education：opportunities and challenges[M]. Paris: OECD Publishing，2004：208.
2 OECD. Internationalisation and trade in higher education：opportunities and challenges[M]. Paris：OECD Publishing，2004：92.
3 OECD. Higher education to 2030，Volume 2：globalisation[M]. Paris：OECD Publishing，2009：64.
4 OECD. Education at a glance 2011[M]. Paris：OECD Publishing，2011：322.
5 于富增. 改革开放30年的来华留学生教育：1978–2008[M]. 北京：北京语言大学出版社，2009：256–257.
6 OECD. Internationalisation and trade in higher education：opportunities and challenges[M]. Paris：OECD Publishing，2004：11.
7 OECD. Education at a glance 2011[M]. Paris：OECD Publishing，2011：322.
8 OECD. Education at a glance 2011[M]. Paris：OECD Publishing，2011：327.

年，中国赴美留学人数达到 13 万，已成为美国最大的留学生生源国。[1]

国际学生流向的区域性主要体现在国际生源大多来自周边国家和地区。在经济全球化向区域一体化转变的时代背景下，与周边国家建立互利共赢的关系对各国政治、经济和社会发展都至关重要。[2]由于地理位置相邻、经济发展接近、文化形态相似，欧盟地区和亚太地区在区域内高校进行合作和竞争成为许多国家的战略选择，展现出比较明显的从全球化走向区域化的特征。[3]欧盟的法律允许成员国学生可以在欧盟国家和院校自由流动，因此欧盟地区学生内部流动是该区域跨境高等教育的主要特征。在欧洲，学生在欧洲区域内部流动的人数超过高等教育人数的 50%。[4]2007 年，77.2% 的西欧留学生选择到西欧的其他国家学习，41.8% 的东亚和太平洋地区留学生选择在东亚和太平洋地区学习，39.1% 的北美洲留学生选择在北美洲学习，34.7% 的中亚留学生也选择仍然在中亚学习，表明欧洲学生、亚洲学生、北美洲学生大多数还是在本大陆内游学，表现出区域的集中性。[5]2019 年，在澳大利亚、奥地利、卢森堡、新西兰、瑞士和英国的外国留学生均占高等教育学生总数的 15% 以上，其中卢森堡达到 47%，澳大利亚达到 21%。[6]

国际学生流向的多向性体现在国际学生有广泛选择目的地的权利，呈现出多向的特点。"全球高等教育市场通过跨境高等教育的运作确实有助于过去传统留学地选择的多元性发展，尤其是学生所修习的是第一个学位，在获得更高价学位课程的进入资格时，留学地的选择变得相当多元。"[7]美国的国际学生绝对数量在增加，从 1999 年的大约 451900 名增加到 2007 年的 595900 名，但其在世界留学生市场所占的份额有所下降，1999 年每四名国际学生中有一名到美国去留学，而到了 2007 年，这种情形变为每五名国际学生中仅有一名到美国去留学，下降了大约四个百分点。相反，澳大利亚、加拿大、法国、意大利、日本、新西兰和南非等国家在国际留学生市场上所占的份额不断上升，如法国从 1999 年的 7.4% 增加到 2007 年的 8.8%。"学生流动不再是发达国家（如英国）引进留学生、亚洲和非洲的发展中国家输出学生的格局。目前最有活力的

1 留信网.2012年留学新政盘点：各国留学频现利好[EB/OL]. （2012-02-23）

2 张秀琴，何天淳.东亚峰会框架下的高等教育合作[M].昆明：云南大学出版社，2011：253.

3 杨启光.教育国际化进程与发展模式[M].北京：社会科学文献出版社，2011：173.

4 OECD. Internationalisation and trade in higher education: opportunities and challenges[M]. Paris：OECD Publishing，2004：92.

5 UNESCO. Global education digest 2009: comparing education statistics across the world[M] . Paris：UNESCO，2009：39.

6 OECD. Education at a glance 2019[M]. Paris：OECD Publishing，2019：230.

7 全球大学创新联盟.2007年世界高等教育报告：高等教育的质量保证[M].汪利兵，阚阅，译.杭州：浙江大学出版社，2009：137.

学生流动发生在发达国家之间，或者至少是发生在发达国家和新兴工业化国家之间。"[1] 国际学生全球留学目的国发生了变化，中国、朝鲜和新西兰等国成为新兴的受欢迎目的国。[2]

（4）跨国高等教育学生的学习层次

国际学生中绝大多数人攻读硕士、博士学位和其他专业学位。"以2007年为例，国际学生中有44%注册在本科教育阶段，40%注册在研究生教育阶段，7%注册在博士阶段学习，注册在专科层次的仅有9%。虽然大量的国际学生注册国外大学本科层次，但与本国学生相比，有更高比例的国际学生注册研究生层次和博士阶段学习。如2007年，本国学生中有34%注册在专科层次学习，52%注册在本科层次学习，11%注册在研究生层次学习，3%注册在博士阶段学习。[3]

不同国家和地区的留学生选择就读的层次不同。2007年，在美国就读的西南亚留学生有77%注册在研究生层次学习，而来自亚撒哈拉地区、拉丁美洲和加勒比海地区的留学生仅有30%注册在该层次学习。由于国际学生大多在本科层次以上学习，2007年国际学生只有9%选择职业性课程，84%的学生选择的是本科和硕士课程，国际学生对课程类型的选择与当地学生选择课程的类型是有明显区别的。而在发展中国家，国际学生就读的层次多为本科或本科以下学历，留学攻读研究生尤其是博士研究生的人数较少。[4] 如2011年，在中国留学的292 611名国际学生中，非学历留学生占59.39%，本专科生占30.2%，而硕士和博士研究生仅占10.1%，国际学生就读的层次较低。[5]

（5）跨境高等教育学生的学习领域

在国际学生的学习领域，虽然各国不尽相同，但总的来说，工商管理、自然科学、工程学、制造业等都属于国际学生选择就读的热门学科专业。如在澳大利亚的国际学生主要学习经济学和计算机信息通信技术[6]；在美国留学的中国留学生主要学习自然科学或基础技术课程[7]；在马来西亚的国际学生首选的学习领域

1　斯科特.高等教育全球化：理论与政策[M].周倩，高耀丽，译.北京：北京大学出版社，2009：176.

2　阿特巴赫.高等教育变革的国际趋势[M].蒋凯，译.北京：北京大学出版社，2009：28.

3　UNESCO. Global education digest 2009：comparing education statistics across the world[M]. Paris：UNESCO, 2009：44.

4　张进清.国际跨境高等教育：现状、问题与发展趋势[J].黑龙江高教研究，2009（8）：56-58.

5　教育部.2011半全国来华留学生数据统计 [EB/OL].（2012-02-28）[2020-10-03].

6　OECD. Internationalisation and trade in higher education：opportunities and challenges[M]. Paris：OECD Publishing，2004：153.

7　OECD. Internationalisation and trade in higher education：opportunities and challenges[M]. Paris：OECD Publishing，2004：152.

是工商学、信息技术学、人文学和工程学。[1]

不同国家和地区的留学生所学的学科专业不同。发达国家的学生到欠发达国家所学的一般是社会科学，而后者到前者所选的学科专业却以理工科为主。在欧洲的留学生学习的主要领域和占比分别是管理占22%、外语占21%、工程占10%、社会科学占9%、法律占8%。

在美国的留学生所选学科主要集中在社会科学和人文学科领域。[2]从各国留学生到美国学习选择的科目上看，2007年，来自南亚和西亚的国际学生有53%学习工程、制造业和建筑工程或者数学或者计算机科学编程；相反，来自拉丁美洲和加勒比海的国际学生选择攻读的是工商管理编程（占29%）；来自亚撒哈拉地区的国际学生有26%选择学习工商管理，有14%选择攻读教育学领域中的热门专业健康和福利。[3]这基本上反映了留学生到美国学习的价值取向，即"主要学习西方先进的管理手段，辅之以适度了解西方的社会科学"[4]。

2.高校教师的跨境流动

教师流动的目的以教学和科研为主，教师流动可以短期前往其他学校教授课程，也可以长期驻扎在其他学校授课，既包括教师个人被海外学校聘用，也包括高等教育机构指派本校教师前往其他国家。[5]自20世纪90年代以来，在跨境高等教育活动不断增长的背景下，教师的跨境流动广受欢迎，流动更为频繁。

出国境的教师流动急剧增加。许多本国教学人员受到资助到海外大学进行学习，而另外一些则涉足学术人员的交流项目。同时，本国高等院校也积极聘请外籍教师和研究员，如新加坡高校的外籍学者约占50%[6]。美国、加拿大等国的高等学校具有国际性的教师聘任制度，高校教师聘任已无国界，校长、院长和系主任可从世界各国聘任。

随着教师跨境流动的不断增多，其流动方式呈现以下三个发展趋势。第一，永久移民和长期交流将减少，教师的跨国流动将更倾向于采用短期访问的形式，重点转移到区域性集团内部（如欧盟）更加平等的学术人员交流项目上。第二，"管理阶层"教师的流动频率增加，他们期望通过考察面临相似挑战的国家的高

1　SIRAT M. Malaysia[M]//UNESCO Office Bangkok and Regional Bureau for Education in Asia and the Pacific. In Higher Education in Southeast Asia, Bangkok: the UNESCO Asia and Pacific Regional Bureau for Education, 2006: 125.
2　李联明，陈云棠. 高等教育国际化进程中国际学生流向不均衡现象[J]. 比较教育研究，2004（2）：51-54.
3　UNESCO. Global education digest 2009: comparing education statistics across the world[M]. Paris: UNESCO, 2009: 45.
4　李联明，陈云棠. 高等教育国际化进程中国际学生流向不均衡现象[J]. 比较教育研究，2004（2）：51-54.
5　龚思怡. 高校中外合作办学模式运行机制的研究[M]. 上海：上海大学出版社，2007：24.
6　李盛兵.跨国高等教育人才培养模式研究[M]. 北京：人民出版社，2010：87.

等教育系统，从中吸收一些经验。第三，以教学和学院管理人员为主体的跨国流动新形式不断出现，改变了从前教师以学术研究为主的流动状况，信息技术革命与著名科研人员高度集中这两个因素削弱了以学术为目的的流动方式。[1]

（二）项目跨境流动

从规模上看，项目跨境流动是仅次于学生跨境流动的第二大跨境高等教育形式，项目的跨境流动反映了跨境高等教育的新形势和新发展。跨境流动的内涵是"教育/培训课程及项目的实体或虚拟的流动，这些课程和项目的跨境实施是通过面授、远程或是混合模式实现的，资格证书可以由教育输出或国内联盟合作伙伴或二者联合颁发"[2]。项目流动的接受国主要集中在发展中国家或者转型国家，尤其是在亚洲、中美洲和欧洲中东部。跨境高等教育项目的输出国以英语为母语的国家为主，如美国、澳大利亚、英国。其中英国和澳大利亚是高等教育项目跨境输出最活跃的两个国家，大部分注册学习的国际学生在亚洲。跨境高等教育项目呈快速增长趋势，其具体形式主要包括双联项目、特许项目、双学位/联合学位项目、衔接项目、授证许可项目、远程教育项目等。

1.双联项目

双联项目（Twinning Programmes），又称姊妹项目或者结对项目，指分属不同国家的两所院校以签订合作协议的方式联合提供学习项目，学生被国外的院校录取并学习外国的课程，是目前项目跨境流动最常见的一种方式。学生在本国的院校完成一部分课程后转入国外合作院校完成另一阶段的学习课程。学生在国内外修得的学分得到两所院校互相承认。学生完成学业后，由国外合作院校颁发学位。双联项目的合作双方是一种合同协议的关系，要求学生和课程都要流动。最常见的双联项目有"1+2"或"2+1"（三年制学位课程）以及"2+2"或"3+1"（四年制学位课程）等模式。双联项目在东南亚地区最为常见，当地一些私立学院与海外大学建立联系，引进国外大学的品牌学位课程，增强本土课程的含金量，采用国外合作院校的教学方式和考试标准，接受合作学校的质量监督。学生在国内学习1～2年后到国外合作学院继续完成学业，毕业时可以获得国外合作院校的文凭和学位证书。[3]

2.授权项目

授权项目（Franchising Programmes），又称特许项目，指一国的提供者（授权者）

1　斯科特.高等教育全球化：理论与政策[M].周倩，高耀丽，译.北京：北京大学出版社，2009：177-178.
2　兰格林.跨境高等教育：能力建设之路[M].江彦桥，等译.北京：高等教育出版社，2010：12.
3　张伟江，等.教育服务产业研究：拓展与运营[M].北京：教育科学出版社，2005：75.

授权准许另一国的提供者向被授权国或者其他国家提供他们的课程、项目、服务的一种安排。资格证书由授权国的提供者颁发。每个特许机构都必须有教学、管理、评价、利润分成、学分认定、资格证书颁发的安排，并严格遵守被授权国现有的法律法规，有时还需要遵守授权国的国内法规和行为规范。[1] 授权项目与双联项目的不同之处在于：双联项目的合作双方是一种协议的关系，而授权项目的双方是一种"授权—经营"的关系；双联项目得到当地教育机构的承认并作为当地教育系统中的一部分，但授权项目未得到当地政府的认可。[2] 授权项目除了招收授权国的学生外，还招收其他国家的学生，通常情况下学生通过授权项目获得的是授权国的学位文凭。在授权经营中分为全部授权转移和部分授权，在全部授权转移的情况下学生可以在国内获得国外院校的学位，如果是部分授权，国外院校认可学生获得授权部分的课程学分。授权项目因为"既能使授权者获得利益，又能使授权者为所在国的学生的提供多种多样的选择，满足不同层次的需要"[3] 而大受欢迎。特别是在商业性的项目跨境流动中，基本都是通过授权项目的形式得以实现的。

3. 双学位 / 联合学位项目

双学位 / 联合学位项目（Double / Joint Degree Programmes），是指不同国家合作提供项目的一种形式，在该项目中，学生从每一个提供者处获得资格证书，或者获得合作方共同授予的资格证书。项目内容安排和资格证书的颁发标准由合作各方共同制定，并须遵守合作方各国的法律法规。[4] 参加双学位的学生，可以获得国外和国内的学位；参加联合学位的同学，获得的是由合作院校联合签发的学位。双学位 / 联合学位项目在欧洲高等教育区比较盛行。在博洛尼亚框架下，欧洲许多高校都在积极开发双学位 / 联合学位项目，这种类型的跨国高等教育方式涉及的科学领域主要有经济 / 商务、工程、法律和管理等学科专业，其办学层次主要是硕士和博士研究生。[5]

4. 衔接项目

衔接项目（Articulation Programmes），是指不同国家的提供者之间签订各种不同类型的衔接协议，允许学生获得由合作提供者提供的课程 / 计划的学分。[6] 学生在任何一家联合提供机构所获得的学分均被其他合作院校承认，而且学生可以

1　兰格林.跨境高等教育：能力建设之路[M].江彦桥，等译.北京：高等教育出版社，2010：12.
2　刘娜，许明.欧洲跨国高等教育合作发展迅速[N].科学时报，2007-04-17（B03）.
3　顾建新.跨国教育发展理念与策略[M].上海：学林出版社，2008：107.
4　兰格林.跨境高等教育：能力建设之路[M].江彦桥，等译.北京：高等教育出版社，2010：12.
5　顾建新.跨国教育发展理念与策略[M].上海：学林出版社，2008：175.
6　奈特.激流中的高等教育：国际化变革发展[M].刘东风，陈巧云，译.北京：北京大学出版社，2011：124.

将所得学分带入下一阶段其他院校的学习中，但是，衔接项目并不保证每位学生能够获得学位。以衔接项目相联系的提供者之间的关系比双联项目合作机构之间的关系更为松散。衔接项目衔接的方式主要有纵向衔接和横向衔接。纵向衔接是指项目安排在上下体现承接性，学生可以自然向上过渡到高一级阶段。[1] 横向衔接指学生从一个学习领域或专业过渡到另一个领域，其就读的年级不变。[2] 这些衔接项目可以不和学位挂钩，也可以通向双学位或联合学位。衔接项目在欧洲高等教育体系内十分常见，根据欧洲学分转换协议（ECTS），学生在一所大学获得的学分可以在另一所大学获得承认或者进行转换，保证学生继续学业或就业。[3]

5. 授证许可项目

授证许可项目（Validation Programmes），是指不同国家提供者之间允许输入国的提供者甲颁发来源国乙的资格证书。[4] 在来源国甲机构认为输入国提供者乙机构开设的教育项目与其自身的项目类似，并具有同等的学术水准的情况下，甲机构就会向乙机构颁发授权资格证书。如此一来，在输入国乙机构就读的学生在国内就可以获得来源国甲机构的资格证书。比如，英国律师协会、英国皇家建筑师学院（RIBA）等专业组织可以为国外的课程提供授证许可。[5] 在授证许可项目中，流动的不是项目本身，而是资格证书授予权。授证许可项目与其他类型的跨境流动项目最大的区别在于，项目的开发者和实施者均是输入国的机构。授证学校在许可前会对海外学校的项目作出评估和判断，以判定其是否具备授予学校学位的条件和水平。[6]

6. 远程教育项目

远程教育（Distance Education）是项目跨境流动的一种形式。跨境远程教育是大学和教育服务者在学术合作伙伴关系在世界范围内逐步确立的背景下开发的，是1990年以后才出现的事物。远程教育是指提供者通过远程和在线模式向不同国家的学生提供课程、项目的安排。[7] 远程教育的规模正在不断增长，在远程教育中，学生通过邮寄材料、互联网或其他电子装置的方式注册一个外国的机构和参与外国的课程。一般情况下，远程学习规划者还会在当地的合作机构或是外国留学生自己国家的小型中心提供面对面的教学和辅导。[8]

1　杨辉.跨国高等教育视野下我国高等教育中外合作办学研究[D].北京：北京师范大学，2006：17.
2　杨辉.跨国高等教育视野下我国高等教育中外合作办学研究[D].北京：北京师范大学，2006：17.
3　刘娜，许明.欧洲跨国高等教育合作发展迅速[N].科学时报，2007-04-17（B03）.
4　兰格林.跨境高等教育：能力建设之路[M].江彦桥，等译.北京：高等教育出版社，2010：12.
5　顾建新.跨国教育发展理念与策略[M].上海：学林出版社，2008：127.
6　顾建新.跨国教育发展理念与策略[M].上海：学林出版社，2008：127.
7　兰格林.跨境高等教育：能力建设之路[M].江彦桥，等译.北京：高等教育出版社，2010：12.
8　阿尔特巴赫.跨越国界的高等教育[J].郭勉成，译.比较教育研究，2005（1）：5-10.

随着 MOOCs（大规模开放在线课程）和 zoom 云视频会议的兴起，远程学习的方式变得多样化，学生不仅能通过慕课进行自学，还能和异国他乡的同学老师完成在线学习和及时交流。目前，澳大利亚、加拿大、美国等英语国家的高校开发的远程教育项目授课都在网上进行，一些完全致力于远程学习的专业机构也更多地使用邮件作为师生信息沟通的补充。有研究表明，各高等教育机构热衷于开展在线学习的主要原因：一是加强在校学生的教与学，二是增加在校学生学习的灵活性，三是保持竞争力。[1]

（三）机构跨境流动

机构跨境流动指的是实体或虚拟的教育机构，跨越国界流动到他国为学生或其他对象提供教育或培训服务。在机构跨境流动中，教育机构通过改变自身地理位置来服务学生。目前机构跨境流动最常见的方式有海外分校、独立院校、企业大学、虚拟大学、学习中心或海外教学点、国际教育机构办学这几种。

1. 海外分校

海外分校（Branch Campuses），指一国已成立的高校在另一国建立分校区，以提供本部教育课程和文凭证书，这是机构跨境流动的主要形式。海外分校主要有三种模式。第一种模式是在海外办学，招收海外学生，为他们提供与母校相同的教育，颁发母校的学位证书。第二种模式是把母校的学生送到国外建立的分校区接受课程学习，例如斯坦福大学在北京大学建立的分校就属于这一类。第三种模式是在国外建立分校，既招收海外学生，也招收本地学生。

目前，海外分校主要呈现两个发展特点和趋势：一是海外分校分布的国家范围越来越广，甚至蔓延到非经合组织成员国。二是海外分校的融资方式从由母校单独提供资金转变到由母校和分校所在国共同出资。比如诺丁汉大学的中国分校，其基金部分由中国企业资助。海外分校所在城市也可以通过房屋减免租金、发放贷款和提供服务等方式为海外分校的设立提供资助。

2. 独立院校

独立院校（Independent Institutions），又称外资大学或海外学校，在跨境高等教育的机构流动中占比较少，是指一国高校在另一国创建一个独立的高等教育机构，提供课程/项目及资格证书，但是不一定在该国有校园。例如设立在以色列的拉脱维亚大学，虽然隶属于拉脱维亚，但并没有在拉脱维亚建立校园。[2] 独

---

1 OECD. Internationalisation and trade in higher education: opportunities and challenges[M]. Paris: OECD Publishing, 2004: 120.
2 刘娜，许明. 欧洲跨国高等教育合作发展迅速[N]. 科学时报，2007-04-17（B03）.

立院校享有高度自主权，机构设在"主国"，但属于"客国"的教育体系。[1]这种高等教育跨境流动形式与海外分校的区别在于，供应国无母体机构，资金由供应国全权提供。

大部分的独立院校都是来自美国，在海外经营的独立院校就像美国的机构一样，在美国认证，但在美国并没有母体机构。美国的机构在全球范围内都是独立运营的，比如美国开罗大学（埃及）、美国贝鲁特大学（黎巴嫩）、美国迪拜大学（卡塔尔）、美国沙迦大学（阿拉伯联合酋长国）、美国保加利亚大学、美国巴黎大学。在澳大利亚，海外学校又被称为离岸校园（Offshore Institutions）。多数离岸校园位于中东、海湾国家（阿拉伯联合酋长国和卡塔尔）、亚洲（特别是新加坡、马来西亚和中国）。此外，法国、德国等国也开办了独立院校。

3. 企业大学

企业大学（Corporate Universities），又称公司大学，是在企业母体基础上发展而来的。通常是大型跨国公司的一部分，提供高等教育课程，但不属于国家高等教育系统的一部分。企业大学多冠以母公司之名，其形式主要有三种。一种形式是企业自己创建的。著名的《财富》杂志年度排行的世界500强企业中，有近80%拥有或正在创建自己的企业大学。[2]例如，美国的通用电气、惠普、迪士尼等诸多企业都拥有自己的企业大学。另一种形式是企业与传统院校共建大学。例如，中国的北京、上海、香港和新加坡等地的大企业与美国南加州大学商学院建立了长期广泛的合作关系，每年南加州大学商学院根据校企合作协议，把学生输送到对口合作企业实习或完成毕业设计。[3]此外，还有一种形式是政府主持创立的，例如马来西亚国际伊斯兰大学（IIUM），该大学虽是由马来西亚政府建立的，但以公司形式运作，属于典型的企业大学。

企业大学最早发端于20世纪美国金融和制造企业自办的培训机构。起初，企业大学服务的对象仅限于公司内部，随着知识社会的崛起，经济全球化的演进，以及世界范围内高等教育市场的逐渐形成，企业大学开始积极发展国际教育服务产业。企业大学以问题定向和注重实践为特色，参与到了跨境高等教育市场的竞争中，在员工培训和成人教育方面已经占据了一定的市场份额。[4]

1　徐小洲，张剑. 亚太地区跨国教育的发展态势与政策因应——中国、澳大利亚、马来西亚的案例比较[J]. 高等工程教育研究，2005（2）：80-85.
2　罗建河. 国外企业大学的发展与启示[J]. 高教探索，2011（1）：84-89.
3　马万华. 跨国教育：不仅是高等教育国际化的新趋势[J]. 中国高等教育，2005（21）：43-44.
4　顾建新. 跨国教育发展理念与策略[M]. 上海：学林出版社，2008：133.

4. 虚拟大学

虚拟大学（Virtual Universities），是指提供者通过远程教育模式向不同国家的学生提供学分课程和学位项目，通常没有面对面服务。[1]虚拟大学是网络普及后出现的一种新型跨境高等教育，是开放式的、没有围墙的跨境办学方式。学生通过利用虚拟大学所提供的与学习者有关的学习环境，获得最新的知识和教学材料，享受最大限度的灵活、个性化的教育服务。虚拟大学的形式主要有两种。一种是内生于传统高校的虚拟大学。那些原来以开展远距离教育为主的传统高等教育机构为了适应跨境高等教育的需求，及时采用网络信息技术授课，将线下课程与线上课程相结合，部分或全部转型为线上大学。另一种是传统高校与企业联合创办的虚拟大学。

虚拟大学是机构跨境流动的一种重要方式。在各国政府的支持下，国家级的虚拟大学已纷纷出现。法国、瑞典、荷兰等欧盟国家已经开发了国家层次的虚拟大学。法国虚拟大学的学生学位授予与法国大学一样，旨在培养有潜力的未来管理者或大学的教师。[2]发达国家除了开发国家层次的虚拟大学外，其他的虚拟大学多是多国合作开发的，通常有联合国教科文组织、世界银行等国际机构的支持。

5. 其他类型

收购/兼并（acquisition/merger），指一国教育机构合并或购买另一国本土高校的部分或全部所有权。例如，美国的罗瑞特教育集团（Laureate Education Inc）前身为美国西尔文学习系统（Sylvan Learning Systems），是一个营利性的高等教育国际连锁机构。它致力于开拓高等教育国际市场，在明确的商业目标下不断扩大招生，以增加创收额。罗瑞特教育集团成立后合并或购买了南北美洲的巴西、智利、墨西哥、巴拿马、秘鲁、美国，亚太的澳大利亚、马来西亚和欧洲的德国、西班牙、法国、瑞士等18个国家的约40所本土高校，拥有西班牙的马德里欧洲大学、瑞士的理诺士（Les Roches）酒店管理学院和格里昂（Gilion）酒店管理学院、法国的巴黎对外高等贸易学校等高校的部分或全部所有权。

学习中心/教学点（study centre / teaching site），指一国高校在另一国建立一个学习中心或教学点，以支持学生接受他们的课程/项目。学习中心/教学点可以是独立运作的，也可以与另一国本地提供者合作建设。例如，美国得州的农工大学在墨西哥城有"大学中心"，特洛伊大学（美国）在曼谷有一个工商管理

1　奈特.激流中的高等教育：国际化变革与发展[M].刘东风，陈巧云，译.北京：北京大学出版社，2011：125.
2　OECD. Internationalisation and trade in higher education: opportunities and challenges[M]. Paris: OECD Publishing, 2004: 118.

硕士教学点。又如，美国加州大学先后在中国的北京、上海、香港等地的大学里建立了加州大学中心，每年都将一定数量的本科生送到这些学习中心进行短期学习，以加强学生们对中国传统文化的了解。这些学生与传统意义上的留学生不同，其学籍仍保留在加州大学，不申请中国大学的学位，所获学分由加州大学管理。基于此，中国的大学在某种意义上是加州大学的海外学习中心或教学点。

国际教育机构（International Institutions），是机构跨境流动的一种新形式。它不属于任何国家，通常这些机构只提供国际资格认证，并且在许多国家都会有它的分属机构。提供 MBA 课程并授予学分学位的众多国际商务院校就属于此类型。有些国际教育机构提供"国际"项目，而不属于任何特定国家教育系统。这些项目可以由财团提供，也可以由传统公立大学提供，如由英国、美国、中国等国的 13 个研究型大学组成的世界网络大学，也叫科英布拉集团（Coimbra Group），还可以由公立大学与公司结合的大学提供，如 21 全球大学（Universitas 21 Global）、卡丁大学（Cardean University）。

人员跨境流动、项目跨境流动和机构跨境流动这三种形式都可以独立存在，但往往是交织在一起的。例如，在双联项目中，学生在国外提供者那里注册，按照国外教学大纲接受教学，他们在本国完成部分课程后，再到国外院校所属的国家完成学位。这种跨境高等教育形式既涉及学生的跨境流动，又涉及项目的跨境流动。又如，在教育机构建立国外分校期间，学生往往要到母校学习一段时间，母校的教师也可能要到国外分支教育机构教学，并通过网络形式的授课解决跨境问题。

四、跨境高等教育的发展现状与趋势

（一）跨境高等教育发展现状

《国家中长期教育改革与发展规划纲要（2010—2020 年）》提出，要加强合作与交流，形成多元化的人才联合培养模式，构建开放、灵活、多渠道、多选择的人才培养机制，促进优质教育资源共享。跨境高等教育无疑是一个世界优质教育资源共享的方式。

跨境高等教育的使命从来都是输出本国价值体系，扩大本国国际影响力。跨境高等教育自兴起以来，制度系统逐渐完善，法律条款逐步建立；国际跨境教育的组织机构开始倾向品牌效应；疫情冲击之下，跨境高等教育方式向线上倾斜；

学历教育与职业教育共同发展。2003 年，中国颁布了《中外合作办学条例》。2015 年，中国已成为世界最大跨境教育资源拥有国，有出国留学生 46 万人次，来华留学生 36 万人次，在中外合作办学学校中就读的学生有 55 万人次。[1]中国跨境高等教育的"三驾马车"是中外办学、来华留学、出国留学，其中，中外合作办学机构 2056 所，涉及国内外高校近 1000 所，涉及 55 万名在校学生。2018 年，我国共有 84 所高校在 49 个国家和地区开设了 128 个境外办学机构和项目。可以预见的是，随着百年未有之大变局的到来，中国跨境高等教育的发展也将迎来新的契机。根据《2020 年中国海归就业创业调查报告》，2020 年因疫情暴发回国求职的留学生人数同比增长 195%，留学归国的学生也日渐成为国家和地区发展的新鲜血液，"出国深造—回国就业"也成为新的人才环流趋势。

（二）跨境高等教育的发展趋势

1. 组织化与法制化

跨境高等教育从自由发展到制度体系成型经过了漫长的过程，世界各国各地区的制度和法律条款是在发展过程中逐步确立完善的。从分散发展到资源共享，再到形成合力，跨境高等教育的管理委员会相关组织逐步搭建完善，建立行政管理机构，颁布质量保障法律法规并定期检查，以上皆是跨境高等教育组织化与法制化的具体体现。

联合国教科文组织和经合组织颁布了《保障跨境高等教育办学质量的指导方针》，从宏观国际层面为跨境高等教育的发展给出了明确的指导意见。从区域代表来看，以 20 世纪的欧洲为例，随着博洛尼亚进程推进，欧洲地区跨境高等教育朝着制度化、体系化发展，为保障跨境高等教育的顺利开展，各国开始推行相应法律、法规，朝着法制化方向作出探索。"欧洲高等教育区"（EHEA）就是欧洲跨境高等教育组织的典型代表。

20 世纪 20 年代前后，美国、英国和澳大利亚先后开始立法以规范跨境高等教育发展，也是跨境高等教育立法的代表国家。1924 年，美国政府颁布了《移民法案》，确立了外籍学生进入美国学校学习的合法性。之后，美国政府相继颁布了《富布莱特法》（该"法案"于 2020 年终止）《国防教育法》等，为美国跨境高等教育在全世界开疆拓土奠定了法律基础。时值 1975 年，澳大利亚先后颁布《海外学生教育服务法案》《海外学生教育服务条例》等十余个相关法案，强化政府的宏观调控职能的同时，高校获得了更多自主权。2005 年澳大利亚政

---

1 张文凌. 中国已成世界最大跨境教育资源国家[N]. 中国青年报，2015-5-13（06）.

府颁布了《澳大利亚大学从业准则与指南》。委员会也作为跨境高等教育的管理主力军开始颁布相关管理准则。例如，1991年美国高等教育认证委员会（CHEA）颁布了《非美国本土教育项目评价原则》；1995年10月，英国高等教育质量委员会颁布了《高等教育境外办学实施准则》。以上法案不仅确保了跨境高等教育发展的稳定性和连续性，还是跨境高等教育的质量保障。

2.在线教育成为主导

21世纪的高等教育已经在网络科技的助推下进入了"无边界时代"，随着教育大众化和现代化的发展，学生们可以轻易获取在线接受跨境高等教育的机会。"在线教育在国际化教育中起着越来越重要的作用，因为在线教育具备资源贡献的优势。在线教育的授课方式不仅受到机构的青睐，也能作为面授跨境高等教育的授课补充。"[1]通信技术快速发展，5G为跨境高等教育的授课开启了高速通道，插上了腾飞的翅膀。在线跨境教育具备了灵活性与低成本的优势，2009年，在美国就有超过300所大学提供在线的远程教育，超百万学生通过网络课堂进行学习。主流高等教育也衍生出了在线教育这一分支。随着全球新冠疫情暴发，国际国内形势瞬息万变，在线接受跨境教育更是成为国内学生的主流求学方式。网络大学也在跨境高等教育的背景下应运而生，如德国汉堡欧洲应用科技大学、荷兰莱顿大学等。"远程教育利于教育项目的国际传播，跨境教育传输并不难，并且已经有了许多基于互联网的教育项目。"[2]

3.趋于市场化和价值输出

跨境高等教育已经被发达国家纳入经济全球化战略之中，像美国、英国、澳大利亚、新西兰等教育输出国，已将跨境教育作为产业来运作，通过市场获取经济收益。在WTO的产业名录里，教育属于服务业，也就是第三产业，具备了知识生产、人力资本、教育与培训的功能，是知识创新的主体。跨境高等教育属于知识服务类产业的一种，具备强大的经济效益，受到联合国教科文组织和世界银行的关注。21世纪，跨境高等教育的输出国主体仍然是欧美发达国家，跨境高等教育自然地进入国际市场，参与到市场化与品牌化的竞争中。欧美国家的政府基本将跨境高等教育的自主权全部给予院校，具体内容有学生与学者国际流动、课程国际化、国际合作办学、国际合作科研等。

《中共中央、国务院关于加快发展第三产业的决定》明确指出，教育事业

---

1 林林. 开放教育的模式拓展与理念变革——国际远程教育大会港澳台网络教育论坛要点综述[J]. 现代远程教育研究，2007（1）：49-51.
2 阿特巴赫. 高等教育变革的国际趋势[M]. 蒋凯，译. 北京：北京大学出版社，2009：10.

是"对国民经济发展具有全局性、先导性影响的基础行业"。教育作为"为提高科学文化水平和居民素质服务的部门"而被列为第三产业。21世纪，跨境高等教育的发展倾向于品牌化和国际化。21世纪的跨境高等教育均倾向于把高等教育经营当成一种以教育市场需求为导向，通过优化配置高等教育资源提高高等教育效益的经营行为。

4.质量保障体系不断完善

教育的质量关乎国家教育系统、高等院校和相关机构的公信力，对于跨境高等教育来说，办学质量就是生命，是一国高等教育地位的直接体现。最初，我国跨境高等教育的办学质量保障仅仅依靠教育部国际合作与交流司定期在教育涉外监管信息网上公布教育涉外信息和对境外学历学位进行认证等监管措施。[1]跨境高等教育本就牵涉人力、税收、外汇、民政、海关等多方因素，是所有教育类型中最难进行质量把控的，只有建立跨境高等教育的质量保障体系，监督国内外办学质量，完善法律法规约束，建立完善的体制机制、协调机制，方能做好质量监督与保障。

跨境高等教育质量保障是一个生态系统，建立完善的体制，颁布系列可执行的法律条文进行约束，并全员、全过程、全方位实施监管，完善与跨境高等教育的法人机构、运营评估、学历学位认证等方面有关的法律法规，才能保证跨境高等教育的办学质量。欧洲联盟委员会通过《欧洲联盟校长联合会跨国教育报告》敦促欧洲各国质量保证机构承担起控制进口教育质量的责任。英国有《英国高等教育质量规范》，澳大利亚有质量认证执行标准和《澳大利亚跨国教育与培训国家质量战略》，美国有跨境高等教育质量保证的外部机构——高等教育认证委员会，美国联邦教育部和高等教育认证委员会对地区性认证机构、全国性认证机构和专业认证机构实施监管。

1　鄢晓.我国高校境外办学的动因分析和对策建议[J].高校教育管理，2016（3）：66-70.

第二章　美国跨境高等教育发展

一、美国跨境高等教育的历史发展

事物的发展总有一个历史过程。研究美国的跨境高等教育必须追溯其历史，只有在历史中才能清晰地看到其发展的历史脉络。自 12 世纪跨境高等教育产生以来，美国的跨境高等教育发展大体经历了四个重要阶段：殖民地时期到 19 世纪末的输入阶段、20 世纪初至"二战"时期的转型阶段、"二战"结束后至 20 世纪末的战略发展阶段、21 世纪至今的竞争发展阶段。通过四个阶段的历史追溯和现实探索，我们可以清晰地把握美国跨境高等教育的发展脉络，了解美国跨境高等教育的兴起及发展历程。

美国跨境高等教育是伴随着美国高等教育的发展而发展的。因此，对美国跨境高等教育的历史探索，离不开对美国高等教育自身发展的历史追溯。因为美国高等教育的发展影响着美国高等教育国际化的发展方向和特点，也铸就了美国跨境高等教育的雄厚基石。

1. 受英国高等教育思想的影响

美国曾是英国的殖民地，在 17 世纪初，英国开始向北美移民。1687 年，一百多人的殖民团体在乞沙比克海滩建立了詹姆士镇，这是英国在北美所建的第一个永久性殖民地。在以后的 150 年中，陆续涌现出了许多殖民者定居沿海地区，其中大部分来自英国，也有一部分来自德国、法国、荷兰、爱尔兰等国家。因此，从这一独特的历史可以看出美国从殖民地发展成为独立的国家，使美国高等教育在建立之初就有了跨境国际化的色彩 [1]。1636 年位于美国马萨诸塞州的哈佛大学的创立标志着美国高等教育的开端。在高等教育模式上，美国通过对英国古典大学学院模式的效仿，先后建立剑桥学院、哈佛学院和耶鲁学院等 10 所殖民地学院。这个时期的跨境高等教育主要表现形式是通过委派高等教育管理人员和专业人才，传递英国古典大学的教育理念和人才培养目标，创立高等教育发展基金会

1　王锦瑭. 美国社会文化[M]. 武汉：武汉大学出版社，1996：141.

25

等[1]。大量移民美国的英国清教徒，也播撒了英国教育的种子，促进了高等教育的发展，美国赴英留学生带回来的最新的高等教育理念也为殖民地学院的建设提供了支持。从整体上看，殖民地时期美国的跨境高等教育过程正是英国教育模式输入的过程，通过沿袭和效仿英国模式，美国的高等教育体系得以初步建立。

但正如美国历史发展的轨迹一样，1776年美国宣布独立，摆脱了英国的统治，建立了独立的美利坚合众国，国家赢得独立后面临着建设的重要任务，这就对美国的高等教育提出新的要求——培养大量自己国家建设需要的人才。市场巨大的需求推动美国高等教育的发展，美国跨境高等教育的方向也在发生着变化，逐渐开始远离英国模式的藩篱。

2. 受德国教育模式的影响

19世纪以前，德国的大学并不是世界上最好的大学，但在19世纪时，德国教育家洪堡率先提出了现代研究型大学的理念，在大学中倡导学术自由、教学自由、学习自由，实行教学与研究相结合的原则，强调人才培养的同时进行知识的创造，在办学思想上向前跨进了一大步，德国进行的高等教育改革挑战了欧洲原有的高等教育模式，打破了宗教势力对于高等教育发展的控制，逐渐从培养神学人才的道路上走出来，出现了大量强调技术应用的院校[2]。德国的大学逐渐形成了浓厚的研究风气，大学的发展振兴了整个德意志民族，使得德国在19世纪末成为世界工业和科学强国，世界科学中心转移到了德国，并吸引了大量美国青年和学者到德国学习。1862年，美国国内通过了对促进高等教育发展具有重要意义的《莫雷尔法案》，由此产生了一批赠地学院，同时许多学者和学生被派往欧洲交流学习，推动了德、美两国的合作交流。到20世纪初，已有近万名美国人前往德国的大学学习进修。这些人将德国大学先进的思想和制度带回美国，成为两国之间交流的纽带。这期间也发生了美国教育史上非常有影响的跨境教育潮——"留学德国浪潮"，为美国大学后来的跨越式发展并超越欧洲大学奠定了基础。

可以看出，美国大学从1636年最初建立到20世纪初，通过学习借鉴英、德等国家的办学理念和模式，建立和发展起了具有美国特色的高等教育系统，是一个吐故纳新的过程。在这一时期，美国跨境高等教育处于萌芽阶段，教育输入是其最大的特征，这一时期的跨境交流主要由学者、学生等个体主导。

1　崔淑卿，钱小龙.美国高等教育国际化的兴起、发展及演进[J].现代大学教育，2012，138（6）：37-42.
2　高鹏.美国高等教育国际化的历程研究[D].长春：吉林大学，2015.

二、美国跨境高等教育的制度安排

美国跨境高等教育以自上而下的政策为导向，集政府宏观调控、社会组织参与、高等院校具体实施于一体，在管理、财政、质量保障以及实践层面采取了各种措施，共同推进了美国跨境高等教育的发展。

（一）管理层面：实行分权管理，高等院校自治

美国是一个典型的地方分权制国家，高等教育由地方统管，联邦政府主要通过立法和财政手段来宏观调控跨境高等教育的发展。美国高等院校拥有高度的办学自主权，政府对高等院校只进行原则性的指导，主要由社会民间组织对高等院校的跨境办学效益进行监督、评估及宣传。

联邦政府部门在跨境高等教育管理体系中发挥着引领作用，指导美国跨境高等教育的发展方向。1958 年美国国会通过的《国防教育法》规定：设立"外国语和地区研究奖学金"，资助美国大学教师海外学术交流和国外学者来美合作。该法案成为美国海外教育方面政府政策的基础，使高等院校成了实施跨境教育的实验基地。《国防教育法》出台之后，关于跨境高等教育或高等教育国际化的法案开始大量增加并不断完善。1961 年，联邦政府出台《富布莱特－海斯法》，专门设立"国际发展署"，负责与外国政府达成国际教育交流项目[1]。1966 年美国国会通过《国际教育法》对国际教育的管理、财政资助、实施途径等各方面做了全面的规定，为美国国际教育的长期投资和稳定投资提供了法律上的保障[2]。一系列政策和法案的出台进一步加固和规范了美国跨境高等教育发展。为保证跨境高等教育的有效实施，联邦政府还设立了专门机构管理跨境高等教育国际化事务。例如，美国教育部（USDE）通过运作大量的经费资助项目为高等教育改革、留学以及外语和国际事务的学习、研究、交流活动等相关事务提供支持；美国国际开发总署（USAID）负责支持美国大学参与国际开发项目并为发展中国家提供技术和专业培训项目；美国教育信息网络（USNEI）负责提供留学生美国教育的官方信息，包括美国教育机构、美国教育体系、美国院校和课程；美国新闻总署（BECA）通过提供各种不同的交换项目致力于加强美国与世界其他国家的沟通与理解[3]。

大量的社会组织与机构在跨境高等教育管理体系中发挥着基础性的主体作

1 张国蓉.二战后美国国际教育的发展研究（1945—1980）[D].杭州：浙江师范大学，2012.
2 李联明.后"9·11"时代美国高等教育国际化新发展研究[D].南京：南京大学，2012.
3 汪霞，钱小龙.美国高等教育国际化的现状、经验及我国的对策[J].全球教育展望，2010（11）：57-64.

用，致力于倡议联邦政府解决学生资助、教师流动、语言学习和学生签证等问题以及负责跨境高等教育的宣传和质量认证工作。美国教育理事会、美国大学联合会（AAU）、州立大学和地方学院联合会（NASULGC）、独立学院和大学联合会（NAICU）、国家高校协会（AASCU）和美国社区学院联合会（AACC）是执行政策的六大主要协会，这些协会从事宣传、研究和政策分析，并为其成员提供会议、出版物和咨询等服务。大多数社会组织或机构根据自己所对应的、能解决的问题进行跨境高等教育管理。高校合作发展协会联络办（ALO）主要是推动美国和发展中国家高等教育机构间的合作，方便美国高等教育界和美国国际开发署之间的沟通[1]。美国教育协会（AECT）拥有 1800 个分支机构和 200 个地方组织，他们通过提供大量的项目和服务来强化校园国际化；美国国际教育交流协会（CIEE）负责管理青年学生和教师出国学习和教学的相关项目和经费资助；高等教育认证委员会负责境外办学的质量保障和认证等事务。

美国高等院校是落实跨境高等教育的主要实施主体，其在跨境高等教育办学招生、教育发展目标、经费使用、课程设置以及师资配备等方面享有高度的自主权。在内部管理制度上实行董事会领导下的校长负责制，董事会是美国大学的最高领导机构，可直接介入大学的运作管理过程，负责学校跨境高等教育发展的重要决策。校长在董事会的授权下全权负责跨境高等教育的日常管理工作。通常大多数美国高校会通过制定院校国际化发展战略、设立专门机构、为在校国际学生和本校学生出国学习提供信息或资源等支持服务、建立国际化师资队伍等举措对跨境高等教育进行一定的管理。主要表现在：第一，制定院校国际化战略是有效实现高校跨境教育的前提，能够为高校指明跨境发展方向，合理分配资源以更好地促进跨境教育实践。马萨诸塞大学波士顿分校（University of Massachusetts Boston）在其《2010—2025 年学校发展长期规划》中明确表示要全球参与、创造多元文化的教育环境；要跨国境招收教师和学生，引进良好的人力资源；推动教职员工跨国开展国际合作和知识共享；支持跨学科、跨学院的国际课程和学位课程开发和建设；延伸在线教学，与国外高校联合开展双学位课程；建立多层次的国际合作关系，推动国际社会经济发展[2]。第二，大多数美国高校会设立专门机构负责学校国际化事务的管理。如斯坦福大学设立了斯坦福大学国际学生中心（Bechtel International Center，I-Center）专为国际学生和学者提供各项服务，包括国际学

1 张进清. 跨境高等教育研究[D]. 重庆：西南大学，2012.
2 张国锦，李欣. 美国高校国际化举措对中国高校的启示——以麻省大学波士顿分校为例[J]. 教育现代化，2018，5（43）：280-281+285.

生和访问学者的留学申请咨询，移民、签证及出入境管理，暑期实习和工作管理，学校政策宣传以及新生的学习和生活指南等。第三，为在校国际学生和本校学生出国学习提供信息或资源等支持服务，这能够为国际学生带来精神和物质上的良好体验，吸引更多的学生参与国际交流活动。如耶鲁大学图书馆允许用中文、英语、日语、韩语、俄语等语言进行搜索，为外国学生查阅资料提供了方便[1]。第四，建立国际化师资队伍是有效进行跨境高等教育的关键，美国高校主要通过两种方式实现：一是大力吸引国际背景的高层次人才；二是提供教师出国进行科研合作、学术交流和访学的机会。匹兹堡大学采取了多项举措来提升教师的国际化能力，包括建立多学科的国际研究机构，为教师提供访问学者项目和学术研究机会；实施教师国际化能力发展的相关计划，突显教师在高校跨境教育实施中的地位；为教师从事国际研究、参与国际会议等提供物质和资金支持；建立全球伙伴关系，采用多层次的国际合作方式培养教师的国际化能力[2]。

（二）财政层面：公私兼容，集政府、社会组织、高校与企业于一体

美国主要通过联邦政府颁布的资助政策进行拨款，各组织机构开办和强化一系列资助项目，高校设置留学项目和奖学金，企业赞助等四种形式对跨境高等教育进行资助。美国自"二战"后就开始通过政策设立大量项目基金和奖学金鼓励学生、教师和科研人员进行海外交流和学习。如在1946年《富布赖特法案》颁布下诞生的富布赖特项目，该项目以交流、合作和援助的方式展开，通过提供海外交流机会、资助名额和设立奖学金，让美国的学生、教师和学者到国外地区或大学进行学习或讲学，外国的学生、教师和学者到美国大学从事深造和研究。国务院直接管理的富布赖特美国学生项目（Fulbright U.S. Student Program）在2008年提供了300个名额为美国的学生、教师、学者和专业人员赴多达155个国家从事教学、研究和考察活动提供资助，经费资助高达2.754亿美元[3]。由国务院直接管理的项目还包括为大学本科生设立的吉尔曼奖学金（Gilman Scholarships）、注重语言学习的"国家安全语言计划"等。除了政府设立的基金项目以外，美国各社会机构、企业以及高等院校也设置了多种资助跨境教育的项目。比如，一些基金会与国际组织会根据特定国家的发展优先项目挑选一些受资助者跨境交流；各高校会结合时代要求和自身情况设置留学项目和奖学金，选择一些受资助者去参加特定的项目，各高校还会根据学生的学习成绩和学生家庭的经济情况提供相应

1　贾秀丽. 美国高校图书馆在远程教育中的服务职能[J]. 继续教育研究，2013（6）：159-160.
2　刘云云. 美国研究型大学教师国际化能力建设研究[D]. 武汉：华中师范大学，2020.
3　Fulbright Scholar Program. 2008-2009-fulbright-annual-report [EB/ OL]. （2008-05-05）[2023-12-18].

的资助；企业会对有需要的高校或学生提供资金上的帮助，或是通过一些候选人之间的公开竞争给予资助。

（三）质量保障层面：内外兼顾，以质量认证为首要

美国跨境高等教育的质量保障体系分为内部管理监控体系和外部监控认证体系。美国内部管理监控体系主要由高校内部各管理层组成，各高校通过董事会决策、校长负责和教授治学，从内部治理结构上保障跨境教育质量，并通过严格把关课程质量、积极推动师生互动、网上评教、为学生提供充足平衡的资源环境等措施提升跨境高等教育的教学质量。外部监控认证体系主要由地方政府、各社会组织和外部专门认证机构组成。政府主要通过宏观调控来监督和促进本州高校的教育质量提升，各社会组织通过公开的高校国际招生数量以及大学排名等信息参与监督，而对跨境高等教育的办学质量、课程和教材等进行审查的质量认证主要由独立于政府和高校的外部认证机构来负责进行。

在美国，对跨境高等教育进行质量认证是其质量保障首要且有效的方式。美国的高等教育认证是交由专门为此目的而设的私立非营利性机构进行的，它一般分为地区性认证机构、全国性认证机构和专门职业性认证机构三种。许多高校同时接受几种不同的认证，由地区或全国认证机构对整个院校进行认证，由若干专门职业性认证机构分别对校内各专门职业性专业和学院进行认证。负责美国跨境高等教育质量保证的外部机构是高等教育认证委员会。美国的8个地区性认证机构、11个全国性认证机构和67个专业认证机构均由美国联邦教育部和高等教育认证委员会实施监管[1]。各认证机构对境外办学的审查范围标准各异，但由于高等教育质量认证委员会在高等教育中的权威性地位，因此各高校在跨境教育发展或进行国际交流项目时都会参照CHEA在2001年颁布的《跨国认证准则：对非美国高校与项目的认证》，该准则要求对跨国教育机构或项目的认证应充分考虑所在国的文化和教育体制，了解合作背景，提供所需信息资料、计算运行费用等[2]。关于远程教育的认证，地区性认证机构联合颁布了《通过电子渠道提供学位与证书最佳做法》，阐明了如何确立机构必需的远程教育质量，并提出了适用于远程教育的新的认证标准[3]。2004年美国高等教育政策研究所（IHEP）发表了《在线教育质量：远程互联网教育成功应用的标准》，将整个远程网络教学的质

1　王剑波，姜伟宏，康丽贞.国际跨国高等教育质量监管对我国的启示[J].现代大学教育，2009（6）：60-64.
2　CHEA. Principles for United States Accreditors Working Internationally: Accreditation of Non-United States Institutions and Programs[EB/OL]. （2001-09-01）[2023-10-18].
3　CHEA. Best Practices for Electronically Offered Degree and Certifiﬁcate Programs[EB/OL]. （2009-08-26）[2023-10-18].

量评估系统分为 7 个方面，并细化为 24 个必要的核心指标项和 21 个非必要可选项 [1]。这些制度为美国跨境高等教育的质量提供了更加有效的保障。此外，美国的民间高等教育质量评估联盟（ACICS）对美国高校在海外的合作办学活动也进行不定期的检查，采取"暗访"和"明访"两种方式，对不符合办学标准的高校取消跨国办学的资格 [2]。

（四）实践层面：开展国际化办学，促进人员、项目、机构的跨境流动

美国跨境高等教育主要通过开展国际化办学，促进师生的跨境流动，课程、双学位和远程教育等项目的跨境流动，以及高校和企业的跨境流动来发展。国际化办学的形式主要包括建立海外分校、与国外高校联合办学、开展合作项目等。

1.建立海外分校

美国作为高等教育发达的国家，其海外办学历史悠久，自 20 世纪 50 年代起，很多美国大学自发在海外设立分支机构。美国高校设立海外分校主要是为本国学生海外学习提供教育服务。由大学建立的海外分校比较有名的有约翰斯·霍普金斯大学高级国际研究学院（位于意大利）、韦伯斯特大学维也纳校区（位于奥地利）、韦伯斯特大学（位于加纳、荷兰）等。进行海外办学比较有名的公司有美国罗瑞特教育集团、阿波罗集团、职业教育公司、卡普兰公司等。其中罗瑞特教育集团早在 1999 年就建起美国最大的国外分校网络，截至 2017 年，其海外校园和网络大学近 70 所，遍布 23 个国家 [3]。

2.与国外高校联合办学

与国外高校联合办学是美国跨境高等教育发展的有效策略之一，按照办学主体的不同，可以分为合作建立办学机构、合作建立二级学院以及合作开展课程、学科等项目三种类型。合作建立办学机构由合作方共同投资，有自己的办学场地与设施，并根据需要安排教学活动并实施管理，拥有招生与颁发学历证书的权力，且独自承担民事责任。合作办学机构有较大的办学自主权，在合作办学过程中能够更好地发挥双方合作的长期性与深入性。2012 年，美国纽约大学与中国华东师范大学合作创办上海纽约大学。要求学生在本科学习期间去纽约大学全球教育体系中的任意学校进行 1 至 3 个学期的海外学习，此外还与纽约大学合作设立了

1　CHEA. Best practices for electronically offered degree and certifi cate programs[EB/OL]. （2009-08-26）[2023-10-18].

2　王剑波，康健. 大力引进国外优质教育资源积极推进中外合作办学[J]. 石油大学学报（社会科学版），2002（5）：103-106.

3　Laureate international universities[EB/OL]. （2017-10-11）[2023-10-18].

一些专业的硕士学位和博士学位项目[1]。合作建立二级学院相较于合作办学机构来说，资金压力和办学风险更小，由合作主体院校作为法人代表管理二级学院的办学活动。耶鲁大学与新加坡国立大学于 2011 年共同创办了耶鲁–新加坡国立大学学院（Yale–NUS College），其位于新加坡国立大学的大学城。在质量保障方面，耶鲁大学与新加坡国立大学分别就双方合作办学签订了质量保障协议，两所大学会周期性地对学院的治理、结构、专业、研究、课程、活动等作评估考察，学院须对自身的人才培养质量、科研成果质量、环境文化质量等进行检讨并作出改进[2]。

3. 开展合作项目

在美国跨境高等教育发展中，跨境合作开展的课程、专业和学科等项目与合作建立机构及二级学院相比，其数量最多、覆盖范围最广。合作项目一般设置在主体院校内，可共享主体高校的各种资源，但人才培养和教学安排由双方协商管理。美国高校及教育机构把合作重点放在了双学位和创新性的连续学位以及远程网络教育培养方面。双学位指的是两个不同国家的教育提供者合作来提供一个教育项目，学生达到毕业标准后，在每个教育提供者那里获得一个学位。美国的卡耐基梅隆大学通过远程和在线模式向不同国家的学生提供课程、项目。在美国，远程教育是一种非常实用的在线学习和取得美国大学学位的方式。远程跨境高等教育主要由各种教育机构来开办，包括虚拟大学、远程教育机构、国际教育机构、企业机构和提供远程教育的传统大学。如犹他州立大学（Utah State University）从 2001 年开始在香港举办学位文凭项目，其所提供的学士学位课程内容及所颁证书与当地无异，授课形式包括课堂、导修及网上授课。其中，有相当一部分课程综合运用互联网、录像光盘、双向电视会议、远程课程实况转播以及电子邮件来进行，大部分课程不设修读期限，学分分期累积，学生可按个人需要选择继续进修或暂时休学[3]。此外，卡耐基梅隆大学与墨西哥蒙特瑞技术学院合作，在信息技术专业建立起双硕士培养项目。参加该项目学习的学生除了在开学第一周会面于匹兹堡，最后一周相聚在蒙特瑞之外，平时都是在网络上完成各自的学习。

1　刘盾，胡钦华，韩涛. 美国一流大学跨境合作办学：模式划分、机理探讨与启思镜鉴[J]. 东莞理工学院学报，2020，27（6）：106–113.
2　刘盾，胡钦华，韩涛. 美国一流大学跨境合作办学：模式划分、机理探讨与启思镜鉴[J]. 东莞理工学院学报，2020，27（6）：106–113.
3　王帅. 20世纪80年代以来美国高等教育国际化新进展[D]. 保定：河北大学，2008.

三、美国跨境高等教育发展的特点

随着全球经济一体化的深入发展，高等教育国际化及跨境发展越来越受到各国政府和高等教育机构的重视。美国是较早实施跨境高等教育并取得成功的国家之一，但其发展也经历了一个复杂而漫长的过程。美国跨境高等教育的发展是法律、多元文化、多种宗教、多个族群、众多语言、两个政党利益、思想流派等相互交织、角力博弈、平衡妥协的结果。因此，美国跨境高等教育在发展中形成了自身的特色。

（一）由输入教育转为输出教育

美国跨境高等教育从输入到输出，经历了 300 多年漫长的发展历程。从殖民地时期开始一直到 19 世纪末，其一直都是以输入为主。1636 年哈佛学院的建立标志着美国高等教育的开始，到美国独立战争前，美国共创办了 9 所殖民地学院，主要是模仿英国的模式。除了英国，德国也是对美输出的对象。独立战争之后，美国开始出现专业学院，各州也开始创办州立学院，强调培养实用人才 [1]。19 世纪德国提出了现代研究型大学的理念，进行了高等教育改革，出现了大量以技术应用为主的院校，并且在 19 世纪末的时候成为世界工业和科学强国，吸引了大量美国学生和学者去德国学习。这些人将德国的高等教育思想和制度带回了美国，引发了"留学德国的浪潮"。在这整个时期中，美国的跨境高等教育还处于萌芽阶段，因此还没有形成一套自己的独立系统，在这过程中美国大多都是通过吸收其他国家的经验与教训来发展自己的高等教育，教育输入是其最大的特征。

在 20 世纪初，随着大国间和地区间的竞争加剧，且在国际联盟促进和平与共同发展的旗帜下，高等教育跨境发展成为美国扩大文化交流和提升综合国力的重要途径，美国的跨境高等教育迅速发展。此时美国积累了足够多的经验，在跨境高等教育上做出了自己的改变，由输入国变为了输出国。直到二战前后，因为战争的影响和"欧洲复兴计划"的开展，国际学生和人才大量涌入美国，再加上国内民权运动、妇女解放运动、"平权法案"实施等因素，美国高等教育得到了长足发展，到 1960 年后成为真正意义上的现代大学 [2]。尽管这一时期高等教育国际化理念尚未问世，但是非正式的、小规模的跨境交流和合作初见端倪 [3]。进入

1　周慧，罗剑平. 美国高等教育国际本土化的特点及对我国的启示[J]. 吉首大学学报（社会科学版），2014，35（6）：121-128.

2　吴杰，姚羽. 美国西点军校工程教育的特色剖析及启示[J]. 高等教育研究学报，2013，36（1）：54-57.

3　陈斌. 美国高校学生流动特点及其原因——基于《门户开放报告》的分析[J]. 高等教育研究，2016，37（2）：94-103.

21世纪后，美国资本主义经济发展迅速，为跨境高等教育提供了坚实的物质基础，而且众多的教育协会、基金会开始不断出现，形成了这个时期美国跨境高等教育发展的主要推动力量。教育协会和基金会通过为高等院校设立奖学金，为师生提供跨境交流的机会，并且开始在境外大量开设海外学校，实现了教育对象和教育工作者的"走出去"目标。通过"输入"向"输出"的转变，美国跨境高等教育向其他国家和地区传播了美国的教育理念、教育政策、教育模式和内容，极大地提升了美国高等教育的国际地位以及美国文化价值等国家软实力。

（二）教育服务于国家战略的理念

一般来说，一个国家跨境高等教育发展的组织和实施主体主要包括三个层面：国家层面、组织机构层面和高等院校层面[1]。美国跨境高等教育发展在不同阶段实施主体略有不同，实施策略也各有侧重，但从这三类组织实施机构的运作层面来看，均体现出教育服务于国家战略的理念。一端是美国吸引各地的留学生赴美国学习，另一端是在海外构建百万美国人留学海外的宏伟蓝图。一方面，培训外国和本地人才，以培养熟练的劳动力；另一方面，整合国际和地方教育资源以进行国家能力建设。除这些推动因素外，美国还着眼于建设"充满活力的研究性和创新性的部门"，以支持跨境知识经济的发展。从人才供给方面来看：美国本土的科学、技术、工程和数学研究人员非常匮乏，因此，美国既需要吸引留学生赴美学习，又通过优厚的移民政策留住这些在当地获得学位的国家急需人才。增加留学生比例、提供丰厚的奖学金和实验室等硬件配备并辅以优厚的移民条件，这一系列措施逐渐形成了吸引人才—培养人才—雇佣人才的良性循环，以服务美国的国家发展。

美国之所以长期以来一直能够居于世界领先地位，一个重要原因就是美国吸引了大批海外优秀的留学生，对人才库建设非常有效且能源源不断地补充。随着生产方式的转变和世界经济一体化的发展，知识密集型经济和经济的发展相互依存性越来越高，科技进步和劳动者素质成为一个国家经济发展的重要因素。也正是在这个意义上，2012年3月美国对外关系委员会发布的《美国教育改革与国家安全》报告中指出，美国现在急需具有优秀教育背景和高技能的人才，这是美国跟上国际竞争、劳动力市场与贸易全球化步伐的必要条件。其特别强调，美国国家安全的一个重要基石就是教育，教育危机即是国家安全危机[2]。正如美国前

1　KNIGHT J. Internationalization remodeled: definition, approaches, and rationales[J]. Journal of studies in international education, 2004, 8（1）: 5-31.

2　KLEIN J I, RICE C, LEVY C J. US Education reform and national security[R]. Washington, DC: Council on Foreign Relations, 2012: 7-14.

国务卿鲍威尔（Powell C.）所说，我们与接受过美国教育的未来世界领袖所建立起的友谊是我们最珍贵的财富。广泛吸引海外留学生以及在其他国家和地区举办教育文化活动是重要的策略，也是让世界了解并接受美国价值最好的办法之一。

"9·11"事件之后，美国出于维护国家安全的考虑，限制留学生规模和修读专业，致使美国大学中的外国留学生30年来首次下降，尤其是2003—2005年，许多国家的学生无法前往美国留学。但随着"9·11"事件阴霾的散去，2006学年至2019学年，前往美国的留学生开始呈递增趋势。在奥巴马执政时期，增幅最大的2014学年高达10%[1]，2016学年也较2015学年增幅达到3.4%。而特朗普执政时期增幅逐年下降，2017学年降幅为7%；2018学年略有缓和，降幅为0.9%。2019学年开学新增留学生降幅保持在0.9%，而2020年赴美留学的国际学生人数下降比例达到1.8%，共计108万名学生。尽管如此，美国仍然是全球接收留学生数量最多的国家。

（三）输出价值体系，扩大美国的国际影响力

自20世纪下半叶以来，高等教育国际化已成为不可逆转的趋势，作为高等教育国际化重要内容的跨境高等教育蓬勃兴起。全球范围内的跨国高等教育活动主要有授权办学、海外分校、姊妹计划、学分转移、项目合作等方式，其中，开办海外分校是最新并且也是发展最迅速的方式。进入21世纪以来，代表跨境教育的核心要素的国际分支院校（IBC）的数量在全球范围内迅速而稳定增长。从2002年到2017年，国际分支院校的数量从24个上升到了300多个。国际分支院校最大的"提供商"是美国、澳大利亚、英国、俄罗斯和法国等国家，他们开设的国际分支院校大部分位于亚洲，中国、新加坡和马来西亚是亚太地区国际分支院校的三个主要接待国。[2]各主要跨境高等教育提供国的发展状况中，美国居全球跨境高等教育世界领先地位。[3]据C-BERT统计，截至2020年，国际分支院校的数量是306个，共有37个国家的大学在海外建立分校，国际分支院校较多的出口国及其分校数量是：美国86个、英国43个、法国38个、俄罗斯29个、澳大利亚20个；较多的进口国及其分校数量是：中国42个、新加坡16个、阿拉伯联合酋长国33个。[4]

1 IIE. Open doors international students enrollment trends: international student and U. S. higher education enrollment, 1984/49-2022/23[EB/OL]. （2021-03-08）[2022-10-23].
2 HOU A Y C, HILL C, CHEN K HJ, et al. A comparative study of international branch campuses in Malaysia, Singapore, China, and South Korea: regulation, governance, and quality assurance [J]. Asia Pacific Education Review 2018, 19: 543-555.
3 王剑波, 姜伟宏. 跨国高等教育及其质量监管的比较研究——以跨国高等教育提供国比较的视角[J]. 东岳论丛, 2009, 30（8）: 167-171.
4 CBERT. International campuses. [EB/OL]. （2020-01-19）[2021-03-08].

美国跨境高等教育在开设海外分校这种跨境教育输出类型中占有绝对的优势，而且越来越多的国家开始青睐海外分校这种教育输出形式。美国的海外办学要追溯至 19 世纪下半叶，从传教士到各殖民地国家进行的传教和办学活动开始，到了 20 世纪 50 年代，越来越多的美国大学开始自发地设立境外分支机构，比如：有名的斯坦福大学海外研究中心，其设立的主要目的就是为本国学生提供在海外学习、研修的机会，同时提高美国大学的国际声誉和经济利益[1]。传教士美国大学的海外分校的发展呈现一定的规律性，虽然在不同的历史时期和地区，美国大学的海外分校的设立还呈现出不同的兴趣倾向和扩张重点，其发展的主要驱动力不同，但都与美国的经济利益、价值观输出以及全球化战略密切相关[2]。此外，在不同的地方美国跨境高等教育采取的投资形式以及与输入国的合作方式也是不同的。其资金来源大体可分为两种情况：第一种，美国高等院校全额出资创建。无国界高等教育观察组织（OBHE）2006 年对近 22 年来美国高等院校海外学校的资金来源统计显示，18 所海外学校资金来源于高校本身，13 所来源于高校外部；其他海外学校中，1 所是在高校自身出资的同时，政府给予一定补助，6 所是政府提供一定设施，其他 6 所资金来源不详。这表明美国高校是其海外学校资金来源的主体。这种模式的海外分校由美国高校全额投资创建，并且需要美国的高校对所有损失负责，因此通常需要花费巨额的费用。这种模式后来渐渐被抛弃了。第二种，美国高等院校和外部联合出资创办。这类海外分校采取美国大学与分校所在地政府、企业和个人共同投资建造，这种模式使得分校的投资方越来越多元，一起分担成本，一起获益和担责[3]。

美国的跨境高等教育是美国与世界其他国家和地区间建构起教育输送和联系的有力渠道。在美国的思想体系和价值观中，向境外输出价值观也一直是美国各届政府和国家战略的重要内容。海外分校作为美国跨境高等教育的新形式和有效渠道，对美国向全球输送美国文化和价值体系，扩大美国的国际影响力发挥了重要作用。

（四）重视英语教学，侧重商科和文科

菲利普·阿特巴赫认为，英语成为跨境高等教育的主要承载语言，美国等英语国家是跨境高等教育的主导国，控制学术传播的上游即知识产品的生产，未能拥有话语权的国家在此过程中被边缘化，沦为被控制的跨境高等教育产业输入国，

1　赵丽.跨国办学的理论与实践研究[D].上海：华东师范大学，2005：25.
2　王璞.美国大学海外分校全球扩张历史和战略研究[J].比较教育研究，2017，39（1）：17-23.
3　王春玲.美国境外办学的历史及现状——对"一带一路"建设中我国教育合作的启示[J].河北师范大学学报（教育科学版），2018，20（5）：74-79.

造成大量的资金和人才外流，发达国家和其他国家的发展差距进一步拉大[1]。

因此，美国跨境高等教育在输出课程上非常重视英语教学，并且把英语作为一些课程的授课语言。美国通过英语授课的这种形式扩大了其文化影响力，在教授英语语言的同时也渗透了美国文化和思想价值观，并且由于许多授课教师的母语是英语，英语口语不仅娴熟，而且深谙英语语言的文化和环境，授课的效果比较好，这也增加了跨境高等教育的吸引力，使它们成为众多所在国和地区大学生的第一选择。近年来，美国跨境高等教育尤其重视在海外开设商科和文科课程，因为商科市场广阔，收费较高，经济获益较大；而文科课程会在很大程度上影响所在地区大学生的意识形态，有利于传播美国文化，渗透美国民主主义精神，在一定程度上影响学生的价值观，培养学生亲美观念，关键是能培养大批美国的代言人。

（五）高度重视制度化、组织化、工具化和市场化作用

美国奉行宪政和分权制度，教育是属于各州人民的事业，联邦政府一般不干涉教育事务。联邦政府主要是通过立法和财政手段来宏观调控高等教育的发展，以实现国家利益的目的和意图。美国在跨境高等教育的发展中，非常重视发挥跨境高等教育的法制化、组织化、工具化和市场化的作用。

1. 法制化

美国跨境高等教育的法制化主要是指美国通过建立并完善教育对外开放的法律和制度体系来为跨境高等教育发展提供保障和支持。在 1924 年颁布的《移民法案》中，美国便明确地认可了外籍学生进入美国学校学习的合法性。1946 年颁布的《富布莱特法案》中，专门设立了政府专项教育资助基金，用于国际教育，支持美国学者、学生出国讲学与留学，促进外国学者、学生到美国交流与学习。该项目由美国国务院外交事务部门直接管理，也体现出美国政府对跨境高等教育的高度重视。1958 年出台的《国防教育法》和 1966 年出台的《国际教育法》更是从立法上有效保障并促进了美国跨境高等教育各项活动的深入持续发展。

2. 组织化

早在 1919 年，美国就建立了国际教育研究所（Institute of International Education，"IIE"），致力于对国际教育的研究工作。自 20 世纪 50 年代以来，IIE 一直致力于研究和跟踪美国的国际教育发展，每年发布美国的《对外开放报告》（Opendoor Report），为美国政府和高等院校提供关于国际学生和美国学生出国

1　阿特巴赫，瑞斯伯格，朗布利. 全球高等教育趋势：追踪学术革命的轨迹[M]. 姜有国，喻恺，张蕾，译. 上海：上海交通大学出版社，2010：20.

流动的全面数据与分析报告，这不仅为政府和教育部门的决策提供了参考，也为跨境高等教育的发展提供了重要信息支持。1946年，美国成立了富布莱特基金会，至21世纪初，该基金会已资助了约8.8万美国学者和学生赴境外访问和留学，以及约14.6万名外国学者和学生访问及留学美国。1948年，美国建立了外国留学生事务全国委员会，开始为美国联邦政府制定一系列关于教育国际交流的战略和制度[1]。在美国跨境高等教育发展中，相关组织发挥了重要的作用，有力地推动了跨境高等教育的发展进程。

3. 工具化

美国跨境高等教育的工具化主要是指美国会在不同时期根据国家利益需要而制定和调整跨境教育制度、签证与移民政策等，利用相关的政策制度作为工具来配合国家战略和利益需求。跨境教育制度、计划以及签证和移民政策成为美国向外输出人才、科技文化以及吸纳全球人才的安全阀与过滤器，起着维护国家安全和促进优秀人才跨境流动的双重功能。这也是限制和放宽人才和文化教育跨境流动的第一道关卡。美国的跨境高等教育既体现了美国的国家意志，更是美国实现政治强国和世界大国的工具，输出美国文化和制度、吸纳全球人才、维护美国的国家安全和全球利益，成为其长期的一项外交政策工具以及进行文化控制和提升软实力的工具。

4. 市场化

美国的宪法规定联邦政府无权干涉教育，政府的主要职能是制定法律、调整政策、提供财政支持、完善各项信息服务，为各机构与个体参与跨境高等教育活动提供制度和规范的市场竞争环境。只要联邦政府和州政府颁布了相关制度，美国跨境高等教育的各项活动，包括学生与学者国际流动、课程国际化、国际合作办学、国际合作科研等，都可由4000多所高等教育机构自行组织实施，这些高等教育机构还可以决定跨境发展的目标、策略、实施方案。而在跨境项目的流动层面上，美国高校及教育机构把策略实施重点放在了双学位、创新性的连续学位以及远程网络教育培训方面[2]。美国跨境高等教育高度重视市场化发展，各高等院校自行制定跨境教育学生的要求、目标市场、对象、收费、规模等各项事务。这些机构各具特色，在市场上各显神通，广泛竞争生源、师资及各种教育资源，通过市场规则在国内与国际市场范围内配置教育资源。

1　李梅. 高等教育国际市场：中国学生的全球流动[M]. 上海：上海教育出版社，2008：81.
2　刘晓亮，赵俊峰. 美国跨境教育问题研究——基于简·奈特的跨境教育理论框架视角[J]. 教育科学，2014，30（4）：81-85.

四、美国跨境高等教育的经验与启示

（一）美国跨境高等教育的经验

美国是全球最发达的国家，其跨境高等教育发展水平也居世界前列。纵观美国跨境高等教育的发展历程，其取得了显著的成效，积累了丰富的经验。

1．"三位一体"的联动发展模式

美国跨境高等教育发展之所以领先世界，与其形成的"政府推动、社会组织参与、高校实践"的三位一体的联动发展模式密不可分。三者相互衔接、相互补充，共同在美国跨境高等教育的发展中发挥着重要作用。美国政府主要通过提供政策性和财政性的支持来从宏观层面推动跨境高等教育的发展。美国联邦政府颁布的《国防教育法》《高等教育法》《国际教育法》《国家安全教育法案》等多项重要的国际教育法案与政策为美国跨境高等教育的发展清除了道路阻碍，提供了法律保障。美国国务院、美国国际开发署、美国教育部等专门机构管理着跨境高等教育的各种计划和项目，并通过与其他国家的高等教育机构发展伙伴关系来支持学生、教师和专业人员的跨境交流与合作。

美国的非政府组织和机构主要通过提供资金及项目支持，与世界其他国家地区致力于跨境高等教育的组织进行沟通，为高校境外办学拓宽社会渠道，对高校办学质量进行教育认证等措施来协调并促进学生和教师流动、科研合作以及其他跨境活动。此外，美国一些企业为实现经济利益也会积极参与跨境高等教育，主要通过为大学提供资金资助、开办企业大学或是与传统高校联合创办虚拟大学等措施来进行。非政府组织、机构的积极参与有利于高校摆脱政府束缚，强调学术自由，切实发挥高等教育的社会服务功能。企业的参与使得美国跨境高等教育拓宽了资金来源的渠道，也促进了跨境高等教育为满足社会需要而定向性地培养国际化人才。

由于美国高等教育是高度分权的领导体制，高校在招收学生、课程设置、聘任教授、调整专业、财政开支和筹措经费等方面有很强的独立性和自主决定性。高校可以在相关制度框架下，自行组织和管理国际化相关的各项活动，可以根据社会和学校的内在需求，灵活掌握跨境办学方向，优化教育资源配置，在遵循高等教育规律的情况下探索跨境高等教育的各种实施形式。正是这种高度的独立自主性极大地调动了美国高校自身的跨境教育的活动积极性，确保了高校根据社会和市场需求及时地作出反应，这在很大程度上促进了美国跨境高等教育的多元化和蓬勃发展。

2. 多层面的跨境高等教育发展策略

为推动跨境高等教育的全面发展，美国从顶层设计到任务落实等多层面制定了一系列发展策略。

将跨境高等教育上升至国家发展战略的地位。美国跨境高等教育是其全球发展战略在教育上的反映。自 1946 年颁布《富布莱特法案》开启政府支持的跨境交流与合作以来，美国跨境高等教育便一直是美国实现扩大全球势力范围、维护国家安全、提高全球竞争力、维持世界领先地位、实行美国优先等国家战略的重要手段。1994 年出台的《美国 2000 年教育目标法》中就明确提出："要通过国际交流，努力提高学生的全球意识、国际化观念。" 2002 年，美国教育委员会发布题为《"9·11"事件之后：美国国际教育的综合国策》的报告，明确强调高等教育国际化政策应实现三个目标：培养具有国际视野的专家，生产全球知识，以满足美国国家战略需求；提升美国解决全球问题的能力；培养具有全球竞争力的公民，创造具有全球竞争力的生产力。由此可见，美国已将跨境高等教育作为国家全球发展的重要战略之一。也正因为美国对跨境高等教育的重视，美国一些研究型大学为提高自己的国际竞争力，占有更多的国际市场份额，开始将跨境高等教育纳入学校发展战略规划，并将其视为重要使命和战略任务。目前，大多数美国研究型大学在学校发展战略规划中将跨境高等教育列为优先发展事项，设置了专门负责国际化事务的部门或者工作委员会，建立了国际化发展评价评估机制。

积极开展多样化跨境高等教育活动。积极开展多样化的跨境教育活动是美国发展跨境高等教育的有效手段。美国跨境教育活动主要包括师生的跨境流动，课程、双学位和远程教育等项目的跨境流动以及机构的跨境流动。首先，美国政府极力推动学生与教师在国际上的跨境交流与合作。一是采取接受与输出相结合的方式增强学生流动。美国通过其开放的留学生政策、名目繁多的奖助学金项目和高质量的高等教育系统，吸引了大规模的外国留学生，使其始终是世界上接受外国留学生最多的国家。同时，美国也通过出国留学的各种奖助项目，鼓励本国学生出国留学，使其充分学习和体验多元文化，同时也输出美国的文化和价值。二是通过招募与派出两种途径扩大教师的跨境流动。在招募方面，美国政府主要通过优惠的移民和就业政策吸引海外人才来美发展；除此之外，美国政府、社会组织及高校也会利用各种渠道，提供资金资助，积极开拓教师跨境交流的项目，搭建促进教师跨境交流的平台来促进教师的跨境流动。其次，美国是高等教育跨境项目提供最活跃的国家之一，特别是在双学位（Double Degree）、连续学位（Consecutive Degree）和远程网络教育培养方面。美国有相当多的机构提供远程教育课程，而且接受这些课程的学生数迅速增长。1998 年以前，有 44% 认证过的机构提供远程教育，到 2001 年则增长到 56%。最后，美国大力推进国际化办学。国际化办学是美国跨境高等教育的重要组成部分，美国的传统高校、私人实体和贸易公司都会与国外高校或企业展开合作。美国高校海外分校众多，据统计，美国高校海外分校的数量占到全球海外分校总数的 50% 以上，[1] 为美国大学生跨境学习提供了支持。

大力吸引外国留学生。美国是国际学生选择留学地最炙手可热的国家，究其原因，主要归功于其名目繁多的奖学金项目、开放的留学政策以及有力的海外宣介。美国是向留学生提供最多经费资助的国家，政府、社会组织、企业与高校，都会设立各种基金和奖学金项目来支持跨境高等教育。美国的签证和移民政策也向外国留学生倾斜，主要通过政府颁布的政策增加外国留学生的绿卡名额、简化签证手续等方式来增加留学生对本国的吸引。美国的海外教育宣介除了各高校积极输出品牌效应以外，各社会组织也会建立推广机构来拓宽海外教育市场，推销美国教育和文化，大力吸引留学生。

建立全方位的跨境高等教育质量保障机制。美国跨境高等教育的办学质量之所以走在世界前列，主要归功于其全方位的跨境高等质量保障机制。美国通过立法、认证、实施联合质量保障等措施建立了相应的跨境高等教育质量保障机制。在立法方面，美国中学认证委员会（COPA）出台美国本土外教育项目的实践准则，为海外设立的分校和交流合作项目提供评价方面的依据支撑，旨在使跨境高等教育质量得到保证。2001 年高等教育认证委员会颁布了《跨国认证准则：对非美国高校与项目的认证》，建立认证评估制度来保障跨境高等教育的质量。在认证方面，美国相关的认证与保障不是由某一个政府机构或者部门来完成，而是由一些非营利性的私人以及地区性或国家性的认证机构共同来完成的，这些机构进行认证必须先经过美国教育部或者高等教育认证委员会的事先批准和承认。为适应高等教育发展变化的新要求，这些独立于政府和高校的外部认证机构都会定期对其标准和政策进行修订和进一步完善，在认证有效期过后还会对认证的机构进行复查，若发现问题较为严重，就会缩短复查的周期。在其他质量保障措施方面，美国也非常重视通过给消费者提供全面、清楚的信息服务及增加透明度等方式来

---

1 王春玲. 美国境外办学的历史及现状——对"一带一路"建设中我国教育合作的启示[J]. 河北师范大学学报（教育科学版），2018，20（5）：74-79.

保障跨境高等教育的质量。作为高等教育认证协调机构的美国高等教育认证理事会建立了一个经美国认证机构认证的，包含有31个国家高等教育机构的数据库。美国还规定所有招收留学生的院校都必须加入学生和交流学者信息系统。此外，美国各州政府设立的高等教育委员会也会通过协调州政府对高校科研经费或政府补贴的发放、对高校新专业进行评估、为高等教育提供信息服务等事宜来维护和监督本州的跨境高等教育质量。

（二）美国跨境高等教育的启示

美国跨境高等教育的发展给我们提供了重要启示，跨境高等教育是一个复杂的系统工程，并非某一个政府部门、高校或社会组织能单独完成的，需要政府、社会和高校三方相互协作，密切配合，制定有效的策略，共同推动发展。

1.政府层面：坚持政府主导

在中国，政府是高等教育的主要监管机构，因此坚持政府主导和推动更有利于跨境高等教育的健康有序发展。

完善"跨境高等教育"政策安排，适时出台扶持政策。中国虽早已颁布了《中华人民共和国教育法》，但在跨境高等教育方面并没有出台明确的政策规定。随着跨境高等教育的发展与深化，跨境高等教育与社会经济及个体之间的联系越来越紧密，先前的"规范""办法""条例""意见"等政策工具已难以满足中国跨境高等教育发展的制度需求。推动相关立法已成为时之所需。因此中国应该借鉴美国经验，将跨境高等教育上升至国家战略地位，尽快出台全国统一的政策法律体系，提高跨境高等教育政策的法律层级，进而为高校、相关企事业组织开展跨境教育活动提供法律保障和支持。此外，各级政府和外事部门也应深入高校开展调查研究，切实了解各高校在开展跨境高等教育活动过程中遇到的实际困难，根据各高校的发展定位与特点，实行分类指导，并出台专项扶持政策，支持各高校开展跨境高等教育活动。

扩大财政扶持力度，加强优质高等教育资源建设。从中央到地方，各级政府应针对所属高校跨境高等教育资金短缺的问题，借鉴美国成功做法，设立各级各类政府名义的跨境高等教育专项扶持基金，加大优质课程、科研设备以及国际教师等教育资源建设，支持高校建设境外分校和课堂，鼓励高校教师和学生跨境开展学术交流活动，向世界讲好中国故事，推介中华文化和文明价值。

加强教育质量外部评估机构建设，完善跨境教育质量保障机制。目前中国的高等教育评估制度是一个由若干具体专项制度构成的多层次评估体系，主要由政府主导，直接制定标准、规划和组织相关评估活动。这种自上而下的评估方式虽然有利于发挥政府监督和评估的权威性，但评估主体限于政府及教育行政系统内部，不利于社会对教育的监督，影响评估的客观和公正，也不利于高校跨境办学自主权的实施。中国可以借鉴美国全方位的跨境高等教育质量保障机制，加强跨境教育外部评估机构建设，尝试通过构建独立于政府和高校之间的第三方中介机构来对跨境高等教育质量进行审查，并通过提供全面、清楚的信息服务及增加透明度等方式引入社会各界的监督，促进高校积极制定或调整相关跨境教育发展举措来应对挑战和困难，政府则可以保留最后的审核与审批权力。

2.社会层面：调动社会力量

社会力量是美国发展跨国高等教育过程中一股不可忽视的重要力量。美国的私立高等教育机构、企业和促进跨境高等教育发展的非政府性社会组织都是当前美国跨国高等教育市场上极为活跃的参与主体，他们通过与国外高等教育机构或企业合作办学、在海外建立企业大学或设立一系列的基金项目等来促进跨境高等教育活动的开展。在中国，这部分社会力量并未被完全调动起来。与美国促进跨境高等教育发展的相关社会组织相比，中国的社会组织还存在数量少、与高校国际化联系不紧密、功能较单一、学术性不高、促进国际化的力度不强等问题。因此，政府应从社会层面出发，采取相关措施，积极调动社会力量参与跨境高等教育。一是大力动员社会各群体参与，吸纳民间智慧与力量，鼓励各类中介机构、新闻媒体以及由政府授权组建的跨境高等教育行业协会、质量评估机构等第三方部门共同参与跨境高等教育的建设与发展。二是在法律法规、政策以及资金等方面给予相应支持，大力推进与高校跨境活动相关的社会组织的建设与发展，鼓励其与国外的高校、社会组织等开展广泛的交流与合作，多途径地筹措跨境活动资助经费，与高校建立有效的沟通机制，为跨境高等教育发展拓宽社会渠道。

3.高校层面：加强自身建设

科学制定跨境发展战略，找准目标与定位。美国很多高校将跨境高等教育列为优先发展事项，通过制定院校国际化发展战略来促进跨境高等教育的发展。因此，中国高校也可将跨境高等教育作为学校发展战略优先考虑，并根据自身特色制定符合发展实情、可执行性高的跨境高等教育发展战略，找准国际化目标与定位，将其融入教学、科研、服务及管理的各个环节，并在人员配置、政策导向、项目支持和设施保障方面给予倾斜。

大力建设国际化师资队伍。与美国研究型大学相比，中国高校教师队伍的国际化程度还不太高。因此，中国高校应充分利用各类出国项目和机会，提供物质和资金等鼓励教师赴国外学习和交流，要致力于培养具有全球视野、国际理解力以及创新能力的国际化教师。同时，还需要通过提高薪金福利待遇以及创造良好的工作生活环境等，吸引海外优秀学者来校从事教学、讲学、科研与管理工作，不断优化学校师资的结构，提高国际化水平。

严格把控办学质量，加强内部监督。高校应严格把控跨境教育的质量关，尤其要以薄弱学科专业建设为重点，加强其在跨境课程设置、学分学时分布、实践能力和素质培养等方面的投入，从而夯实高水平跨境办学的基础。此外，要加强内部监督管理，着眼于自身内部的制度化建设，尤其针对跨境高等教育的项目规模、培养方案、教学计划、教学资源、师资力量、财务状况等进行全方位的监督管理。

扩大跨境交流与合作。首先，在跨境交流与合作中，深入探索开展跨境交流与合作的新体制、新机制，推进学分互认和学位联授。其次，积极开展跨境办学，通过联合办学、合作办学等方式鼓励高校出境办学，共建共享产学研平台，联合推进高水平的学术交流和科研活动，并以各类联盟、组织、机构为平台，以项目、研讨会等为纽带，建立并拓展可以走深走实的合作伙伴关系。再次，积极开展汉语国际教育，稳步推进海外孔子学院和孔子课堂建设，传播中华优秀文化。最后，可以加大高等教育国际援助力度，为发展中国家培养高级专门人才，提升中国高等教育国际化的影响力。

第三章　英国跨境高等教育发展

当今，全球化已经深刻地影响世界的政治、经济和文化生活，制度、资本、市场、观念和教育也备受全球化的影响。尤其是在高等教育中，全球化作为外在环境和内在驱动的存在，形塑了整个世界的高等教育形态，促进了教育各个要素在全球的跨国界、跨文化流动，构造了全球教育一体化市场。[1]伴随着全球化的发展，高等教育国际化的趋势也日益明显，其重点从国内跨区域流动开始转向国际跨文化流动，衍生出一种全新的教育面貌——跨境高等教育。

跨境高等教育是高等教育国际化的重要组成部分，是跨境教育在高等教育阶段的应用。加拿大著名高等教育国际化研究学者简·奈特对跨境教育作出了综合性的阐述：跨境教育指的是人员、教育项目、教育提供者、政策、知识、观点以及服务等要素的跨越国境的自由流动。[2]由此可见，跨境高等教育就是在高等教育阶段，教育的各个要素在国际上进行的跨文化流动。国际社会上，也经常运用无边界教育、跨国教育来表明跨越国界的教育活动，但这二者与跨境教育之间的区别在于：无边界教育比跨境教育的范围更广，其还包括本国的跨地域教育活动；而跨国教育则比跨境教育的范围窄，其只包括项目或者教育机构进行的跨国界教育活动。在国际组织的层面上，经合组织（OECD）和联合国教科文组织（UNESCO）联合颁布的《保障跨境高等教育办学质量的指导方针》中，也对跨境高等教育进行了定义：跨境高等教育是指教师、学生、项目、机构/提供者、课程材料在跨越国家管辖边境的情形下进行的高等教育活动。[3]

基于上述定义，跨境高等教育主要有人员流动、项目流动和机构流动三种形式。其中，人员流动包括学生跨境学习和教师跨境进修两方面；项目流动主要指跨境教育合作项目，如通过网络提供的学习项目和向国外机构出售教育培训课程等；机构流动指在国外设立教育培训机构、开展合作办学。[4]只要有跨国界的流动，

1　李盛兵. 高等教育国际化研究[M]. 北京：科学出版社，2019：1.

2　OECD, The World Bank. Cross-border tertiary education: A way towards capacity development [R]. Paris: OECD Publishing，2007：21-26.

3　OECD. Guidelines for quality provision in cross-border higher education[R]. Paris: OECD Publishing，2005：44.

4　OECD. Internationalisation and trade in higher education: opportunities and challenges[R]. Paris: OECD Publishing，2004：320.

涉及两个或以上国家的教育交流，就会出现教育输出国和教育输入国两种性质。

伴随着各国的发展，世界各国对高等教育的需求日益增长，但在一些落后的国家，其经济发展、教育现状已经无法满足本国的高等教育需要，因此，教育输入的初衷开始萌芽。英国作为高等教育的老牌强国和国际教育援助的大国，在跨境高等教育中扮演着十分重要的角色，通常以教育输出国的身份去进行跨国界的高等教育活动。我国目前正处在向高等教育输出国转型的重要阶段，急需借鉴其他国家跨境高等教育的体系构建，而英国就是不二选择。

随着经济全球化的发展，世界的高等教育联系越来越紧密，跨境高等教育也顺应时代潮流而"来势汹汹"。这里，我们将根据英国跨境高等教育发展历程，从跨境高等教育的不同类型出发，采取个案研究的方式，探讨英国在人员流动、项目流动和机构流动中不同的制度安排。基于对英国跨境高等教育的充分解读，提取其整体发展特点，从影响跨境高等教育的因素出发，比较中英两国社会环境的异同，从而为我国跨境高等教育的发展提出更具针对性的经验启示。

一、英国跨境高等教育的历史发展

跨境高等教育是随着高等教育国际化发展而衍生出来的教育活动形式。要了解英国的跨境高等教育体系，就必须从其高等教育国际化的发展历程着手，追本溯源，才能厘清跨境高等教育的发展脉络以及各阶段的特点，从而勾画出英国跨境高等教育背后错综复杂的因素和动因。因为我们的主要焦点在于描述英国的跨境高等教育发展历程，所以在前期收集的文献资料的基础上，可以从以下两个维度或者关键词着手：

一是全球跨境高等教育。从全球的跨境高等教育的演变过程中去明晰世界整体的跨境高等教育蓝图，从中剥离出处于欧洲板块的英国跨境高等教育的发展概览。在《跨境高等教育研究》一文中，作者认为跨境高等教育主要经历三个重要阶段，分别是12世纪到19世纪末的初步形成阶段，以教会大学招收国际学生（12—16世纪）和殖民扩张带来教育流动（17—19世纪）为主要表现；20世纪初到20世纪80年代的快速发展阶段，跨境教育的形式从第二次世界大战（以下简称"二战"）前的人员流动转向"二战"后的项目流动和国际教育援助；20世纪80年代至今的兴盛繁荣阶段，跨境教育兴起海外办学的浪潮，以牟取经济利益为主。[1] 从这

---

1 张进清.跨境高等教育研究[D]. 重庆：西南大学，2012.

三个阶段，可以看到教会大学、殖民扩张、教育援助以及海外办学等不同的跨境高等教育形式。

二是英国高等教育国际化，属于英国跨境高等教育的上位概念，寻找国际化过程中跨国界教育活动的历史。在国内具有代表性的发展历程划分方式主要有两种：一种认为英国的高等教育国际化发展经历了以教会统辖（12—16世纪）、大学输出（17—20世纪）、随行美国（第二次世界大战后—20世纪50年代）、国家主导（20世纪60—70年代）、市场引领（20世纪80年代—20世纪末）、战略导向（20世纪初至今）为特点的六个发展阶段[1]；另外一种主要关注以第二次世界大战（以下简称"二战"）为分水岭的英国高等教育国际化历史变迁，包括"二战"前的殖民扩张、"二战"后的留学潮（二战后—20世纪70年代）、"留学全费政策"留学低潮期（20世纪70年代末—80年代初）、高等教育国际化市场复苏（20世纪80—90年代）以及加速扩张时期（20世纪90年代至今）。[2]

综合上述两个维度的历史分期，我们认为，可以以全球跨境教育的发展为主线，用英国高等教育国际化的发展历程作为补充描述，将英国跨境高等教育发展历程划分为附庸教会（12—16世纪）、殖民扩张（17—二战前）、教育援助（二战后—20世纪80年代初）和拓展市场（20世纪80年代至今）四个阶段。

（一）附庸教会：教会学校促进人员流动（12—16世纪）

在12世纪，巴黎和博洛尼亚是中世纪大学最早的发源地，它们构成了中世纪大学的原型，在巴黎大学和博洛尼亚大学设立不久之后，欧洲相继出现了许多以这两所大学为基本模式的大学机构。英国的两所老牌强校牛津大学和剑桥大学也是中世纪大学的早期产物，其中，牛津大学更是传承了巴黎大学的传统，其最初是由英王召回在巴黎大学留学的学生汇集而成，到12世纪末被正式承认。[3]由于当时的欧洲处于罗马教皇的统治之下，政治权利由教皇掌控，大学与教会之间联系十分紧密，甚至成为基督教教会的"附庸品"，无论是教师资格的认定还是课程内容的选择，都全权由教皇"拍手决定"。

在英国，牛津大学和剑桥大学的发展也都是在基督教的跨国传播中走向师生的跨国流动，其主要目的是宣传和传播普世的"神学观"，教师的身份等同于神职人员。大学之间的文凭互认、以拉丁语为教学通用语言、统一的古典主义课程

1　张永富.英国高等教育国际化的发展历程、特征与趋势[J].教育评论，2020（6）：162-168.
2　赵璐.英国高等教育国际化政策研究[D].武汉：武汉大学，2017.
3　贺国庆，于洪波，朱文富.外国教育史[M].北京：高等教育出版社，2009：79-84.

内容成为同时期欧洲大学的共同特点。基于这种观念，来自欧洲各地的学者开始跨国流动，主要流向国以法国为主。[1]正因如此，16世纪前的英国高等教育开始呈现出跨境教育的萌芽形态。

此时，英国跨境高等教育的特征主要有以下几点：（1）英国开展跨境高等教育的初衷带有强烈的宗教色彩，其主要目的是宣传基督教教义；（2）跨境高等教育的规模较小，以学者和学生的人员流动为主要形式，并且主要的流动国家集中在欧洲大陆；（3）英国在欧洲跨境高等教育中所扮演的角色是学生输出大国，其参与方式以学生输出为主，主要流向国是中世纪大学发源地——法国。

到16世纪上半叶，宗教改革打破了教会统辖下各国人员的跨国"随意性"，英国新教教派的兴起也摧毁了罗马教皇倡导的"普世性"，一定程度上阻隔了英国与欧洲大陆在人员上的自由流动。牛津和剑桥大学在跨境高等教育的萌芽中，也需要寻找新的解决方案。

（二）殖民扩张：向殖民地输入高等教育（17世纪—"二战"前）

17世纪初期，随着地理大发现对世界地图的进一步完善，东西方之间的文化和贸易交流开始兴起，欧洲各国为扩大本国影响力、争夺自然资源以及增加经济收益回报开始进行殖民扩张和自由贸易。在世界环境的影响下，出于争霸世界的政治野心和瓜分市场的经济野心，英国也开始走向殖民扩张的道路。

由于高等教育在经济创收和文化传播上的效益进一步突显，为扩大本国经济收入以及稳固自身的殖民主地位，英国的高等教育也随着殖民扩张的道路开始向其所管辖的殖民地国家输入。英国在所属殖民地建设的大学都带有牛津大学和剑桥大学的缩影，无论是管理体制、入学标准、课程设置、上课形式，还是学校的学术研究等方面都是借鉴英国的大学模式[2]，可以说，英国所属殖民地的大学大部分都是英国大学的后期产物。

到了18世纪，第一次工业革命以英国的蒸汽机为标志，开始席卷全球，自然科学的知识也开始代替宗教教义成为大学主要的课程教授内容。对自然科学的崇拜也开始让欧洲以前瓦解的宗教共识转向自然科学共识，使欧洲开始重新聚为一体。19世纪初期，为了满足迁入殖民地的移民对于高等教育的需求，海外教育办公室开始推动英国大学在各个殖民点设立教学中心，通过函授和面授相结合的方式开展教学。[3]1934年，英国议会批准设立国际教育研究所和英国文化委员

1　陈学飞.国际视野中的高等教育探索[M].青岛：中国海洋大学出版社，2009：203.
2　张永富.英国高等教育国际化的发展历程、特征与趋势[J].教育评论，2020，252（6）：162-168.
3　张湘洛.英国大学海外办学实践及启示[J].高等教育研究，2008（5）：99-103.

会，促进了英国与德国、法国、意大利学者之间的交流。其次，伦敦大学和城市学院的兴起，更是打破了古典大学对知识的垄断。[1] 随着英国国际影响力的提升，也进一步吸引了海外留学生赴英留学。

"二战"前，以殖民扩张为主的英国跨境高等教育，主要呈现出三个特征：（1）英国跨境高等教育受利益驱使，规模开始逐步扩大，其主要目的是获取政治经济利益以及向殖民地输入文化价值观；（2）跨境高等教育主要形式是设立殖民地大学，但人员的跨境流动仍然占据很大比例，例如学者的国际交流；（3）英国开始从学生输出国转向高等教育输出国，其主要的输出国家是英国所属的殖民地国家，跨境范围也开始从欧洲向外扩散。

（三）教育援助：国家主导吸引海外留学生（"二战"后—20世纪80年代初）

"二战"结束后，英国无心顾及对海外殖民地的管辖，殖民地国家纷纷独立。进入20世纪60年代，美苏两大阵营的冷战爆发，为了争取对第三世界的政治影响，英国也开始对经济欠发达国家进行高等教育援助。

1963年，英国发布的《罗宾斯报告》中，要求每年单独为外国留学生提供900万英镑的资助。[2] 英国政府开始正式以经济资助的手段，插手高等教育事务，高等教育援助的格局正式形成，基于政治目的而对不发达国家地区输入教育理念、办学模式等，成为英国跨境高等教育的主要特征。1973年，英国、法国、德国等16个发达国家共同为发展中国家提供留学生奖学金98023份，派遣教师和专家共36000人。[3] 从上述数据可以看出，英国跨境高等教育从"二战"后开始转向以政治目的主导的引进国际学生和输出高等教育相结合的状态，通过经济奖励的方式吸引海外留学生，同时又派遣学者进行教育的跨国交流。

除此之外，20世纪80年代初，英国开放大学走向海外，在欧洲、亚洲和美洲地区设立招生机构，并和当地院校合作，共同开展学位教育和职业教育。例如，1971年，开放大学和美国马里兰大学合作，共同提供学位教育。[4] 在此期间，英国开放大学成长为一个具有国际影响力的高等教育机构，此时的英国跨境高等教育呈现出合作办学、项目流动的教育形式。

"二战"后到20世纪80年代初，英国的跨境高等教育以教育援助为主，其

1　赵璐. 英国高等教育国际化政策研究[D]. 武汉：武汉大学，2017.
2　梁淑红. 利益的博弈：战后英国高等教育政策的制定过程研究[M]. 北京：光明日报出版社，2012：211.
3　PHILLIPS H M. Educational cooperation between developed and developing countries[M]. Oxford：Oxford University Press，1976：12.
4　李智勇，张雪源. 英国高校海外办学：历程、趋势和启示[J]. 扬州大学学报（高教研究版），2020，24（1）：49-57.

伴随着以下几个特征：（1）英国跨境高等教育主要服务于政治目的，为增强国际影响力而进行国际学生引进和高等教育援助；（2）英国的跨境高等教育除人员流动外，开始出现合作办学和项目流动的形式；（3）英国仍旧处于教育输出国，通过政府资助吸引海外留学生并向欠发达国家进行高等教育援助。

（四）拓展市场：高校成为主要推动力量（20 世纪 80 年代至今）

1980 年，英国开始对欧共体国家之外的留学生实行"全费政策"[1]，导致大量英联邦和第三世界国家赴英留学生人数急剧减少，同时，持续恶化的经济状况也导致英国大批学者外流。

到 20 世纪 80 年代末，为改变国际学生减少和国内人才流失的状况，英国开始对高等教育国际化政策进行改革，市场化成为英国高等教育发展的主要旋律。通过在高等教育中引入商业概念，英国强行推进高等教育机构与国内外市场接轨，1988 年的《教育法》和 1992 年的《高等教育改革法》，都促成了英国高等教育市场化的全面成型。[2] 至此，英国的跨境高等教育开始走向市场主导而非国家政府主导。在市场的主导下，英国不仅和法国、德国、美国等国的高校建立了联合培养计划，也将目光投向欠发达国家的留学生市场，通过增加留学资金福利、开发国际课程、扩大留学宣传等方式再次吸引海外留学生进入英国高等教育市场。

2000 年，英国开始对跨国高等教育进行研究，提出"无边界教育的商机：英国的视角"研究。[3] 跨境高等教育的发展也开始让国际组织意识到其特殊的经济收益。自从世贸组织（WTO）将教育纳入服务贸易项目之后，提供跨境高等教育服务贸易已经成为各国发展经济的一个重要手段。[4] 在英国，外国留学生与国内的学生收费相比，大学院校会在本科教育阶段收取 3 到 10 倍的费用，在研究生教育阶段收取 2 到 3 倍的费用。[5] 据英国政府的统计，非欧盟的海外留学生在 2010 年为英国创造了 84 亿英镑左右的经济效益。[6]

通过市场导向的作用，英国的跨境高等教育已经逐步走向成熟。其特征主要有：（1）跨境高等教育的主要目的是牟取市场经济利益，受经济目的驱使，高校自主权开始增加；（2）英国跨境高等教育以人员流动、项目流动和机构流动三种形式为主的教育交流活动已经成熟；（3）英国的手段是一方面吸引海外留

1　BRENEMAN D W. The overseas student question: studies for a policy[M]. London: Heinemann Educational Books, 1981: 301.

2　张永富. 英国高等教育国际化的发展历程、特征与趋势[J]. 教育评论, 2020（6）: 162-168.

3　冯国平. 跨国教育的国际比较研究[D]. 上海: 华东师范大学, 2009.

4　张进清. 跨境高等教育研究[D]. 重庆: 西南大学, 2012.

5　OECD. Internationalisation and trade in higher education: opportunities and challenges[M]. Paris: OECD Publishing, 2004: 105.

6　史词. 重估留学生贡献英国将推新签证吸引杰出毕业生[N/OL]. 中国新闻网, （2012-02-11）[2022-10-20].

学生，另一方面通过机构流动和项目流动进行教育输出。

值得注意的是，在 21 世纪初，英国正式脱欧，即脱离欧洲联盟，这也对英国跨境高等教育产生了极大影响。但是，由于脱欧时间相距较近，其对跨境高等教育的影响还未正式显露出来，因此，我们这里主要研究的是，脱欧前英国的跨境高等教育发展对我国的启示。

二、英国跨境高等教育的制度安排

在梳理英国跨境高等教育发展脉络的基础上，需要从英国当今的现状了解其具体的实施策略。而跨境教育作为涵盖三种流动类型的整合概念，其囊括的类型有很多不同形式，不同的教育形式有不同的制度规则进行管理协调，基于此，对英国现行跨境高等教育的制度安排进行解读，需要对每个类型"逐一击破"。经合组织（OECD）将跨境教育分为人员流动、项目流动和机构流动，从英国的发展历程可以看出，英国现阶段的跨境高等教育也主要涵盖这几个板块。

（一）人员流动

跨境高等教育中的人员流动就是指学生 / 受训者、教授 / 培训者进行跨国界的教育活动，即学生留学、学者科研合作和教师培训。[1] 回顾英国跨境高等教育的发展，人员流动主要包括学生流动和教师流动。在学生流动中，学生可以通过在国外读完完整的学位课程、参加出国留学交流计划、进行实地调查或实习、加入学期或学年度的国外学习项目等方式进行跨国界的流动，所需资金也可以通过交换协议、政府奖学金、公共或私人资助以及自筹经费等方式解决。在教师流动中，教授、学者和专家可以通过参与教学科研活动、提供技术援助和咨询、享受学术休假、参加研讨会和其他专业活动等方式进行跨国界的流动。流动时可由自己或院校提供资金，在交换协议的基础上订立服务合同并收费，或由公共和私人经费支持。[2] 学生和教师的跨境流动是人员流动的主要形式，下面对这两种主要形式进行具体分析。

1. 学生流动

21 世纪以来，全球高等教育学生跨境流动呈现较大规模的增长趋势，在高等教育阶段中，英国一直处于领先地位，其留学生占全球留学生的比例

---

1 OECD. Internationalisation and trade in higher education：opportunities and challenges[M]. Paris：OCED Publishing，2004：32.
2 奈特. 激流中的高等教育：国际化变革与发展[M]. 刘东风，陈巧云，译. 北京：北京大学出版社，2011：118.

（21% ~ 22%）始终位于世界前两名[1]。并且，在学生流动的过程中，英国是主要的国际留学生输入国。2016 年到 2017 年，英国的外来留学生与外出留学生数量的比例保持在 13 ∶ 1 左右[2]，占据整个国际教育市场份额的大头。英国之所以能成为国际留学生的主要流向国，不仅与英国高等教育本身的供给平衡有关，也和英国在进行跨境高等教育管理中采取的一系列制度规则有很大关系。

（1）英国留学生宣传网络辐射广

英国对自身高等教育的宣传覆盖面极广，主要体现在其宣传主体的多样性上，这大大增加了世界各国与英国之间的跨境教育活动。

国际层面上，英国与其他国家的社会机构合作，建立海外的代理机构，负责宣传英国的留学教育并进行招生中介的工作，在英国文化教育委员会的支持下，英国海外招生代理商网络辐射范围已经逐步扩大。[3] 国家层面上，从 1987 年鼓励高校招收留学生的《高等教育——应对新的挑战》白皮书[4]、1999 年设置留学生目标的"首相倡议计划"政策[5]，再到 2003 年继续推广留学生教育的《高等教育的未来》白皮书[6]，都体现国家对留学生教育的重视程度。

总之，英国在跨境高等教育的宣传网络上相当于有着三个层级的宣传主体，从海外机构、国家政策到高校品牌，共同促进英国留学生宣传网络辐射广这一特点的形成。

（2）严格把控英国留学生签证门槛

2004 年，英国为控制非法移民，开始对作为移民主体的留学生进行严格审查。2013 年，英国的《国际教育：全球增长和繁荣》政府文件中提到在 2011 年要对留学生签证条例进行改革，进一步提高了留学生的申请标准，保证所有留学生申请人员的签证都在一个稳定、透明的体系中运作，有利于彻底根除签证滥用的现象。此外，英国政府还将与高校、文化教育委员会和其他合作伙伴合作，继续宣扬不限制合法留学生人数的理念，鼓励优秀人才来英。[7]

这一举措虽然使英国留学生大幅度减少，促使英国政府出台相关的应对措施以缓解这一局面，但是，签证要求的提高也在侧面上提高了英国的人才引进质量，同时，在留学生签证环节标准化情形下，符合标准的留学生也更愿意进入英国学习。

1　OECD. Education at a glance 2019：OECD indicators[R]. Paris：OECD Publishing，2019：497.
2　Institute of International Education. Open doors 2016/2017 report on international educational exchange[R]. New York：Institute of International Education，2016/2017：14.
3　赵楠，周满生. 当代全费时代至今英国留学生政策的演变研究[D]. 武汉：华中科技大学，2019.
4　吕达，周满生. 当代外国教育改革著名文献（英国卷·第一册）[M]. 北京：人民教育出版社，2004：89.
5　BLAIR T. Attracting more international students[EB/OL]. (1999-06-18)[2023-11-4].
6　UK Department for Education and Skills. The future of higher education[EB/OL]. (2003-10-15)[2023-11-4].
7　HM Goverment. International education: global growth and prosperity[R/OL]. (2003-10-15)[2023-11-4].

（3）利用奖学金减轻留学生全费负担

由于英国目前的高额留学费，许多留学生都不愿将英国作为留学意愿国，但是，随着英国奖学金制度的建立和实施，在一定程度上缓和了留学费用带来的经济负担。

英国现行的奖学金制度主要由政府奖学金、学术团体奖学金和高校奖学金三部分组成，其中，政府奖学金除政府间的双边教育交流奖学金项目外，外交部和英国文化委员会也会与外国政府签订奖学金双边协议，以资助海外学生和研究人员赴英进修。[1] 正是在这种三维度奖学金制度的吸引下，国际留学生基于英国高等教育本身的高质量也会提高自己留学英国的意愿。

总之，英国跨境高等教育的国际留学生引进，主要得力于国际宣传、国家支持、高校品牌三大主体的推动。

2. 教师流动

英国的教师流动主要得益于经济全球化所带来的区域合作，1993 年，《欧洲联盟条约》的正式生效，标志着欧洲联盟（EU）的诞生。[2] 英国作为欧盟的成员国，在欧洲高等教育一体化进程中受益颇多。

欧盟出台了相关行动计划和具体的教育项目以保障教师在成员国之间的自由流动。一方面，欧盟相关行动计划为教师的自由流动奠定了基础。例如，在"伊拉斯谟计划"的支持下，欧盟各国院校的教师在进行自由度较高的跨国合作与交流中，不仅交流了学术知识，密切了各国院校之间的联系，而且还推动了整个欧洲高等教育的国际化进程。[3] 另一方面，欧盟具体的教育项目也为教师的自由流动提供了不竭动力。比如 SOCRATES 项目，组织教师和研究人员到另一个国家的高等教育机构从事教学和研究活动、学习外国的教育制度、同外国的学者进行学术交流等。[4] 国际组织的助力使英国也成为五大教师流动来源国之一。

随着 2017 年 3 月 29 日英国正式启动脱欧程序，"脱欧"效应在英国各个领域逐渐显现。[5] 虽然"脱欧"会对英国国际留学市场产生重创，但是也意味着英国的师生流动将不受欧盟约束，其应对"脱欧"挑战的策略也值得研究。当然，我们主要讨论的还是脱欧前英国跨境高等教育的整体发展及其背后动因，毕竟在较短时间内，我们无法真正设想到之后英国跨境高等教育的发展。

1 王立科. 英国高等国际教育政策及其借鉴意义[J]. 内蒙古师范大学学报（教育科学版），2008（5）：55-58.
2 张进清. 跨境高等教育研究[D]. 重庆：西南大学，2012.
3 段世飞. 欧盟和亚洲国家的高等教育国际化模式述析[J]. 世界教育信息，2017，30（18）：60-66.
4 OECD. Internationalisation and trade in higher education: opportunities and challenges[M]. Paris：OECD publishing, 2004：125.
5 张惠，冯光能，赵俊娟. 促进学生输出流动：英国高等教育国际化发展趋势研究[J]. 黑龙江高教研究，2018（3）：69-73.

（二）项目流动

英国的项目流动主要指项目合作与远程教育，其中远程教育主要包括电子学习、虚拟大学与英语教学等。也就是说，英国高等教育的项目流动主要体现在两个方面，一是国际的项目合作；二是在线的远程教育，通过在线国际课程的开发，吸引国际留学生注册学习。由于在人员流动中已经提到英国跨境高等教育相关的项目合作，为避免重复，在此着重介绍英国最具代表性的远程教育形式——虚拟大学。

虚拟大学是指提供者国家通过远程教育的模式向不同的国家提供学分课程和学位项目，以电子网络作为学校教学的载体，通常没有面对面教学的直接服务。[1] 正因如此，虚拟大学的低成本、高便捷、大范围的特点深受世界各国的追捧，学生不用被入学标准里的费用储备金额和签证的高标准要求所限制，不用跨国流动就可以就近享受国际其他国家的学位课程。在通过虚拟智能的平台展开跨境高等教育的国家中，英国首屈一指，其1969年创办的开放大学更是发展成为全球性的教育机构。英国开放大学最开始开展网络教学是由于部分合作伙伴国家的学生无法到英国进行实地学习，才以网络形式教授学位课程。2003年，英国开放大学以来有来自41个国家的20多万名国际学生著名，成为英国最大的大学。[2]

英国开放大学所进行的远程教育项目是目前跨境高等教育开展虚拟大学的佼佼者，要想探寻其背后的制度规则，可以从其管理机制入手。我们主要从课程开发程序、学习支持服务、课程学分管理及质量保障体系四个维度分析英国开放大学的运行机制。

1.课程开发程序

课程教学作为英国开放大学尤为重要的环节，有着很大的亮点和优越性。英国开放大学成功的关键因素就在于它提供的高质量、互动式课程，以及所建立的科学创新的教学服务体系，这二者紧密结合，共同保证了英国开放大学较高的教学质量。

英国开放大学作为虚拟大学在课程开发上有立项、开发、制作和反馈四个阶段[3]，立项阶段就是课程组的成员向系一级的学术委员会提出课程设置报告，开发阶段主要是完善课程教材的编写和其他的技术服务建设，制作阶段是按照之前的课程设计方案进行操作加工，最后的反馈阶段，会有专职的教师对制作好的课程进行辅助教学和质量评估。例如，帮助教学教师补充课程资料、展开教学调研

1 奈特.激流中的高等教育：国际化变革与发展[M].刘东风，陈巧云，译.北京：北京大学出版社，2011：125.
2 OECD. Internationalisation and trade in higher education: opportunities and challenges[M]. Paris: OECD Publishing, 2004: 119.
3 李晓佳，徐白羽.英国开放大学办学模式对我国远程教育发展的启示[J].现代远程教育研究，2007（3）：49-51，72.

工作、解决课程运行中的技术问题等辅助课程运行的工作，还包括收集师生评价和评价考核方式、评估课程实施效果的工作。

简单来说，就是由多领域的专家组成的课程组提出开发建议，再分别从契合性、商业性、实施性、效益性四个方面进行多方位的评估[1]，直到所开发课程符合所有层级的评估标准，才能被正式用于线上课堂。

2.学习支持服务

英国开放大学的学习支持服务就是促进学习者学习的一切手段和方式，通过文献的搜集整理，主要体现在三个方面。

（1）三级服务系统

在服务系统上，建立了管理有效、权责分明的三级学习支持服务系统。英国开放大学采用统一筹划、分级管理的原则，形成一套从学校本部到各地方学习中心再到各学习站点的纵向管理体系。

三级服务系统分别是英国开放大学总部、分布在全国各地的13个地区中心和全国各地设立的300多个学习中心。总部主要负责远程教材的制作与创新，管理制度的制定，提供学分转换的专项服务，抽样调查学生作业及考卷，处理学生的申诉，发送学生的问卷调查并进行相关分析等。[2]地区中心就是帮助选课、职业生涯规划，管理学费、奖学金、学生贷款或者接受当地政府拨款，提供课程学习场所，解答学生有关学习的各类问题，为学生提供具有针对性的指导和帮助，提供特殊学习需要的设备，同时为本地区残疾学生提供特别服务。学习中心就是发放面授辅导的日程安排，组织自助学习小组、新生入学见面会，提供有限的互联网技术设施，进行一些视频会议、选课、推广活动、收发作业和进行考试等。[3]

简单而言，学校本部主要负责课程建设、质量保障、后台支持等工作。具体的教学管理由全国13个地区中心和300多个学习中心的管理人员负责。学生在每个学习站点的分配遵循就近原则，每个辅导教师大概负责20～30名学生，学生可以通过多种途径与教师进行沟通。

（2）网络学习平台

在学习平台上，主要是2006年创办的以"免费向全世界任何人开放教育"

1 熊英，刘永权. 开放远程教育课程教学管理探究——基于英国开放大学的案例分析[J]. 广播电视大学学报（哲学社会科学版），2021（2）：100-111.
2 李亚婉. 加强对远程开放教育学习支持服务的课题研究[J]. 现代远距离教育，2005（1）：80.
3 段亚清. 北京大学医学远程教育学生支持服务与英国开放大学的比较研究[J]. 卫生职业教育，2006（23）：6-7.

为宗旨的 Open Learn 平台，包括教育、法律等多个学科的学习资源。项目运行 1 年后，访问者数量达到了 100 万左右。[1]学生可根据自己的个性化需要进行学习。

到2013年，开放大学领衔创办了英国的第一个 MOOC（大型开放式网络课程）平台 Future Learn，学习者可以选择不同的课程，完整的课程下包含 3~5 个主题课程。这又丰富英国开放大学国际留学生的学习体验。

（3）电子学习资料

在学习资源上，提供网络多维度的学习资料。课程材料以多媒体教学包的形式发放给学生，材料采用多种媒体方式表达，既有印刷媒体的文字教材，又有视听媒体的录音带、录像带，还有交互性强的教学光盘、软件和网络课程等。[2]并且，开放大学的数字图书馆涵盖各学科电子资源、往年课程试卷、信息技能学习和询问交流平台。不同国家的学生可以通过网络的方式浏览丰富的电子学习资源，这也是吸引国际留学生的重要因素。

总之，英国开放大学的学习支持服务，是吸引广大国际学生的亮点，其以网络为平台，为学生提供了良好的学习环境和资源环境，三级服务系统井然有序，层次分明，网络学习平台与电子学习资料相互结合，共同为学生提供多元的服务模式。

3. 课程学分管理

开放大学实行学分制，规定学生必须修满规定的学分才能毕业、授予学位。本科生要求修满 360 学分，每门课 30~60 学分，容易的课程 60 学分，有难度的课程 30 学分。每个专业所有课程按由易到难的程度分成一等、二等、三等不同的等级。360 学分中至少要有 120 学分是三级难度的课程，有 120 学分是二级以上难度课程。虽然容易课程是 60 学分，但不能只修容易课程。研究生必须修满各专业规定的学分。如果是全职参与学习，3 年可拿到本科学位。但多数学生是业余学习，因此本科学位就需要 6 年左右，最低学费总计约 4000 英镑。

开放大学规定，学生每门课的成绩由平时成绩和期末考试成绩决定，平时成绩由平时作业和平时考试确定，平时作业和考试不合格的不能参加该课程最后的终结性考试，未取得基础学分之前，也不得参加二级以上的课程考试。[3]

在众多的学位资格当中，"开放学位"是英国开放大学的一个创新，学习者不需要在学习之初就选择专业，而是先选择自己感兴趣的课程进行学习，一边学

1 刘志芳. 英国开放大学 Open Learn 项目发展模式研究[J]. 中国远程教育，2013，446（8）：39-44.
2 金一强，鲁文娟. 英国开放大学学习支持服务及其启示[J]. 广州广播电视大学学报，2007，24（3）：9-12+21+61.
3 沈宏书，魏海静. 英国开放大学管理机制研究及启示[J]. 天津电大学报，2005（3）：43-46.

习一边调整，待学分修满后获得"开放学位"。[1] 该学位的设立表明英国开放大学在专业的学科性方面很灵活，充分满足成人学习者对业余学习的多样化需求。

4.质量保障体系

开放大学在学校内部和外部都建立了严格的教学质量监控体系，以下从这两个维度进行阐述。

在学校内部，各学院都有专职副院长负责教学质量保证工作，对课程从建设到实施都有系统完备的监控方法。此外，学校内部针对各门课程设立了评价委员会，对课程经常开展形成性的评估和检查。每次都有专人负责对被评对象就评估中的问题作出分析并提出改进的意见。经过一段时间的改进后，还要再进行复评检查，一些重要的检查结果还要请专家进行审定。

在学校外部，开放大学的教材、教学水平、教学支持服务、考试命题质量、地区学习中心的工作等都要由英国高等教育质量评估委员会对其进行评估。评估委员会每年都会对开放大学的一些课程进行质量评估，以评估其是否达到相应的标准，学校再根据评估结果及时进行调整和改进。[2]

正是通过校内外两个维度的评估制度，开放大学才可以确保教学各个环节的正常运行和教学质量的持续提高。

（三）机构流动

机构流动通常包括建立海外分校与对外投资。机构流动是降低学生学习成本、吸引学生来英就读的一种有效措施。英国一些大学在原殖民地国家建立了为数不多的海外分校，然后逐渐在其他发展中国家建立分校；还会购买整个或部分国外教育机构，成为一个新的海外教育提供者。[3] 本研究主要从英国最为突出的海外办学着手，探讨其制度安排。

中国有着世界上最大的高等教育市场，以往也接受了不同国家的高等教育输入，其中，英国在我国建立的海外分校众多。英国海外办学的模式主要有三种，分别是母校独资模式、外部资助模式和输入国提供设施场地模式。

为剖析英国海外办学的管理机制，本书以宁波诺丁汉大学为例来揭示英国跨境高等教育海外办学的路径。

1.经费来源

宁波诺丁汉大学采取的是外部资助模式，是指由输入国中央或地区和母校共

1 熊英，刘永权.开放远程教育课程教学管理探究——基于英国开放大学的案例分析[J].广播电视大学学报（哲学社会科学版），2021（2）：100-111.
2 柳怀.英国开放大学的办学特色和启示[J].湖南广播电视大学学报，2005（3）：6-8，12.
3 王淑娴.英国战后跨境教育研究[D].上海：上海师范大学，2006.

同提供资助。这种模式也是当今英国海外办学的主流模式，具有代表性。在宁波诺丁汉大学创办初期，包括浙江省政府、宁波市政府以及万里教育集团在内的机构和公司对其提供资金支持多达6亿元，其中浙江省政府提供专项资金5000万元，宁波市政府提供专项资金1亿元予以支持，其余由宁波万里集团投资。[1]

除了多方资助外，学费也是宁波诺丁汉大学的主要的财政收入来源。宁波诺丁汉大学的课程设置、教师队伍以及教学质量都与英国母校几乎相同，但是学费却相差较多。宁波分校的学费绝对要低于母校，这也成为宁波分校的一大特色与绝对吸引力，住宿等费用另计。诺丁汉大学表示，"当我们受邀在中国领土开办分校，并成为在中国开展海外分校第一人时，这给予了我们无上的荣耀"。诺丁汉大学与我国的突破性合作，不仅为诺丁汉大学带来了崭新的发展机遇，也掀开了我国高等教育体制现代化发展的新篇章。

从海外办学不同时期出发，就当前来看，不同的阶段表现为不同的经费投入：其一，创办初期，以政府投入为主。近年来，跨境合作大学的数量在不断攀升，导致这一现象的根本原因就是地方政府的推动及支持。其二，后期运营，经费主要以学费收入为主，同时也包括地方性政府所给予的其他方面的补助。现在暂不存在常态化补助方式。经费成为海外分校维持生存的唯一来源，这对其未来的发展会形成深远的影响，因此有必要架构多元化的筹资模式。合作大学当前在国内的发展已经成为教育事业极为关键的构成，能够为国家以及社会发展提供高素养高水平的人才，因此应基于国家层面，对其展开全面、系统的研究，从中探寻合理的投入机制，还要辅以相应的政策以及法律支持。

在进行海外办学中，地方政府的支持必不可少，在创办初期，不仅要给予其相应的土地、经费等，还要结合有效的支持制度以及政策，改变其摇摆不定的态度及支持力度。作为海外分校，也应当树立多元化筹资的正确认知，既要得到地方政府及相关教育部门的积极支持，还要充分利用现有的智力资源、科研优势，吸引更多的社会资本，加速产业合作，推动科技转化，不断优化投资运作模式，强化自身的造血功能。

2. 管理机制

宁波诺丁汉大学作为中外合作性质的大学，由于中英两国间文化背景、价值观念和教育制度方面的差异，其管理模式与国内其他高校和英国诺丁汉大学都有所不同，具有一定的复杂性和独特性。

---

1 王淑娴. 英国战后跨境教育研究[D]. 上海：上海师范大学，2006.

首先，作为英国诺丁汉大学的分校，宁波诺丁汉大学的管理模式采取与母校相同的理事会领导下的校长负责制，由理事会、校务委员会和学术评议会共同管理。其中，理事会主要负责筹集办学经费、制订章程、收支预算以及发展规划，发挥决策的职能；校务委员会则是执行部门，主要负责师生员的生活管理、教学活动的组织安排、日常工作的安排以及后勤的保障工作；学术评议会主要负责有关学术的事务，负责管理学院的课程设置、接受教育质量评估并提出建议、监测学生学习体验并提出意见等。

其次，由于中国教育体制的特殊性，宁波诺丁汉大学设立校党委，但是其主要职能与中国其他高校有所不同，主要起到协调和沟通的作用。其主要职能是监督学校办学方向的正确性，要符合国内的法律法规；支持校务委员会和校长的工作，沟通师生；传播中国文化，服务师生。

最后，中英双方以浙江万里学院"以生为本"的理念为基础，在管理理念上达成一致。双方将教育的文化再生产功能和对学生的发展功能作为目标，在管理全过程中体现"服务至上"，力求让学生在学校管理中得到最大程度的服务，得到更好的发展。

3. 课程安排

宁波诺丁汉大学的办学层次涵盖本科教育和硕博研究生教育两个阶段，设有学士学位课程与硕士、博士学位课程。

本科阶段的学制主要分为两种，一种是"2+2"模式，即前两年在宁波诺丁汉大学就读，后两年前往英国诺丁汉大学学习，按母校学费标准收费；另一种是"4+0"模式，即学生本科四年均在宁波诺丁汉大学就读，但是期间可以选择前往海外院校进行交流。在专业设置上，截至2021年4月，宁波诺丁汉大学本科教育阶段学校设有3个二级学院、15个教学系和28个专业。学生毕业后可以获得英国诺丁汉大学毕业证书。为更好地进行交流学习，中英双方建立了一套较为完善的学分转换系统和学位等级体系。在研究生教育阶段，宁波诺丁汉大学提供全日制和非全日制两种教育形式，兼顾了更多人的学习需要。

宁波诺丁汉大学本科阶段设立的专业精简，但都移植借鉴英国诺丁汉大学的优势专业，主要侧重于商科和理工科的建设，迎合了当前主流的专业热门，是将母校的优势学科与当地需求相结合的产物。

4. 教学模式

出于培养国际化人才和更好地引进英国诺丁汉大学教学模式的需要，宁波诺丁汉大学采取全英文授课的教学模式，提前让学生适应国外的授课环境。为了提供给学生优质的语言学习环境，宁波诺丁汉大学的师资体系构成中，核心教师来自英国诺丁汉大学，优质教师比例极高，其中外籍教师占比约75%。

宁波诺丁汉大学的教学模式直接承袭母校，但是文化环境和制度的差异导致学生的英语水平不高，本科阶段的学生大多是未接触托福、雅思考试但又有出国学习需要的中国学生。因此，宁波诺丁汉大学专门建立了一套针对中国高中毕业生的英语教学课程，并结合中国的实际和地方的特色编写配套的教材。为加强英语语言建设，宁波诺丁汉大学每年暑假组织学生进行交流访学，在促进学生英语语言发展的同时开阔学生的国际视野。

在日常的教学中，宁波诺丁汉大学主要采取课堂讲授、小组合作以及实验操作等课堂模式。所有课程都旨在培养学生的学习能力，包括独立思考能力、团队合作能力、实践操作能力、批判性思维能力和资料搜集能力等。教师注重课堂的讨论，并不直接将现有的知识讲授给学生，更多是抛出问题、激发学生的兴趣，鼓励学生积极思考讨论，搜集并阅读大量的相关资料，最后提出自己的观点。

除去传统的面授课堂，宁波诺丁汉大学还通过 Moodle 网上系统开展教学工作，教师通过系统发放任务、分享资料、批改作业并进行评价；学生完成作业并上传至系统。教师可以通过系统随时监督学生的学习进度，学校管理部门也可以通过系统监管教师的教学态度和工作效果。

5.科研合作

为更好地促进中国高等教育和地方产业的发展，除开展教学活动外，宁波诺丁汉大学还设立了7个研究中心和研究所进行学术研究合作，研究涵盖所有院系和学科，以此促进当地科研水平的提高，并且在研究过程中带动中国企业和教师的科研能力发展，建设具有高水平的研究团队。

凭借中外合作办校的独特优势，宁波诺丁汉大学整合中外优质的科研资源，结合地方发展的需求积极与国内外的机构展开跨国界、跨领域、跨学科的科研合作和学术交流，取得了一定的技术成果并成功应用于相应领域。宁波诺丁汉大学将政府、高校和企业有机地联系起来，有助于促进区域创新能力的增强，推动地方的产业结构调整，全面促进当地的经济发展和社会进步。

6.质量保障

英国大学一直以来都保持着高度的院校自治,学校委员会负责监管教学质量,内部质量保障手段是高等院校主流的质量评估手段。而随着高等教育的发展以及高等教育规模的扩大，国家开始重视高等教育，颁布了一系列法令成立了高等教育质量保障局（QAA），从外部对英国高等教育质量进行监督。英国诺丁汉大学自身一方面积极加强内部质量保障，对理事会、校务委员会等部门以及各个院系的工作质量和教育质量进行监控；另一方面也积极接受高等教育质量保障局的教育质量评估，从内外部打造更为完善和优质的高等教育体系。

为了保证相同的教育质量，宁波诺丁汉大学的质量保障体系与英国诺丁汉大学的质量保障体系大致相同，均采取内部和外部的高等教育质量保障。宁波诺丁汉大学与母校共同把关学科和课程的开设和发展，将课程相关信息提交到相关的学术委员会和教学计划委员会审批，以保证这些课程与在英国开设的课程的质量和标准的一致性。英国诺丁汉大学还会定期派出高层行政人员到宁波诺丁汉大学进行实地考察，并周期性地对宁波诺丁汉大学进行全面的教研质量评估。

除上述的内外部质量保障以外，宁波诺丁汉大学还需要接受我国教育部的审核和质量检查。宁波诺丁汉大学的建立与运作，完全遵循《中华人民共和国中外合作办学条例》及其他相关法规。[1] 换言之，宁波诺丁汉大学的教育质量总体上是由三道监管体系进行保障的。

三、英国跨境高等教育的发展特征

根据对英国跨境高等教育发展过程和制度安排的梳理，为了进一步对我国的跨境高等教育起到经验启示的作用，需要再对英国跨境高等教育中的发展特点和影响因素作出解释说明，以便得出更有针对性和科学性的借鉴建议。

（一）发展特点

根据前期对英国跨境高等教育三种类型，即人员流动、项目流动和机构流动的分别解读，可以"从点到面，以小见大"来提取其发展特点，为下一步的影响因素分析奠定基础。

1.目的：提高国际影响力

教育的本质是培养人的社会活动，高等教育在培养人的活动中传递的信息并不只是某一学科特定的知识。也就是说，教育的根本目的是为经济发展培养各个层次的人才，其本身就是经济社会的重要组成部分。

1　王淑娴. 英国战后跨境教育研究[D]. 上海：上海师范大学，2006.

对于国际学生的输入国来讲，高等教育输出除了教育内容和方法之外，更重要的是价值观、社会政治文化的一种软输出。这种输出不仅会增加输出国的国际影响力，还会有不同文化间的碰撞。有学者就指出，高等教育在捍卫民族文化和引领文化发展方面起着至关重要的作用。[1]因此，结合英国实际，经济效益虽然是英国进行跨境高等教育的表层因素，即通过向不同国家输出高等教育，获取巨大的学费资金，但其背后最核心的动力，是提升英国的国际影响力，不仅仅是文化价值观的传播推广，更是一种提高国际竞争力保持自身教育强国国际地位的主要手段和方式。

对于英国来说，发展跨境高等教育，开拓海外教育市场，吸引优秀的人才实际上不仅仅是为了追求经济效益，同时也是为了增加英国的国际影响力，传播英国的文化与理念。

2. 性质：教育输出强国

从英国跨境高等教育的现状可以看到，英国目前在跨境高等教育中一直处于教育输出国和人才引进国的地位，无论是人员流动、项目流动还是机构流动，英国的高等教育输出国性质一直未改变，尤其是在海外办学上。

随着国外高校海外跨境办学的快速发展，从全球化的角度出发，跨境高等教育主要是以欧美国家作为高等教育输出国向其他国家和地区输入。输入国大多是发展中国家以及经济发展迅速、暂时还未能架构高水平高等教育体系的国家，一般集中于新兴经济体。就输出国方面来看，主要集中于美国、英国、俄罗斯等国。截至2017年，在全球77个国家中设有263所由他国高等教育机构，尤其是西方发达国家高校举办的海外分校，这一数字在过去20年间翻了一番。目前，在海外分校学习的学生数量约有23万人，占世界留学生总数的5%，占全球大学生总数的0.1%。[2]并且，在项目流动中，通过对英国开放大学的数据整理，再一次表明英国除海外办学外，以远程教育为主要授课形式的虚拟大学更是受到全球国际学生的追捧。由此可见，英国在国际高等教育市场中的输出国性质。

3. 支持：国家政策响应

国家政策是国际教育合作、跨境教育的"开关"和"阀门"。国际化是双向车道，不是单行线。只有了解需要、满足需要，制定积极的政策，才能推进国际化发展；只有相互信任、依法办学，才能使国际合作步入正轨。[3]在英国，国家

1 黄永林.英国高等教育国际化的动因、特点及其启示[J].国家教育行政学院学报，2006（2）：83-88.
2 柯志聘.海外分校发展趋向思辨——基于《国际高等教育》的文献分析[J].教育导刊，2020（8）：90-96.
3 周作宇.跨境高等教育：国际思维与实践响应[J].国家教育行政学院学报，2016（1）：7-10.

的政策响应还表现在国际组织的积极推动上。

首先，在国家政策上，2013 年，英国联合政府在国际化教育战略指导下推出了一系列战略决策，该战略表明，英国的目标是增加"教育出口"所带来的经济收入。该政策无疑推动了英国的高等教育走向国际化市场，是英国跨境高等教育的重要推动因素。其次，在国际组织上，脱欧前，在欧洲一体化进程中，高等教育扮演着极为重要的角色。为了推动英国经济及文化的快速发展，英国积极参与欧盟成员国间有关高等教育的合作项目。英国同欧洲伙伴的合作已通过欧盟的教育交流项目得到加强，这在很大程度上拓展了教育合作市场。

总之，在英国的跨境高等教育发展中，国家政策环境和国际组织环境都起到了巨大的推动作用，这也是英国跨境高等教育的突出特点。

4.主导：高校自主权大

跨境教育的生命力取决于其真正具有国际意义的目的和价值观，这需要高等教育机构具有追求卓越的使命和担当。高等教育机构必须要发挥主体性和能动性，建立独特优势并且充分发挥优势。因为国家政策的积极响应只是外部条件，主体作用的发挥才是发展的内部根据。[1]从英国的跨境高等教育现状可以看出，其高校的自主权很大，基本是由高校作为主导者开展跨境高等教育。

英国的大学自主权都比较大，例如牛津大学，最开始由从巴黎大学留学归来的学生自发组成，在宗教改革破除教会统治后，牛津大学的管理权开始由自己掌控。就以英国与中国的合作办学——宁波诺丁汉大学为例，其创办之初，都是基于高校自身的考量。

对于高校而言，优质的声誉、品牌以及知识产权等各项丰富的资源，实际上都是其典型优势所在，可以基于市场管理、经营实践等诸多维度，实现有效的积累以及良好的应用，这样才能更充分地扩大高校的区位优势。

5.形式：项目机构流动

正是因为英国跨境高等教育中，高校的自主权不断增大，面对高等教育市场的国际化，英国的跨境高等教育才是以项目和机构流动为主。

回溯英国跨境高等教育的发展历程，不难发现项目和机构流动已经成为主要旋律。例如，在中英的高等教育合作中，也以项目和机构流动为主。自 2003 年中国加入 WTO 以来，中英两国在高等教育领域的合作也进一步深化，其中，中英联合办学成为两国在高等教育领域合作的重要途径。截至 2016 年，中英联合

1　周作宇.跨境高等教育：国际思维与实践响应[J].国家教育行政学院学报，2016（1）：7-10.

办学共有 13 个合作办学机构，241 个合作办学项目在教育部备案在册。[1] 中英联合办学模式主要分为以下三种：独立分校模式、二级学院模式和项目合作模式。其中，独立分校模式可以参考中外合作办学的成功案例——宁波诺丁汉大学。

综上，项目和机构流动已经成为英国跨境高等教育的主要输出形式，毕竟项目和机构流动也会促进人员的流动。

6. 质量：内外监督保障

英国的高等教育受到内外两个维度的监督，而跨境高等教育作为高等教育的创新领域，也同时受内外两方面的共同监督，以保障高等教育质量的平稳运行。

在外围的质量保障中，英国高等教育质量保证系统是通过一种权力"移交"的方式进行运作的，即英国的四大地区（北爱尔兰、苏格兰、威尔士、英格兰）都各自拥有一套高等教育管理系统。面对四个地区既能分别管理，又能形成整体这一问题，英国高等教育质量保证署（QAQ）的解决办法是英国所有的高等教育举办者都必须在一个共同的框架下实施质量保证，共同框架的核心就是《英国高等教育质量规范》，"期望"是《英国高等教育质量规范》的正式内容，高等教育举办者必须满足这些预期，专家组在评估时也会据此作出评判。[2] 在内在的质量保障中，主要是通过院校自身的评价体系对教学质量进行监督，院校会专门设立质量监督机构，根据董事会议审议后的评价体系，对教学效果进行形成性评估和终结性评估。

由上述所知，英国的跨境高等教育受外部的英国高等教育质量保证署和内部学校的质量保障机构两方面监督，值得注意的是，在机构流动中，英国跨境高等教育还受接受国的质量监督，相当于有三个不同维度的监督体系。

（二）影响因素

英国跨境高等教育的现状特点是在国内外多种环境下刺激形成，无论是因为全球趋势所带来的外围影响，还是英国独有教育环境生成的内在驱动力，都共同对英国跨境高等教育起着形塑作用。结合前期对英国跨境高等教育的历史发展和制度安排两个维度的结合，可以看到背景和现状的对比联系，即影响因素。结合文献和资料的整理情况，可以从中英共有的国际环境和中英差异的社会环境两个角度来探析英国跨境高等教育的影响因素。

1　王鹏飞.教育全球化视野中的大学国际合作——中英联合办学模式探讨[D].福州：福建师范大学，2016.
2　麦克拉伦，郭朝红.高等教育外部质量保证的新方法：基于英国视角[J].高教发展与评估，2015，31（2）：36-44.

1.中英共有的国际环境

英国高等教育的国际化发展受到全球整体环境的影响,世界联系越来越紧密,科学技术高速发展,世界公民精神文化追求与受教育需求日益膨胀,英国的高等教育作为全球高等教育国际化环节中不可缺少的一环,这些因素都在外部环境的整体层面推动着英国高等教育国际化的发展。[1]因此,国际环境可以从全球的几个大趋势来探讨,从英国跨境高等教育发展来看,经济全球化、教育产业化和科学技术发展都起到很大作用。

（1）经济全球化

经济水平影响着教育的形态,随着经济全球化的发展,世界各国的联系十分紧密,而作为经济发展重要部分之一的教育也随之而变,可以说,经济全球化加快了英国高等教育国际化和跨境高等教育发展的步伐。

乌利希·泰希勒对全球化、国际化的概念进行了辨析,她认为两者都表示高等教育知识的传播范围在增大,跨国界间的教育交流活动在增加。但是国际化没有涉及各国高等教育规则体制上的改变,而全球化则暗含着各国制度上的界限变得模糊或消失的意义。[2]欧洲高等教育发展过程中在面对跨国学历的认证问题时,开始更多地使用“全球化”这一概念,因为真正带来的障碍是各国内部多重并行的教育制度,跨国间的互认实际上就是全球化的一种体现,而且全球化是导致多样化的一个很重要的教育因素。因此,全球化使世界各地连接为一个整体,跨越各国之间教育制度的差异性,促进高等教育的国际化进程。

基于此,世界各国在全球化的趋势之下开始审视自身的高等教育,以其他国家的高等教育作为参照物,进行教育的改革,衍生出跨境高等教育的各种形式和手段,以回应全球化带来的机遇和挑战。

（2）教育产业化

随着全球化的不断发展,各国公民开始意识到教育对人的发展乃至国家发展的重要性,但是许多欠发达国家由于自身经济实力不足,本国的教育无法与日益增长的教育需求相匹配,尤其是在高等教育阶段。其他国家注意到国际教育市场的需求缺口,便开始将教育作为经济社会的重要产业,出于牟取经济利益的目的展开跨境教育。华中师范大学副校长黄永林表示,在目前世界逐渐全球化的今天,有更多的学生希望了解外面的世界,了解最新的科研动态,这也从外部刺激了高

1 赵璐.英国高等教育国际化动因[J].考试周刊,2017（2）：15-16.
2 泰希勒,陈洪捷.欧洲化 国际化 全球化——高等学校何处去?[J].北京大学教育评论,2003（1）：40-47.

等教育国际化的发展。[1]许多高等院校不断提高教育质量与办学水平，培养具有国际化视野与水平的人才成了更多高校办学的重要目标。

英国也认识到，在这样的全球环境下，高等教育的发展需要新的方式，本国的教育需要改革，以适应市场需求，而跨境高等教育就是很好的中介手段。

（3）科学技术发展

回顾英国跨境高等教育的现状特点可以看出，信息技术的使用使英国跨境高等教育产生了更多的流动形式，例如使用远程教育的英国开放大学，其使用数字信息平台进行跨国界的学位课程教授。

网络科技在大学生活中扮演着越来越重要的角色，技术的进步带动高等教育国际化的发展。英国高等教育研究所在2014年10月发布了《联合信息系统委员会：高等教育的潜藏优势》研究报告，该报告分析了联合信息系统委员会为英国高等教育带来的收益和挑战，认为影响英国跨境高等教育迅速发展的一个重要因素就是英国高校具有世界一流的数字化基础设施，数字化的技术和基础建设对教育领域有着极大的影响。[2]

总之，科学技术的发展使教育领域有了新的突破，教育数字化可以帮助各国在面对世界教育竞争的压力时，通过网络平台向其他国家输送教育服务。

2.中英不同的社会环境

比较中英两国的历史环境和制度组织因素，可以从英国跨境高等教育的历史发展中看到中英双方不同的社会环境，进而可以从中抽取出中英差异的社会环境与跨境高等教育之间有影响性质的因素。初步总结后，有以下几点：在国际角色层面上，中英的区域联盟不同；在社会发展层面上，中英的高等教育质量水平不同；在高校自主层面上，中英的高等院校自主权不同。

（1）区域联盟不同

区域联盟受各国的地理位置以及发展水平限制，英国作为欧洲国家，率先加入欧洲联盟，共同促进欧洲高等教育一体化市场的发展。并且，由于欧盟中大多数的国家发展水平都比较高，联盟各国的高等教育水平高，这进一步推动了英国的高等教育发展。

英国脱欧前，欧盟为英国乃至欧洲的跨境高等教育发展提供了基础的财政资源和合作伙伴，欧盟对世界跨境高等教育的发展，尤其是对欧洲跨境高等教育的

1　黄永林.英国高等教育国际化的动因、特点及其启示[J].国家教育行政学院学报，2006（2）：83-88.
2　匡建江，李国强，凤智，等.英国发布《联合信息系统委员会：高等教育的潜藏优势》报告[J].世界教育信息，2015，28（2）：74.

发展产生了重要的影响。对欧盟来说，跨境高等教育有助于实现促进欧洲高等教育一体化并提升欧洲高等教育竞争力的政策目标。[1]由此可见，欧盟对英国跨境高等教育的助力主要表现在两个方面：第一，提供合作机会，欧盟的相关政策法规都推动着英国与欧洲其他国家的跨境教育合作，例如苏格拉底计划中涉及高等教育板块的伊拉斯谟计划、涉及外语教学板块的灵格尔计划。[2]第二，提供输出市场，欧盟将成员国打造为高等教育一体化市场，有利于英国向外输出高等教育。

总之，欧盟对英国的助力是十分显著的。与英国不同，我国地处亚洲，与东亚国家的交流更广，虽然合作水平可能不一，但也为中国创造了需求量大的市场环境。

（2）高等教育水平不同

就我国目前跨境高等教育发展的状况来看，与英国不同的高等教育水平是阻碍我国跨境高等教育发展的最大因素，区域联盟的差异可以通过与不同国家的外交合作进行弥补，但高等教育的实力水平则需要长时间的沉淀。

首先，我国是世界上最大的发展中国家，我国的高等教育与发达国家相比起步较晚，在世界高等教育领域的地位不如英美国家。由于我国高等教育模式与其他国家不同，人才培养方向也有不同，在世界性的高等教育评价体系下，我国培养出的人才在某些方面较他国人才有所不足。长期受这种因素的影响，我国在高等教育领域缺乏自信，在发展跨境高等教育的过程中，往往盲目参照西方国家的模式，无法体现我国的高等教育特色和优势。

其次，英语是世界上最广泛使用的语言，这导致我国在传播高等教育理念的过程中会出现语言障碍。国际高等教育领域的通用语言也是英语，国际上的专著、期刊、论文和报告等都要求用英语记录，而我国高等教育专业的教师并不是都掌握着专业的英语，在研究和教学的翻译过程中不可避免地会出现词不达意等问题，导致跨境学校教学质量和办学水平的不足，进而对我国开展跨境高等教育办学产生阻碍。

最后，我国高等教育研究方向与国外有所不同，我国注重研究学科领域的热点问题，重点在理论层次的辩证研究，培养学生的专业能力；而国外更注重问题研究，重点在实践层次的研究，培养学生的全面能力。虽然高等教育思想并无高下之分，但是这也导致我国高等教育理念在其他国家的认可度不高的问题。

1 顾建新. 跨国教育发展理念与策略[M]. 上海：学林出版社，2008：41.
2 窦现金，卢海弘，马凯. 欧盟教育政策[M]. 北京：高等教育出版社，2011：220-221.

（3）高校角色不同

在跨境高等教育中，政府的地位毋庸置疑，它规定着国家高等教育的主要发展方向，但是，政府在管辖高校时，一定要注意与高校自主权的平衡。从高等学校这个组织存在的内在逻辑和发展规律出发，可以认为高等学校必须享有相应的办学自主权，但是高校办学自主权虽然是高校必需享有的权力（利），同时也应该是一项相对的和有限的权力（利）。[1] 也就是说，高等学校自主办学虽然是实现其自身使命的必然要求，却也并不是无限的、不受任何制约的。

英国大学高度自治，自 20 世纪 80 年代以来，英国政府对大学的管理已经完全由国家控制模式转变为国家宏观监督、大学自主管理的模式。但是，英国政府并没有放松对高校的管理，而是充分利用法律、经济等手段加以宏观调控、监督。[2] 政府的宏观调控和高校的高度自治也使英国高校参与市场的程度更高，有利于高校接受市场的监督调整。相较而言，我国高等教育管理中的部分规章制度或许成为约束跨境高等教育发展的因素。

四、英国跨境高等教育的经验启示

改革开放 40 余年来，我国跨境高等教育的总体发展良好，规模不断扩大，形式日益多元，内涵不断深化，质量稳步提升。我国与国外的合作与交流不断深入，对外教育合作与交流由改革开放之初的向国外学习和借鉴经验的单向需求，逐步转向双向需求与合作共赢。[3] 但是，我国的跨境高等教育依然存在着很多发展问题，尤其是在我国向高等教育输出国转型的阶段，更需要借鉴英国的经验。

综合对英国跨境高等教育的解析和中英不同社会环境的探讨，可以从内部提升和外部扩散两个维度来概括英国跨境高等教育对我国的经验启示。

（一）内部提升

跨境高等教育是进一步提高我国国际竞争力的重要战略，这不仅仅有利于经济收益的提高，也有利于我国价值观念的输出，尤其是在机构流动中，这种形式所带来的整体效果最优。从内部的自我提升出发，可以分解为加强政府服务功能、提升境外办学实力、构建多元财务支撑三个方面。

---

1 宋中英，郭云云.高校办学自主权的内涵及其实践意蕴[J].高教探索，2016（7）：5-10.
2 李锦奇.英国政府与高校关系的借鉴与思考[J].辽宁教育研究，2008（4）：99-101.
3 陆丹.剖析我国跨境教育的发展[J].云南财经大学学报（社会科学版），2010，25（2）：137-140.

1. 加强政府服务功能

随着教育国际化市场的扩大，发展跨境高等教育必须提高高校在国际市场的参与度，而在背后，最主要的就是协调好政府与高校的关系，要想以"高校"为中介促进我国跨境高等教育的发展，就必须转变政府在高等教育中的角色。

有学者提出，政府和高校之间的关系可以从以下四点进行调整。第一，要明确政府的职责，实现从"微观"向"宏观"的转变，明确政府不是"办学者"，办学者是校长及其办事机构，政府是所有高校的宏观管理者，不应直接干预和控制大学的内部活动。第二，要履行好宏观管理的职责，如高等教育发展宏观规划、院校设施标准、办学经费保障、学历学位制度建设、质量评估监督制度建设等。第三，在宏观管理的方式和手段上充分发挥计划、法律、经济、行政等手段，将过去的以"计划手段和行政审批方式为主"的直接管理转变到以"统筹规划、依法治教、政策指导、信息服务和适当经济调控"的轨道上来。[1]第四，强化服务意识，由"管制型"向"服务型"转变。政府应成为高校发展建设的服务机构，把为高校发展创造良好的外部环境作为主要职责，想高校之所想，急高校之所急，同时赋予高校更多的自主权和管理自由。

目前，高等学校已成为跨境高等教育的主力军。政府需要从这四点出发，加强服务功能，进一步出台相关政策，鼓励支持高校与企业合作，充分利用市场机制。

2. 提升境外办学实力

我国如果要在跨境高等教育潮流中向其他国家输出我国的高等教育，就必须先提升教育水平，特别是海外办学水平，以获取更高的国际竞争力。我国在高等教育的水平上还存在一些问题，因此需要加强我国高校在国外的竞争力和影响力，可从以下方面着手。

首先，需要各高校转变教育观念。目前我国收到的国外办学邀请主要源自发展中国家，基本是希望通过我国高校的入驻，为他们带去我国的教育理念、教学内容以及教育模式，从而提升当地高校的教育教学水平。所以需要提升我国高校对于境外办学巨大意义的认识，紧跟国际教育的发展潮流，将境外办学视为发展契机，使我国的高等教育能够在国际中不断提高地位，也能够基于境外办学这种合作模式，寻求更优质的办学方法以及办学经验，实现教育质量的共同提升。[2]其次，实施境外办学之前有必要展开全面充分的市场调研。这是开展办学的关键和基础所在，在办学前需要对当地的政治、经济、文化有一定的了解，并对当地

1 李锦奇. 英国政府与高校关系的借鉴与思考[J]. 辽宁教育研究，2008，217（4）：99-101.
2 王立生、林梦泉，李红艳，等. 跨境教育及其质量保障的探究与实践[J]. 学位与研究生教育，2016（3）：33-38.

境外办学的机构以及生源进行调查，要充分了解当地的相关法律政策，并对风险进行评估，确保境外办学可以长久、良好运营。最后，找准合作定位。高校在境外办学时需要考虑世界经济发展需要什么样的人才以及本校的优势学科和专业是什么，才能在境外办学时选择一个合适的切入点，找到自己所要"走出去"的目标。例如，我国中医药强大，在很多国家都开设了中医药专业。

总而言之，就是通过提高海外办学的水平进一步推广我国的高等教育，使我国在海外办学的基础上，汲取更多经验，为我国的高等教育发展作出指示建议。

3. 构建多元支持体系

从英国跨境高等教育的发展来看，多方位的支持体系是使跨境高等教育走向繁荣的保障。这里就机构流动中的海外办学为例，除去政府政策的响应，还需要增加合作办学的经费资助。

第一，在政策响应上，人员流动、项目流动和机构流动都需要国家政策的支持。英国的跨境高等教育就离不开英国政府的支持，英国政府设立海外教育办公室，对高校的海外教育进行帮扶，鼓励高校进行海外办学并制定相关的优惠政策。我国高等教育的海外办学虽然处于起步阶段，但我国在相关政策方面已经开始进行尝试，《高等教育境外办学指南》对我国高等教育境外办学的管理、课程和评价标准等内容作出初步规定，给我国高校探索海外办学提供了指导，但是指南的内容不够具体细致，很多高校在开展办学活动中缺少系统的方法，关于政府经费补助等方面的内容也不尽翔实，因而导致高校办学积极性不高。

第二，在经费资助上，稳定的教育经费是办学的先决条件，主要用于创办初期和运营后期。校园建设、教学实验室、创建教师队伍等都需要大量的财力，仅靠收取的学费是远远不够的。因此学校需要多渠道的资金投入来确保学校的运转。但获得政府和企业的支持需要确保可以为政府和企业培养建设性人才。学校还可以通过成立高校教育发展基金会来吸引热爱、关注教育的人为教育捐资。只有学校的资金充足，才可以引入先进的教学设备和师资力量以及高水平科研，促进学校快速高质量发展。

（二）外部扩散

从国际的角度思考，我国的跨境高等教育还需要在外围上进行加强。外部扩散可以拆分为扩大高校合作网络、发展国际远程教育、完善质量保障体系以及加强学历学位认证。

1. 扩大高校合作网络

在跨境高等教育中，除了进行多角度宣传外，还可以通过建立多元的合作伙伴关系来共同进行跨境高等教育办学，并根据收益情况来分担高等教育的成本，促进办学更好地进行。

在多方位宣传时，可以参照英国的模式，建立代理机构。英国的海外办学往往会与当地的政府、企业或学习机构达成合作。通过建立多方的合作伙伴关系，整合多方的教育资源、师资力量和设备共同进行办学。

我国在建立多元的友好伙伴关系时，应当特别注意以下几点：第一，明确办学理念。我国高校要明确自身进行海外办学的出发点和落脚点，在办学过程中寻找理念相近的合作伙伴，减少办学过程中不必要的矛盾。第二，明确各主体的责任。合作伙伴间要明晰各自的权利和义务，彼此签署合作协议履行相应的义务以保证合作办学的顺利开展。第三，深入交流合作。积极发挥多元主体的优势，比如借助企业进行技术培训和提供实习机会，加强产研合作，以产促研，以研促产。第四，加强社会认同。在办学过程中，我们要向接受国和其他发展中国家推广自己，找到更多的合作伙伴，建立更大规模的海外办学体系。

2. 发展国际远程教育

随着科学技术的提高和网络信息的发展，人们的生活方式也有了巨大的变化，尤其在高等教育阶段，越来越多的人开始注意到线上教学的便捷性。在英国跨境高等教育中，网络对于其发展起到了巨大的作用，例如英国的虚拟大学——开放大学。这不仅促进了英国高等教育在各国的输出，也进一步带来了经济收益。我国也可以借鉴这一经验，大力发展远程教育，以网络为中介，消除国界的隔阂，促进我国高等教育的传播输出。

第一，明确远程教育的定位。远程教育是以在线课程的方式输出还是以虚拟大学的方式输出，这是两种不同的概念，输出方式的选择对后续的管理发展有重要影响。第二，提高远程教育的教师素质。正是因为以线上教学的方式为主，对教师的信息素养、教学技能等方面的要求很高，不能以传统教学模式的要求来定义远程教育中的教师。第三，要建立多语言资源。如英国的开放大学，其电子资源在类型上十分丰富，并且，由于语言不同，远程教育需要注意多语言的资源库，以方便世界各国的学生不会因为语言障碍而影响学习。第四，建立科学的课程体系。根据不同国家的就业情况制定不同的专业课程，达到课程与市场的衔接。

3. 完善质量保障体系

英国的跨境高等教育为了保证学校的发展质量，建立了完善的教育质量保障体系。英国大学本身就注重自身的质量保障体系建设，为了保证学校的办学质量，一直有校内校外双重质量保障的传统。

建立良好的教育质量保障体系有利于审视办校的合理性并且有效防止管理部门的腐败。我国要像英国高校一样建立起完善的教育质量保障体系。首先，坚持评估主体的多元性，保证评估的客观公正，像英国一样通过校内和校外多主体进行评价，此外还可以加入社会多方的评价。其次，建立多样化的评价标准，对于海外办学的质量评估，不应该局限于以收益或者人才培养结果为唯一评价标准，而要综合考察学校的科研成果、人才培养和社会影响等。最后，评价方式也要多元化，注重形成性评价与终结性评价相结合，以科学的评价体系监督指导海外院校的发展。

4. 加强学分学位认定

为更好地进行跨国家的办学，输出国和输入国之间必须建立合理的学分转化体系。由于原先欧洲高等教育一体化的进程，英国大学自身就具有较为完善的学分转化体系，因而在进行跨境高等教育时具有一定的优势。我国在发展跨境高等教育的时候，也应该在了解输入国学制和学分系统的基础上，与我国的学分系统相结合，形成合理的学分转化机制，使跨境高等教育更好地达到交流发展的目的。

现如今，随着我国高校跨境办学的持续发展，我国需要进一步加强学历学位认证，以此保障我国高校在其他国家乃至世界上的声誉，使其他国家能够对我国的教育质量持肯定与认可的态度。总之，可以在原有的合作办学模式以及学历学位认证的基础上，通过进一步的合作和发展，加强与其他国家的教育交流；继续加强和完善同其他国家的交流机制，与其他国家及地区之间积极寻求签订学历学位认证条约的机会。

在境外办学的过程中，即使签订了学历学位认证，也并不意味着两国高校都能够认可，其中还存在一部分协议无法有效解决的问题，例如，如何解决学习周期不同的问题，如何实现两国教育课程的衔接，如何统一分配学分等。正是因为我国同其他国家高校在教育制度、学习年限、学分分配、课程设置等各个方面存在差异，所以我国在支持高校跨境办学的同时需要不断出台和完善相关的政策来加强同其他国家高校的学历学位认证。

第四章 澳大利亚跨境高等教育发展

作为世界发达国家之一的澳大利亚一直将高等教育作为经济社会发展的核心动力和支柱产业,致力于推进其国际化、市场化的发展。目前,澳大利亚跨境高等教育体系日臻完善,教育制度愈加规范,教育质量也越来越高,诸多高等院校跻身于世界一流行列,不少学科专业处于全球领先地位,其跨境高等教育服务更是得到了世界各国留学生的广泛认可和高度肯定。全球教育网(Educations)发布的 2023 年世界十大留学地点综合排名中,澳大利亚位列第二,仅次于英国。其中,在高质量教育供给方面位列世界第二[1]。

一、澳大利亚跨境高等教育的历史发展

总体而言,澳大利亚跨境高等教育的发展大致可以划分为三个时期六个阶段,其中每个时期包括两个阶段。

(一)对外援助时期(20 世纪初至 20 世纪 70 年代末)

1.萌芽阶段(1904—1950 年)

澳大利亚跨境高等教育的发展最早可以追溯到 20 世纪初。1904 年,为了进一步拓展亚洲市场,加强与这一地区的文化交流与商业贸易,澳大利亚开始接受来澳学习的留学生,并为其提供免费的高等教育服务。这往往被看作澳大利亚跨境高等教育的开端。1920 年,澳大利亚大学校长委员会(the Australian Vice-Chancellors' Committee,AVCC)成立[2],这一早期高等教育行业组织的成立在一定程度上促进了高等教育的规范化发展。但是,从 20 世纪初到 20 世纪中期,澳大利亚高等教育机构的数量和规模都比较少,且成长速度较慢,其中相对成熟的高校只有悉尼大学和墨尔本大学。大学的日常运行经费主要来源于各州拨款、学生学费、私人捐款以及大学自己的投资盈利。直到 20 世纪 40 年代,为了解决国内经济问题并加大对国家社会事务的管理,联邦

1　Top 10 Places in the World to Study Abroad-2023[EB/OL].(2023-04-27)[2023-10-30].
2　何晓芳.澳大利亚高等教育的政策演进与治理嬗变[M].北京:科学出版社,2020:64.

政府才将视线投放到高等教育领域。1945 年，联邦政府采纳了《沃克报告》（Walker Report）相关建议，成立了联邦教育办公室（Commonwealth Office of Education），作为全国第一个集指导、政策咨询和拨款功能于一体的教育管理机构，同时设立了专门的高等教育管理机构——大学委员会和联邦大学基金会。基于此，联邦政府通过奖学金、生活补助等方式，开始加大对高等教育的支持。但是，澳大利亚在此期间的高等教育国际化发展速度仍然很慢、程度也较低，国际学生的流动大部分都是自愿的个体行为，政府及教育机构的参与度较低。在这一时期，每年在澳学习的留学生人数都不足 500。直到 1951 年，累计登记注册的留学生人数也只有 3000 人左右。与此同时，澳大利亚当时的高等教育体系借鉴英国的成分较多，其教育理念也较为本土化，缺乏国际视野[1]。国内经济条件较为优越的家庭，多选择远赴英国、北美接受高等教育。总之，这一时期澳大利亚虽然出现了跨境高等教育的萌芽，但其数量上并未形成规模，质量上也没有得到广泛的认可。

2. 形成阶段（1951—1978 年）

1947—1951 年，冷战逐渐影响到亚洲的经济和政治环境，为了改善与南亚和东南亚诸国的关系，提高其国际地位和影响力，澳大利亚决定将高等教育作为外交政策的重要部分，大力推进高等教育的国际化。1951 年，澳大利亚政府签署了科伦坡计划（Colombo Plan）。其核心是在允许其他国家的留学生来澳接受高等教育的同时，对发展中国家进行教育输出。一方面，重点向赴澳留学的东南亚、南亚等发展中国家的学生提供巨额援助奖学金；并为其他国家的留学生减免部分或全部学费。另一方面，大力向印度、巴基斯坦、斯里兰卡和马来西亚等国家提供教育援助，以期帮助南亚和东南亚国家实现政治稳定和经济发展[2]。虽然这一阶段的留学生政策主要体现出其国际政治目的，但这也为日后澳大利亚跨境高等教育的发展奠定了坚实的基础。与此同时，澳大利亚政府在1957《默里报告》（Murray Report）的建议下，加大了对高等教育的持续投入，在 1965 年《马丁报告》（Martin Report）的建议下，建立了由大学、高等教育学院和教师培训机构三种不同类型教育机构构成的多样化高等教育体系，并提供了相应的经费支持。这些政策的实施，不但改善了澳大利亚高等教育的软件和硬件设施，丰富了澳大利亚的高等教育体系，还为其跨境高等教育的长远发展提供了可能。

1　刘晓亮，孙小平. 澳大利亚高等教育国际化运行策略[J]. 现代教育管理，2014（10）：7-11.
2　李晓东. 澳大利亚留学生教育政策研究——以高等教育为研究对象[D]. 北京：中央民族大学，2013.

这一时期相关政策的落实，特别是科伦坡计划的深入推进，在很大程度上改变了原来的种族主义和"白人澳大利亚政策"，营造了更加和谐的高等教育文化氛围。根据计划要求，高校不得有意将来自亚洲国家的大学生和学者与当地学生分开生活、学习，这就为不同文化提供了相互交流、理解的机会，为消除种族偏见打下了良好的基础。随着白澳政策终止，政府也随即放宽了非欧洲移民到澳大利亚的限制，在一定程度上推进了跨境高等教育的进一步发展。实施科伦坡计划最直观的结果是留学生人数的不断增加。1954年，东南亚的600多名学生获得了赴澳学习的援助；1955—1968年，来自15个国家的约5500名学生和培训师赴澳接受了教育或培训；1973—1978年，澳大利亚政府一直将海外学生数量控制在1万名以内。另外，1974年澳大利亚政府又作出了废除国内外学生学费，由联邦政府统一提供经费的决定，这进一步改善了澳大利亚高等教育的环境[1]。同时，为不断适应国际留学生的多样化需求以及社会经济发展的需要，澳大利亚高校的学科设置也由初始的单一设置或是几门课程，逐步完善增加，高校学科发展越来越繁荣。例如，到1954年，新南威尔士大学就按照社会需求增设了文科、法律和医学等学科[2]。

总的来说，这一时期的留学生高等教育是教育援助的重要组成部分。科伦坡计划对澳大利亚的国家形象、国际关系、经济发展都产生了积极影响。特别是通过强有力的教育援助，澳大利亚有效地改善了与东南亚和南亚诸国的关系。澳大利亚大学校长委员会还下设专门的组织负责实施与监督包括留学生高等教育在内的教育援助计划。[3]但是，由于移民条件的放宽，这一时期澳大利亚的非法移民数量大幅度增加。这些非法移民无形中挤占了许多本国的教育资源，为其公共管理带来了新的挑战。

（二）贸易化时期（20世纪80年代至20世纪末）

1. 转型阶段（1979—1989年）

20世纪80年代，受国际石油危机和经济全球化的影响，澳大利亚国内通货膨胀严重，经济发展受到重创，政府不得不大量削减开支。而社会福利制度带来的巨额财政压力，也使得政府对国际留学生的经费援助难以为继。在学习借鉴英国留学生教育政策调整经验的基础之上，澳大利亚政府开始反思自身的高等教育国际化策略，并着手进行调整。其中最为核心的手段是推进跨境高等

---

1 陈蕴哲，周悦.澳大利亚国际教育发展与启示[M].北京：人民日报出版社，2019：147-164.
2 胡天国，李玲.冷战时期澳大利亚高等教育研究[J].社会科学家，2020（7）：137-142.
3 何晓芳.20世纪80年代以来澳大利亚高等教育政策变迁[J].高教发展与评估，2013，29（1）：62-69+106-107.

教育的市场化，鼓励大学按照市场机制运作，制定并实施高等教育收费制度。

1979 年，政府正式制定《1979 年海外学生收费法》（Overseas Student Charge Act 1979），规定从 1982 年起对外国留学生收取约 10% 的大学学费[1]。1984 年，杰克逊委员会对海外援助计划进行深入考察后提交的《杰克逊报告》（Jackson Report）的建议被采纳，澳大利亚跨境高等教育的政策导向从"援助"转向"出口贸易"。1985 年，《1985 年海外学生收费修正法》（Overseas Students Charge Amendment Act 1985）发布，政府进一步鼓励大学实施外国学生学费收取制度，以增加财政收入，这一决定也成为澳大利亚跨境高等教育快速发展的催化剂[2]。

20 世纪 80 年代后期，当时的教育部部长道金斯开始着力调整高等教育领域政策，大力推动澳大利亚国际教育的市场化进程，史称"道金斯改革"。1987 年的教育绿皮书《高等教育：政策讨论书》（Higher Education：Policy Paper）明确提出，将海外学生的全额付费作为大学收入的重要来源。而在 1988 年教育白皮书《高等教育：政策声明》（Higher Education：A policy Statement）中，澳大利亚政府决定转换其在跨境高等教育中教育援助和输出的角色，转而与其他发展中国家缔造更为平等的伙伴关系。在《1988 年高等教育资助法》（Higher Education Funding Act 1988）中，澳洲政府也明确提出，秉承"谁受益谁支付"原则，高等教育成本将由大学生、家庭、企业和纳税人共同分担[3]，而留学生的培养成本需由留学生自费承担，且高校制定的收费标准应在政府标准之上。与此同时，政府解除了对国际教育市场的管制，允许各大学直接招收留学生，可自定并保留留学生所交的费用。

收费政策和自主招生政策的实施，极大地激发了各高校参与国际教育的积极性，国际大学校长委员会改建成"澳大利亚大学国际发展项目"组织，其职能也由原来的对外援助转到提供教育咨询、开展教育推广等方面。不少大学开始开设国际贸易、国际政治等具有国际视野的专业，跨境高等教育市场化进程进一步加快。据统计，1988 年至 1989 年，教育出口贸易就给澳大利亚带来了近 3 亿澳元的收益[4]，而留学生人数也从 1988 年的 18207 人增加到 1989 年的 21112 人[5]。

总之，澳大利亚 20 世纪 80 年代的跨境高等教育政策受到政治和经济的影响

1 Australian Government. Higher Education Funding Act 1988[DB/OL].（2016-03-08）[2022-9-10].
2 赵兴兴. 澳大利亚高等教育国际化政策嬗变过程研究[D]. 长春：吉林大学，2017.
3 张蓉蓉. 美澳加中英四国高等教育课程国际化比较研究[D]. 武汉：湖北大学，2014：43-47.
4 陈蕴哲，周悦. 澳大利亚国际教育发展与启示[M]. 北京：人民日报出版社，2019：172.
5 Department of Education：Time series data 1949-2000[EB/OL].（2015-12-11）[2022-9-10].

较大，其经济导向和政治目的性较强，特别是"道金斯改革"目标清晰、分析精准，成功地为澳大利亚建立起了第三大出口产业，即教育服务业。这也实现了澳大利亚跨境高等教育的成功转型，基本解决了国内经济需求，巩固了其国际地位，获得更强国际话语权。

2. 成长阶段（1990—1999 年）

20世纪90年代以来，随着信息科技的快速发展，全球经济一体化进一步加快，为满足全球劳动力需求，国际化教育改革刻不容缓。越来越多的国际组织、国家、大学、私人组织以及个人投身到高等教育的国际化实践当中，形成一股世界性高等教育国际化潮流。在此背景下，澳大利亚政府决定实施"高校国际扩展计划"（the International Development Program of Australian Universities and Colleges），进一步加大与高校在跨境高等教育方面的合作。

一方面，政府极力推进高等教育市场化进程，通过开设综合国际研究和发展项目的方式来获取在国际新技术领域内的竞争优势。基于此，许多专门组织转型成为商业公司，在亚洲乃至全球的许多国家设立了高等教育留学办事处，为国际学生提供"一站式"服务[1]，主要采取提供教育刊物、面谈咨询等方式，协助各大学招收外国学生，并为学生提供考试评估服务、发展性服务，向其他国家提供教育、卫生、财政管理、环境管理等顾问服务[2]。1991 年，澳大利亚还出台了《海外学生教育服务（提供者注册和金融监管）法案》[the Education Services for Overseas Students（Registration of Providers and Financial Regulation）Act]，用于规范国际教育和培训服务行业，确保海外学生的消费利益。1994 年，教育、就业、培训和青年事务部（the Ministerial Council on Education，Employment，Training and Youth Affairs，MCEETYA）出台《提供国际教育和培训的国家业务守则》（National Code of Practice in the Provision of International Education and Training，以下简称"MCEETYA 守则"），还明确提出教育服务者要主动、自愿地"保持高专业标准，维持一个有利于学生成功的学习环境，并监测和评估学生在注册学习课程中的表现、课程出勤率和学习进度"[3]。这些法律和政策的出台极大提升了澳大利亚高等教育的国际声誉，其信赖度大幅度增加。

另一方面，澳大利亚的高校也不断推进教育制度改革，创新办学形式，投身教育产业，大力拓展海外市场，积极融入到国际化教育的洪流之中。例如，为了

1　何晓芳. 20世纪80年代以来澳大利亚高等教育政策变迁[J]. 高教发展与评估，2013，29（1）：62-69+106-107.
2　吴光明. 基于贸易导向的澳大利亚高等教育国际化发展经验与借鉴[J]. 教育与职业，2013（32）：104-105.
3　Australian Government. National Code of Practice for Providers of Education and Training to Overseas Students 2018[DB/OL].（2017-09-04）[2021-9-10].

满足经济一体化发展趋势下国际市场对劳动力的需求，不少学校在商业教育中，都将国际贸易纳入了学校的主要课程；一些学校也主动在海外市场建立跨校办事处，直接在一线为留学生提供各类服务。20 世纪 90 年代后期，澳大利亚 36 所大学中有 30 所大学已经在教学课程上实施了国际化战略，21 所大学出台了国际化战略标准，25 所大学对于国际化活动的质量保证与国际化标准作出了承诺[1]。在此阶段，澳大利亚跨国高等教育出现了四种主要办学模式，即特许经营、课程衔接、海外分校和远程教育。特许经营是指某国的某所高等院校授权另一国的高等院校提供其教育服务，是将本应在国外院校留学完成的课程，通过国外院校的授权，全部或部分转移到国内[2]。课程衔接也叫学分转移，是随着欧洲一体化进程和学分转换系统的实施而发展起来的。澳大利亚部分跨国办学项目也采用这种形式，指两所或两所以上的高等院校合作办学，依照学分转移的办法共同设定一个学习项目，学生在其中一所院校获得的学分为其他院校所认可，学生可随带所得学分转入其合作院校并获得学位。海外分校是指输出国的高等教育机构在他国建立分校，采用与母校同样的教学方法、课程等，毕业后授予学生母校的学位，海外分校一般具有独立的法人地位。远程教育是伴随着信息技术的出现而发展起来的教育形式[3]。

总体来看，这一时期澳大利亚的跨境高等教育取得了显著成绩。跨国高等教育办学项目从 1991 年的 25 项增加到 1999 年的 581 项[4]。相应地，留学生数量也从 1991 年的 22736 人，增加到 1999 年的 60914 人（如图 4.1 所示）。自此，澳大利亚的跨境高等教育飞速地成长、成熟起来，政府和高校之间的合作与交流日益加深，其跨境高等教育的国际知名度和认可度也进一步提高。跨境高等教育的发展不但让国际教育和培训行业每年为澳大利亚赚取了超过30 亿美元的直接经济效益，还促进了海外留学生对澳大利亚文化、法律以及商业等领域的深入了解，开阔了澳大利亚人的国际视野，并从国际多样化的学习教育中获利。

1　吴光明. 基于贸易导向的澳大利亚高等教育国际化发展经验与借鉴[J]. 教育与职业，2013（32）：104-105.
2　顾建新. 跨国教育发展理念与策略[M]. 上海：学林出版社，2008：106.
3　王志强. 澳大利亚跨国高等教育发展探析[J]. 世界教育信息，2009（8）：29-31.
4　王志强. 澳大利亚跨国高等教育发展探析[J]. 世界教育信息，2009（8）：29-31.

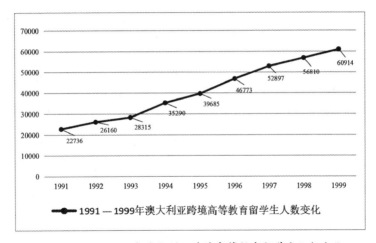

图 4.1 1991—1999 年澳大利亚跨境高等教育留学生人数变化

数据来源：澳大利亚教育部发布的数据。其中不包含职业教育、英语语言培训留学生的人数。

（三）国际化时期（21 世纪初至今）

1.改革阶段（2000—2015 年）

随着 21 世纪的序幕拉开，澳大利亚的跨境高等教育也迎来了新一轮的改革。这一时期，面对国内国际社会经济的飞速发展以及国际教育中积累的诸多问题，澳大利亚对包括跨境高等教育在内的高等教育进行了大刀阔斧的改革，其中最主要的是尼尔森（B. Nelson）、吉拉德（J. Gillard）两位推进的改革。21 世纪初，澳大利亚修订了《海外学生教育服务法案》（Education Services for Overseas Students Act，ESOS），尼尔森团队经过多轮深入调研，形成了有关"高等教育综述""教学与学术""经费""多样化建设""土著高等教育""大学的治理与管理""高等教育与职业教育"七个方面的研究报告之后（如表 4.1 所示），于 2003 年发表了著名的《我们的大学：支持澳大利亚的未来》（Our universities：baking Australia's future）政策报告，即《尼尔逊报告》（Nelson Report），对高等教育的改革提出了系统性建议。而吉拉德在任期间，则重点结合 2008 年的《澳大利亚高等教育评估》（the Review of Higher Education in Australia ），即《布拉德利评估》（the Bradley Review）提出的建议，于 2010 年发布了《改革澳大利亚高等教育体系》（Transforming Australia's Higher Education System）的政策报告，重点在政府在促进高等教育参与、提升办学质量、促进办学绩效、加强教育公平、促进学习型社会创建等方面做出了诸多努力。具体到跨境高等教育，澳大利亚在这一阶段的改革重点在于规范教育服务、确保教育经费和提高教育质量。

表 4.1 尼尔森改革进程中的七项报告

时间	报告名称	主要内容
2002 年 4 月	《处于十字路口的高等教育：综述报告》（Higher Education at the Crossroads: An Overview Paper）	澳大利亚高等教育体系应该遵循以学习者为中心、高质量、公平性、多样性、创新性、灵活性等原则。其高等教育主要表现为有关学习经验与成果，公平获取，大学与社区互动，机构专业化，效率与效力，治理、管理和工作场所关系，收入多样化，公共补贴分配以及减少官僚繁文缛节等九大方面的关键问题。[1]
2002 年 6 月	《追求质量：学习、教学与学术》（Striving for Quality: Learning, Teaching and Scholarship）	为了应对未来的挑战，满足学生、雇主和社区对高等教育质量的要求，以及提高受教育者技能和能力的需求，政府必须在教学质量评估、有效和高效学习体验和环境构建、学术研究与教学质量、联邦政府教育质量监管作用发挥等方面采取举措。[2]
2002 年 7 月	《夯实基础：澳大利亚高等教育经费筹措》（Setting Firm Foundations: Financing Australian Higher Education）	对高等教育筹资进行变革有利于确保澳大利亚未来福祉。针对当前经费投资面临着的平衡大学公共与私人投资关系的挑战，要着重发展灵活的、可行的和公平的融资安排和可行机制，制定一套策略性措施。[3]
2002 年 7 月	《卓越的维度：多样性、专业化及区域参与》（Varieties of Excellence: Diversity, Specialisation and Regional Engagement）	澳大利亚大学的类型和结构有着惊人的同质性，高等教育的发展要从建立多样化和专业化的大学、课程和伙伴关系等方面来实现。[4]
2002 年 8 月	《追求公平与适当：澳大利亚土著高等教育》（Achieving Equitable and Appropriate Outcomes: Indigenous Australians in Higher Education）	虽然澳大利亚土著的高等教育取得了一定成果，但机会仍然有限，联邦政府与地方政府要从寻求土著教育工作者的建议、克服文化孤立和偏见、最大限度地提高土著学生的经济地位、给予有效资助资金、克服早期教育劣势、鼓励保留奖励、增加土著专业人员、更新课程和教学方式、为土著研究人员提供更多机会等方面努力，提高对土著人高等教育的支持。[5]
2002 年 8 月	《迎接挑战：大学的治理与管理》（Meeting the Challenges: The Governance and Management of Universities）	联邦政府、地方政府以及高校在高等教育投资、教育公平、大学绩效管理、办学效率与效益方面均有各自的职责，澳大利亚高校应当建立起内外部的质量保障机制，形成高效的管理实体。[6]
2002 年 9 月	《学习的多样性：高等教育与职业教育和培训间的衔接》（Varieties of Learning: The Interface between Higher Education and Vocational Education and Training）	澳大利亚要从全国性的学分转换制度、区域基础设施共享、多部门校园、未来需求影响、资格问题加强方面着力，加强职业教育与培训系统和高等教育系统的有效衔接。具体可以考虑加强联合课程开发、实施学分互认、促进多机构校园和基础设施共享等。[7]

文献来源：

1 Australia. Department of Education, Science and Training（DEST）. Higher education at the crossroads: an overview paper [DB/OL]. [2021–10–23].

2 Australia. Department of Education, Science and Training（DEST）. Striving for quality: learning, teaching and scholarship[DB/OL]. [2021–10–23].

3 Australia. Department of Education, Science and Training（DEST）. Setting firm foundations: financing Australian higher education [DB/OL]. [2021–10–23].

4 Australia. Department of Education, Science and Training（DEST）. Varieties of excellence: diversity, specialization and regional engagement [DB/OL]. [2021–10–23].

5 Australia. Department of Education, Science and Training（DEST）. Achieving equitable and appropriate outcomes: Indigenous Australians in higher education [DB/OL]. [2021–10–23].

6 Australia. Department of Education, Science and Training（DEST）. Meeting the challenges: the governance and management of universities [DB/OL]. [2021–10–23].

7 Australia. Department of Education, Science and Training（DEST）. Varieties of learning: the interface between higher education and vocational education and training [DB/OL]. [2021–10–23].

在教育服务方面，由于 20 世纪 90 年代跨境高等教育的快速发展，移民欺诈、劣质教育服务、供应商倒闭导致学生学费风险增高等问题不断出现，加之 1994 年出台的《MCEETYA 守则》是非强制性的，其监管力度有限，严重影响了澳大利亚国际教育的声誉。基于此，教育、就业、培训和青年事务部长大卫·坎普（David Kemp）博士于 1999 年 8 月 19 日宣布对 1991 年的《海外学生教育服务法案》进行审查并提出了改革建议，出台了《2000 年海外学生教育服务法案》（Education Services for Overseas Students Act 2000，ESOS 2000）。其主要内容包括：确保学生在供应商倒闭的情况下，可以获得替代学费或退款；尽量减少缺乏诚信或违规为学生提供身份证的供应商；为海外学生提供更高的教育质量保证；建立入学和跟踪学生流动的电子系统（eCoE）。该法案还建议建立统一的海外学生教育培训提供者业务守则；ESOS 保障基金，为海外学生提供学费保障；设立出资审查小组，以确定注册提供者的出资标准等[1]。次年，《2001 年海外学生教育服务条例》（Education Services for Overseas Students Regulations 2001）出台，专门规定了需要登记的信息以及注册者的相关义务，服务保障基金的审查等。[2]2007 年 3 月，政府制定出台《国家海外学生注册机构和教育培训提供者业务守则》（National Code of Practice for Registration Authorities and Providers of Education and Training to Overseas Students），旨在统一规范注册供应商的行为及其课程的注册标准，进一步保护海外学生的权益。同年，政府又对"ESOS 2000"进行了较大幅度的修订，于 5 月颁布新的"ESOS 2007"，为保护和提高澳大利亚跨境教育的发展提供了更具针对性的法律保障[3]。2010 年澳大利亚政府发布《澳大利亚留学生战略 2010—2014》（International Students Strategy for Australia 2010—2014），其主要目标亦在于改善学生福利、确保教育质量、加强对国际学生的消费者保护以及为当前和未来的学生提供更好的信息，为留学生提供高质量的教育体验[4]。这项战略的成功推进不但让留澳学生获得了较为积极的留学体验，也进一步提高了澳大利亚跨境教育的国际声誉。

在教育经费方面，2003 年澳大利亚政府发表《我们的大学：支持澳大利

1　Australian Government. Education Services for Overseas Students Act 2000[DB/OL]. （2017-09-15）[2021-9-10].

2　Australian Government. Education Services for Overseas Students Regulations 2001[DB/OL]. （2007-07-01）[2021-9-10].

3　Australian Government. Education Services for Overseas Students Act 2000-National Code 2007[DB/OL]. （2010-04-27）[2021-9-10].

4　Council of Australian Governments. International Students Strategy for Australia 2010-2014[R/OL]. （2016-04-04）[2021-9-10].

亚的未来》（Our universities: baking Australia's future）政策报告，即《尼尔森报告》（Nelson Report）。根据报告，澳大利亚计划推出了一套新的高等教育贷款计划（Higher Education Loan Programme，HELP），其中最重要的两项为帮助在公立和符合条件的私立高等教育机构支付全额学费学生的收费资助计划（Fee-HELP）和帮助希望在海外学习学生的资助计划（Overseas Study HELP，OS-HELP）。其中，OS-HELP 为公立高等教育机构联邦资助名额中符合条件的全日制本科生提供每学期高达 5000 美元的贷款，以资助他们在海外学习一到两个学期[1]。由此可见，《尼尔森报告》进一步拓宽了高等教育国际化的内涵，使其不仅局限于将外国学生引进来，还包括帮助本国学生走出去，这一举措进一步促进了澳大利亚包括跨境高等教育在内的国际服务贸易业的发展。2003 年 12 月，根据《尼尔森报告》，澳大利亚议会通过《2003 年高等教育支持法案》（Higher Education Support Act 2003，HESA 2003），取代了《1988 年高等教育资助法》，对高等教育资助制度进行整体的改革[2]。这些改革通过政府拨款和学生贷款，使学生不会因为学费问题而被高校拒之门外，给弱势群体提供了更多的求学机会，由此促进了教育公平，也使得更多的学生走向了国际化求学的道路，使澳大利亚的高等教育进一步走向多元化和国际化[3]。另外，奖学金也是澳大利亚帮助国际留学生完成学业的重要经费来源。其中，2003 年开始发放的奋进奖金（Endeavour Awards）在其间发挥了重要作用。据统计，2007—2016 年，获此奖学金的人数达到 5538 人（其中非本国的留学生 4306 人）。2013 年 12 月 10 日，澳大利亚政府启动新科伦坡计划（New Colombo Plan），提供新科伦坡计划奖学金和新科伦坡计划流动补助金两项经费，用于支持澳大利亚本科生到印度洋—太平洋地区学习和实习，从而增强其对该地区的了解[4]。统计显示，澳大利亚政府为了促进高等教育的国际化，每年的投资都在增加。2006—2010 年，澳大利亚政府对跨境高等教育的扶持资金大约有 3200 万到 3900 万澳元，2011 年、2012 年、2013 年，其扶持力度大幅度上升，每年差不多达到了 6000 万澳元（如图 4.2 所示）。2007—2016 年，依靠奋进奖学金接受跨境高等教育的学生人数，按赴澳留学的生源国（地区）以及澳大利亚出国留学的目的国（地区）来看，排名前十的如表 4.2 所示。其中，中国既是澳大利亚跨境高等教育重要的输出国，也是

1　Nelson，Brendan. Our Universities: Backing Australia's Future[EB/OL]. [2021-10-23].
2　陈欣. 澳大利亚高等教育问责：政策和实践[J]. 外国教育研究，2009，36（10）：76-83.
3　姜峰，刘丽莉. 澳大利亚高等教育支持法案述评[J]. 高教发展与评估，2009，25（4）：80-84+123.
4　Australian Government Department of Foreign Affairs and Trade. New Colombo Plan[EB/OL]. [2021-10-23].

其排名第一的目的国。大量经费的投入，无疑为澳大利亚跨境高等教育的发展提供了强有力的资金保障。

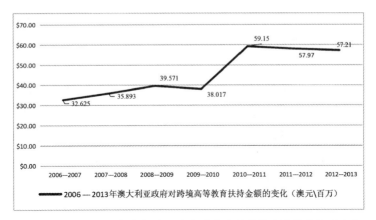

图 4.2　2006—2013 年澳大利亚政府对跨境高等教育扶持金额的变化

资料来源：Australian Government Department of Education. Higher Education Report[EB/OL].（2020-11-17）[2021-9-10].

表 4.2　2007—2016 年度获澳大利亚"奋进奖学金"留学生的十大来源国（地区）和目的国（地区）

来源国 / 地区（入境）		目的国 / 地区（出境）	
国家 / 地区	留学生数量	国家 / 地区	留学生数量
印度	472	中国	167
越南	432	美国	161
巴基斯坦	351	英国 / 印度尼西亚	92
不丹	271	印度	80
中国	265	日本	74
印度尼西亚 / 孟加拉国	203	中国香港	60
泰国	174	新加坡	42
马来西亚	132	加拿大	40
斯里兰卡	129	越南	38
美国	126	泰国	37

资料来源：Australia Awards. Endeavour Scholarships and Fellowships achievements and future directions. [2021-9-10].

在教育质量方面，澳大利亚于 2000 年建立了全新的质量保障体系，由联邦政府教育、就业、培训与青年事务部（MCEETYA）成立了一个独立的、非营利性的机构——澳大利亚大学质量署（Australian University Quality Agency，以下简称 AUQA），其主要职责就在于监督各级各类大学的运行及其质量。在其履职期间，AUQA 对澳大利亚的诸多大学及一些境外机构进行了多次审计和评估，虽然后续的研究指出其质量监管中还存在不少问题，但这种新的质量监管模式，在很大程度上促进了澳大利亚跨境高等教育的规范化发展，是其质量保障的关键一环[1]。2008 年全球经济危机的爆发和这一时期亚洲教育市场的崛起给澳大利亚的国际教育产业带来了严重冲击。基于此，澳大利亚开启了新一轮的高等教育改革。2009 年 5 月，澳大利亚政府根据 2008 年提交的《布莱德雷澳大利亚高等教育评论》（Bradley Review of Australian Higher Education），俗称《布莱德雷报告》（Bradley Report）提出的意见和建议，发布了名为《改革澳大利亚的高等教育体制》（Transforming Australia's Higher Education System）的计划。根据布莱德雷的建议，政府提高了高等教育机构的地位，致力于为高等教育发展提供更好环境，如师资保障、改善校园设施、提高国际教育服务质量等[2]。其中，在跨境高等教育方面，政府还决定将国际教育的监管职能与其他职能分开，于 2010 年成立了独立的监管机构——高等教育质量和标准署（Tertiary Education Quality and Standards Agency，以下简称 TEQSA），代替原来的 AUQA，行使对高等教育的监管职能。2011 年，《高等教育质量和标准机构法》（Tertiary Education Quality and Standards Agency Act，TEQSA Act）出台，此法确立了高等教育质量评估体系，并提出由 TEQSA 根据质量框架（门槛标准）对包括国际教育在内的高等教育进行监管[3]。在此期间，澳大利亚政府还在《澳大利亚留学生战略 2010—2014》中专门就如何提升跨境高等教育品质，提出将与相关行业和监管机构共同努力，实施对《澳大利亚质量培训框架》（The Australian Quality Training Framework，AQTF）的修订，包括进一步明确注册机构管理人员的资格，提高注册机构可行和可持续的财务能力，加强对大学生消费者的收费保护，提高对新注册培训机构的要求等，进而为留学生提供更高质量的教育体验[4]。

综上，在 21 世纪的前 15 年里，澳大利亚政府和高校积极顺应国际国内外发

1 刘岩. 澳大利亚跨境高等教育质量保障政策的嬗变与启示[J]. 外国教育研究，2019，46（2）：116-128.

2 Australia. Department of Education, Employment and Workplace Relations（DEEWR）: Transforming Australia's higher education system [R/OL]. Canberra, Australian Capital Territory: DEEWR, 2009. [2021-10-23].

3 Australian Government. Tertiary Education Quality and Standards Agency Act 2011[DB/OL]. （2021-03-08）[2022-10-03].

4 Council of Australian Governments. International Students Strategy for Australia 2010-2014[R/OL]. （2016-04-04）[2021-9-10].

展趋势，采取了诸多积极的改革举措，更加注重高等教育的双向流动、更加注重对学生权益的保护、更加注重对教育质量和教育服务水平的监管，因此其跨境高等教育也在不断的改革创新中稳步发展。据统计，仅 2015 年，国际教育就为澳大利亚出口业获取了 188 亿澳元的收入，创造了超过 13 万个的工作机会[1]；留学生人数也从 2000 年的 72717 人上升到 2015 年的 271647 人，平均年增长率达到 4.9%（如图 4.3 所示），其国际教育声望大幅度提高。澳大利亚也被誉拥有世界一流教育质量、公认学历学位最丰富、课程设置最科学、权益最有保障、文化多元包容的留学目的国之一。

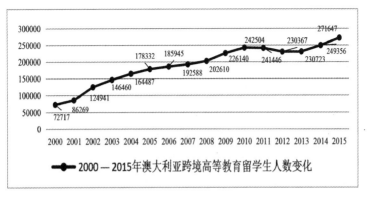

图 4.3　2000—2015 年澳大利亚跨境高等教育留学生人数变化

数据来源：Australian Government Department of Education. International student enrolments in Australia 1994–2020 [DB/OL]. [2021–10–23]. 其中不包含职业教育、英语语言培训留学生人数。

2. 复兴阶段（2016 年至今）

2015 年以来，世界经济增速放缓，新兴市场、国际贸易仍然处于相对低迷的状态，如何摆脱桎梏，实现经济的快速复苏，是世界各国都在寻求突破的难题。2014 年，德勤（Deloitte）澳大利亚公司发表的《定位为繁荣？赶上下一波浪潮》（Positioning for Prosperity？ Catching the Next Wave）的报告指出，未来 20 年内提振澳大利亚经济的五大新兴产业之一就包括国际教育[2]。基于此，澳大利亚政府进一步意识到，国际教育或许能够为其经济注入新的活力。同时，这些年来世界各国对国际教育重视程度的日益增长，也让澳大利亚感受到了较大的竞争性威胁。为了保持并增加其在世界教育市场上的份额，2016 年，澳大利亚出台

1　时晨晨.《2025国际教育蓝图》的制定背景[J]. 上海教育，2017（32）：8–9.
2　Deloitte. Positioning for Prosperity？ Catching the Next Wave[R/OL]. （2013–10–31）[2021–9–10].

了《国际教育战略2025》（The National Strategy for International Education 2025，NSIE 2025）。这是目前澳大利亚政府制定的第一个国际教育战略[1]，其核心在于通过创新和协作，巩固和发展澳大利亚在教育、培训和研究领域的全球领导地位。该战略提出了发展国际教育的三大支柱：强化基础、建立变革型伙伴关系和提高全球竞争力。在强化基础方面主要致力于建立世界一流的教育、培训和研究体系，为学生提供最好的学习体验，并提供有效的质量保证和监管。在变革性伙伴关系方面，主要从加强国内伙伴关系、海外伙伴关系，增强移动性和与校友建立持久联系等方面努力。在全球竞争方面，则强调要通过创新促进自身的卓越发展，并抓住机遇大力发展国际教育。

特别值得一提的是，在变革性伙伴关系建设中，澳大利亚在两个方面做出了实质性的努力。一方面，澳大利亚政府赋予了大学在留学生管理与培养上的更大自主权，促进大学之间建立起多样的交流网络，如八校联盟（Group of Eight）、澳大利亚科技大学联盟（ATN）、创新研究型大学联盟（IRU）等，为学生交流、教师交换、科研与授课合作提供便利[2]。联盟的构建不仅可以加深与大学间的合作与联系，发挥学校间的组合优势，更易于强化大学品牌的国际认可度。而八校联盟通过积极发展与其他高等教育国际组织的合作，又进一步促进了澳大利亚全球市场的开拓，加速了澳大利亚高等教育国际化的进程[3]。另一方面，澳大利亚专门制定发布了《澳大利亚全球校友参与战略2016—2020》（Australia Global Alumni Engagement Strategy 2016—2020），通过发挥校友力量，加强其外交接触和影响力，发展其贸易、投资和商业联系，提高其在教育、科学、研究和创新方面的能力和资历，并向世界展示一个现代化、创新型和开放型的澳大利亚[4]。

《国际教育战略2025》的出台，进一步明确了澳大利亚国际教育未来十年的发展路线。5年来，澳大利亚沿着既定的战略，将国际教育一步步地深入推进，其跨境高等教育得以更好地发展。虽然在这一阶段中，2020年的留学生人数因疫情影响略有减少，但从2016年到2020年，其留学生人数已经从原来的30多万增长到40多万，其平均年增长率也实现了6.7%的高速增长（如图4.4所示）。

1　赵兴兴. 澳大利亚高等教育国际化政策嬗变过程研究[D]. 长春：吉林大学，2017.
2　阐阐，马文婷. 澳大利亚"三位一体"留学生高等教育质量保障体系探究[J]. 高等教育研究，2020，41（11）：99-106.
3　黄容霞，叶青. 澳大利亚高等教育国际化探析[J]. 煤炭高等教育，2016，34（5）：13-18.
4　Australian Government Department of Foreign Affairs and Trade. Australia Global Alumni Engagement Strategy 2016-2017 Summary of publication [EB/OL]. （2023-11-25）[2023-11-27].

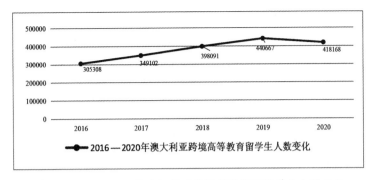

图 4.4 2016—2020 年澳大利亚跨境高等教育留学生人数变化

数据来源：Australian Government Department of Education. International student enrolments in Australia 1994–2020 [DB/OL]. [2021–10–23].https://internationaleducation.gov.au/research/international–studentdata/Pages/InternationalStudentData2020.aspx. 其中不包含职业教育、英语语言培训的留学生人数。

当前，澳大利亚政府也正在着手制定新的《2021—2030 年澳大利亚国际教育战略》（Australian Strategy for International Education 2021—2030），其改革的目标主要在于应对不断变化的环境，促进疫情后国际教育的复苏，提高本国教育的创新能力与应变能力，为学生多样化教育需求提供更多机会，并建立更加有效和值得依赖的国际教育合作伙伴关系。[1]相信新战略的出台，将引领澳大利亚跨境高等教育走向更广阔的舞台。

纵观新时期澳大利亚跨境高等教育的发展，其核心从单纯地注重"量"，逐渐过渡到坚持"质"与"量"并存。通过不断完善教育质量体系，加强对教育质量的监管，在创新与合作中，奋力开辟与建立了更加广阔的国际教育市场，这不仅满足了本国经济发展的转型需求，也使其跨境教育口碑得到更高、更广泛的认可。

二、澳大利亚跨境高等教育的制度安排

在跨境高等教育的发展过程中，澳大利亚紧密结合国际国内形势，以发展战略与政策为指导，大力改革教育组织体系、创新教育运行制度，完善教育质量与评估体系，较好地实现了跨境高等教育规范化、标准化、制度化的发展，在国际上建立起了优质的跨境高等教育澳大利亚品牌。

1 Australian Government Department of Education. Australian Strategy for International Education 2021–2030[R/OL].（2021–11–26）[2022–10–15].

（一）跨境高等教育组织体系

多年来，为了提高治理的专业性和有效性，澳大利亚做了诸多努力，建立起了集教育培训机构、市场运营机构、政府管理机构和监督保障机构于一体的跨境高等教育组织架构。

1. 教育培训机构

澳大利亚高等教育培训机构数量很多，总的来说主要分为以继续教育学院为代表的职业教育和以综合性大学为代表的大学教育两种类型。其中，技术与继续教育学院是澳大利亚职业教育与培训（Vocational Education and Training，VET）体系的一部分。VET 既相对独立于基础教育、高等教育而自成体系，又能与其上下衔接、双向立交[1]。同时，澳大利亚大学种类繁多。按科研和教学情况可分为科研型大学与教学型大学；按办学性质可分成私立大学和公立大学；按学校特色可分为八校联盟、创新型研究大学联盟、科技大学等；按成立时间、建校风格可分为砂岩大学、红墙大学、胶树大学等；按历史沿革、办学规模可分为 1（1a）类大学、2（2a）类大学、3（3a）类大学、4 类大学、5 类大学、6 类大学。[2] 这些大学大都参与了国际高等教育及相关培训。下面，分别就公立大学、私立大学以及技术与继续教育类的大学三类中学校作简要介绍。

（1）墨尔本大学（University of Melbourne）

该大学创立于 1853 年，是澳大利亚继悉尼大学（University of Sydney）[3] 建立的第二所大学，现在是一所综合性的研究型的公立大学。其位于墨尔本，是六所"砂岩学府"之一，同时也是"环太平洋大学联盟"和澳大利亚八大名校的成员之一。2021 年其 QS 全球大学综合排名第 41 位，其雇主声誉排名在澳大利亚大学中居第 1 位。墨尔本大学现有 10 个学院，分别为：设计学院、文学院、商业与经济学院、教育学院、工程与信息学院、计算机与信息系统学院、法学院、政府学院、牙医与健康科学学院、理学院及美术与音乐学院。在学科优势方面，医学专业稳居澳大利亚前列，工程领域也得到澳大利亚学界的广泛认可。并且，由于学校采取综合均衡发展策略，其他学科也都取得了较好的声望，该校的学术能力、国际影响力均位于亚太地区乃至全球前列。

1　杨旭辉. 澳大利亚职业教育体系的特点与启示[J]. 职业技术教育，2012，33（31）：82-88.
2　崔慧丽，潘黎. 澳大利亚高等教育机构分层与分类的概况、特点及启示[J]. 现代教育科学，2016（5）：135-140+146.
3　注：悉尼大学创建于1850年，也是澳大利亚一所知名的公立大学，在2021年QS全球大学综合排名中排第40位，在澳大利亚国内排名第2位。

（2）澳大利亚国立大学（Australian National University）

该大学始建于 1946 年，其地址位于澳大利亚首都堪培拉的市中心。它是澳大利亚本土唯一由联邦国会单独立法建立的大学，也是澳大利亚八大名校之一，位列 2021 年 QS 全球大学综合排名第 31 位，国内综合排名第 1 位。澳大利亚国立大学拥有 7 所教学学院、4 所国家级科学研究院和一所预科学院。其中较为特别的是预科学院，它的设立为海外学生提供了更好地适应在澳大利亚留学生活的服务。海外学生如果能够成功通过其预科课程，就可以被澳大利亚国立大学的本科部录取。但是，该大学主要以研究生为主，本科生较少，是典型的研究型大学。在学科优势方面，人文社会学在国际社会上学术水平较高，"政治学与国际研究"专业在世界学术界认可度高，可谓是领头人的角色。

（3）邦德大学（Bond University）

该大学成立于 1987 年，位于澳大利亚昆士兰州黄金海岸，是澳大利亚第一所私立大学，也是澳大利亚仅有的两所私立大学之一。作为一所非营利性的、综合性的私立大学，该大学具有无限生机，校园里充满了求知与创新的精神。邦德凭借高水平的教学质量享誉全球，在国际上负有盛名的专业包括会计、市场营销，信息技术，工商管理以及教育学等。在学术实力上，工商管理和法学尤为突出。澳大利亚毕业生管理协会在对各专业进行评级时，将该校商学院的工商管理专业评为了"五星级"专业。而教育部在评议该校法学专业的教育质量时，法学教学质量更是位于澳大利亚法律课程的第一名，毕业生也大多供职于英联邦国家顶尖律所，就业率在全澳名列前茅。

（4）博克斯希尔学院（Box Hill Institute）

该学院是维多利亚州领先的职业和高等教育机构，是一所技术与继续教育类的学校。它以其在国内外的友好合作和创新教育方式而闻名。该学院有诸多校区，主要提供各种证书课程、短期课程培训以及高等教育文凭和学位教育，涵盖工程与制造、健康与社区、酒店、建筑、商业等专业，有 500 多门课程，其中有 200 多门是认证课程。该学院还有 10 个实践培训基地，而与行业的合作伙伴关系使学生能够获得国际认可的培训以及当前技术和流程的实践经验，并为学生就业提供便利。该学院每年招收 40000 多名学生，其中 77.7% 的毕业生能够在毕业后 6个月内就业；有 87.7% 的学徒或受训人员能够在接受培训后就业。

2. 市场运营机构

教育市场化是澳大利亚跨境高等教育不断发展的重要助力。市场机制的引入，催生了许多以跨境教育服务为主要业务，通过独立的或与国外教育培训机构的合作，为国际国内的留学生提供双向的留学服务的教育市场运营机构。这些机构不断规范化的高质量发展，使澳大利亚高等教育更具有竞争性、自主性和广泛适应性。当前，澳大利亚市场主要有如下一些教育培训运营机构。

（1）澳大利亚国际教育开发有限公司（IDP Education Ltd.，IDP）

在1969年，为了帮助在亚洲国家的大学提升教学水平和科研质量，澳大利亚政府出资建立了澳大利亚—亚洲大学合作项目（Australian–Asian Universities' Cooperation Scheme，简称 AAUCS）。1981年，AACUCS 更名为澳大利亚大学国际发展项目（the International Development Program，IDP）。1996年转为由澳大利亚大学全资拥有的公司，改名为国际教育开发有限公司（IDP Education Limited）。2006年，SEEK Ltd. 收购了其中50%的股份，剩下的股份仍由澳大利亚大学股东拥有。在过去的五十年里，IDP 已经从一个非盈利的援助机构成长为帮助学生实现国际教育目标的全球领导者。IDP 作为一个全球性企业，其责任框架是基于联合国可持续发展目标（Sustainable Development Goals，SDGs）的。它的战略重点在于实现优质教育、性别平等和良好环境。其愿景是建立一个全球平台和互联社区，通过网络平台帮助学生了解国际教育，并与世界各地的大学和学院互动，获得有关他们出国留学之旅的实时信息。

（2）澳大利亚英语协会（English Australia）

澳大利亚英语协会是澳大利亚国际教育的英语语言部门的国家级机构。其前身是1982年建立的留学生英语强化课程协会（the English Language Intensive Course of Overseas Students Association，the ELICOS Association），2000年更名为澳大利亚英语协会。作为一个英语学校行业协会，其目的是为来自世界各地的学生和专业人士提供优质的英语语言课程。澳大利亚英语协会的董事会由14名成员组成，包括1名主席、2名副主席、5名总代表和6名州和地区代表。该协会的成员学院根据其所在位置建立其分支机构。该协会的战略目标在于方向引领与权利授予。在方向引领上，重点是要在政府战略、政策和监管下为协会成员和行业带来积极成果；通过支持持续的专业发展以及提高质量来加强行业竞争力；通过及时准确的市场情报增强决策力。在授权方面，则是要通过推动协会成员和行业发展的质量来提高其国际声誉；促进成员和其他利益相关者之间有意义的合作和参与；并在全球范围内提升协会会员的形象。

（3）澳大利亚国际学生咨询网络（the International Student Advisers' Network of Australia，ISANA）

为了满足在澳大利亚越来越多的国际学生的需求，1989 年澳大利亚国际学生顾问网络（the Overseas Student Advisers' Network，OSAN）成立。1999 年，该协会更名为澳大利亚国际学生咨询网络。澳大利亚 ISANA 与新西兰 ISANA 有着姐妹组织关系，二者之间的历史联系可以追溯到澳大利亚和新西兰学生服务协会（the Australian and New Zealand Student Services Association，ANZSSA），ISANA 就是作为 ANZSSA 的一个特殊兴趣小组而成立的。协会成员在教育机构和组织中担任各种角色，涵盖国际学生服务、宣传、教学和政策制定。目前该协会的使命宣言是通过以下方式推进国际教育：领导、推广和倡导国际教育服务的最佳实践标准；为其成员和社区提供相关论坛、培训和信息交流的便利；并与包括国际学生、教育、政府、商业和社区团体在内的利益相关者组织合作。其目标是：通过提供交换信息和网络的手段，促进会员的专业发展；与本地和海外的相关组织建立联系；通过承认在澳大利亚和新西兰的国际学生的利益和权利等方式，帮助那些专业从事提供国际教育服务的人。

（4）澳大利亚独立高等教育委员会（the Independent Tertiary Education Council of Australia，ITECA）

澳大利亚独立高等教育委员会（ITECA）是澳大利亚高等教育质量和创新的领导者。其前身为 1992 年建立的澳大利亚私立教育和培训委员会（Australian Council for Private Education and Training，ACPET）。这是一个会员制机构，集聚了高等教育、职业教育和培训部门的独立提供者。无论是个别还是集体，这些提供者都承诺为学生和他们的雇主提供他们想要的高质量成果。除此之外，ITECA 还会帮助塑造关于未来教育和培训的辩论，确保政策和立法改革方面的有效性，与志同道合的同事分享想法和经验等。当前，ITECA 被公认为议会和部门利益相关者寻求政策建议的首选来源。

（5）澳大利亚国际教育（Australian Education International，AEI）

澳大利亚国际教育（AEI）是 1998 年澳大利亚政府为处理国际教育事务而建立的，其根本目的在于将澳大利亚的教育事业拓展到全球。因此，该机构的办公室遍布海外各个地方，其主要目标包括：与业界合作，促进澳大利亚的教育和培训服务；与更广泛的国际教育活动和政府教育计划合作，促进教育行业的一般推广；制定与整个政府和国家相协调的海外产业计划，等等[1]。为了在国际上推广澳大利亚的教育机构和增加各个教育提供者之间的合作交流，AEI 设立了三个部门：国际质量部门、国际政策及认可部门和海外办公室的实体网络。国际质量部门的主要职责是执行国家有关教育质量管控的法律法规；国际政策及认可部门的主要职责是向国家提供教育政策方面的建议以及对国际技能资格进行认定；至于海外办公室实体网络，其主要职责是向国内提供相关课程信息等咨询服务，向世界各地的领事单位派驻教育官员并设立"澳大利亚教育中心"[2]。

（6）澳大利亚国际教育协会（International Education Association of Australia，IEAA）

澳大利亚国际教育协会（IEAA）于 2004 年建立，是澳大利亚领先的国际教育协会。其成员基础包括来自国际教育行业各个领域的个人——包括高等教育、技术与继续教育学院（TAFE）、职业教育、学校和英语语言学院以及政府和企业的个人。该协会努力为专业人士赋能，与机构合作，并提升澳大利亚作为世界一流教育提供者的声誉；给所有部门的专业人员、学者和教师提供相关的宣传和会员服务；提供高质量的专业学习，以促进会员的职业发展并提高澳大利亚国际教育的质量；推动新研究以突出新兴趋势，为教育战略和政策提供信息；同时与附属机构、企业合作伙伴和政府一起，共同努力向更广泛的社区宣传国际教育的好处。

3.政府管理机构

政府在社会经济发展过程中承担着组织领导和管理服务的责任。澳大利亚在推进跨境高等教育市场化发展的同时，并没有放弃政府对整个教育行业的领导与治理。因为澳大利亚实行由联邦、州、地方组成的三级政府体制，因此，其政府对教育的管理也是由这三级政府共同完成的。当前，从联邦政府层面讲，与跨境高等教育紧密相关的政府管理机构主要有如下几个。

（1）教育、技能和就业部（Department of Education，Skills and Employment，DESE）

2019 年 12 月 5 日，澳大利亚政府发布行政安排令，组建最新的教育管理机构——教育、技能和就业部。该部由教育部、就业、技能、小型企业和家庭企业部（小型企业职能部门除外）合并而成。这是澳大利亚教育的全国性管理机构。

1 Australia. Department of education, science and training. Research, Analysis and Evaluation Group（RAEG）. Review of Australian education international[R]. Canberra, Australian Capital Territory: Department of Education, Science and Training, 2002: 28.
2 魏航. 澳大利亚政府的高等教育国际化政策解析[J]. 辽宁行政学院学报，2013, 15（6）: 94-96.

在国际教育方面，其主要职责在于研究出台国际教育战略，探索建立国际伙伴关系，建立国际教育监管政策，发布国际教育统计数据、报告，管理国际教育奖学金和助学金，促进国际教育质量提升等方面。而建立具有全球竞争力的国际高等教育，为澳大利亚的经济繁荣和社会福祉贡献力量，是其联邦政府教育发展中的重点之一。其中，DESE 还下辖有几个重要的职能部门。

一是国际教育理事会（Council for International Education，CIE）。该理事会于 2016 年成立，旨在监督澳大利亚在国际教育和培训中的作用，为澳大利亚在国际教育和培训中的作用确定方向。其主要工作内容包括全面负责国际教育战略的制定、确立优先发展事项、执行相关的国际合作项目并定期向政府报告国际教育发展情况。例如，2020 年理事会提出的工作计划目标就包括建立一个世界级的教育、培训和研究体系，为学生提供最好的体验，提供有效的质量保证和规定、加强国内国外合作伙伴的关系，提高教育者与受教育者的流动性，与校友建立持久的联系，促使澳大利亚成为一个高质量的国际教育提供者以及增加其拥抱发展国际教育的机会。

二是澳大利亚国家信息中心（Australia's National Information）。该中心于2017 年正式命名，主要由 1989 年成立的国家海外技术认可局（National Office of Overseas Skills Recognition，NOOSR）调整而来[1]，由于其工作重点和功能的变化，NOOSR 的名称未再使用。作为澳大利亚资格认证的国家信息中心，其功能是在遵循教科文组织《里斯本承认公约》（Lisbon Recognition Convention）和《亚太地区承认公约》（Asia Pacific Recognition Convention）的基础之上，制定资格认可政策，参与国际国内相关事务，完善澳大利亚教育体系并促进其学历在其他国家得到认可，以及海外教育体系并促进海外学历在澳大利亚获得认可的信息和建议。

三是国际研究与分析机构（the International Research and Analysis Unit）。此机构主要调查和分析有关澳大利亚和全球国际教育方面的信息，每月对有关澳大利亚国际学生方面的信息进行数据更新，将这些信息和数据进行整理，为澳大利亚教育的国际交流提供便利。如 2013 年开展的调查有"澳大利亚大学排名研究"和"澳大利亚的海外学生学习途径分析"。随着全球学生流动性的持续增长，数据和信息共享方面的国际合作变得越来越重要，澳大利亚国际组织已经与包括英国文化协会和美国国际教育研究所等在内的主要国际组织确立了合作关系，并共

1 魏航. 澳大利亚政府的高等教育国际化政策解析[J]. 辽宁行政学院学报，2013，15（6）：94-96.

同建立了一个国际学生流动数据库。

四是国际教育咨询委员会（International Education Advisory Council，IEAC）。该机构于 2011 年 10 月成立，是一个新的国际教育咨询委员会。其主要任务是就与国际教育中的风险管理、责任、保险和政策等相关主题及其相关事项向政府提供意见和建议，以帮助政府制定长期战略规划。

（2）澳大利亚贸易投资委员会（The Australian Trade and Investment Commission，Austrade）

澳大利亚贸易投资委员会是 1985 年成立的一个负责政府外交事务和贸易的机构。其职责是通过提供各种各样的服务，包括传递实时信息、提出好的策略和建议等，促进澳大利亚对外的国际投资、贸易以及教育事业的发展。目前该委员会下辖有专门的教育委员会，负责其教育和培训的国际营销和推广，主要是为澳大利亚发现高质量的机会和提供及时的市场情报，并协助其教育部门进行国际化拓展。在此之前，澳大利亚教育国际（AEI）主要负责国家教育在国际上的推广和营销，但在 2010 年 7 月 1 日，这一工作就转移到澳大利亚贸易委员会。政府做出这一改变的原因主要是希望将教育事业的政策制度与市场相分离。在此变化下，Austrade 将提供国家和市场概况，AEI 则继续负责政府与国际教育政策之间的关系，二者的作用表现在通过搜集海外政府对国内外教育看法的信息，向在澳的高等教育提供者给出相关的咨询建议或意见[1]。

（3）澳大利亚移民与公民事务部（Australian Government Department of Immigration and Citizenship）

澳大利亚移民与公民事务部主要负责与移民和公民管理、难民和人道主义等相关的事务。由于国际教育是澳大利亚移民中的一项重要工作，因此该机构专门下设了教育项目部门，规定其主要职责在于重新设计简化学生签证框架（the Simplified Student Visa Framework，SSVF），分类标明各教育机构的基本标准，各海外学生登记注册需要达到的基本要求，并为国际教育培训的提供者、申请者提供包括责任义务、福利安排在内的各种指南[2]。该部门为澳大利亚政府加强对跨境高等教育的有序管理，提高其国际教育的规范化发展提供了强有力的保障。

（4）联邦海外学生培训机构及课程登记处（Commonwealth Register of Institutions and Courses for Overseas Students，CRICOS）

1　刘岩. 澳大利亚跨境高等教育质量保障政策的嬗变与启示[J]. 外国教育研究，2019，46（2）：116–128.
2　Australian Government Department of Home Affairs. Education Program. [EB/OL].（2018–11–10）[2020–11–02].

联邦海外学生培训机构及课程登记处是所有澳大利亚官方的教育机构的注册机构。只有在 CRICOS 上注册的教育机构才能为持有学生签证的澳大利亚学生注册和提供教育服务。注册的提供者必须满足《海外学生教育服务法案》和 2007 年《海外学生教育和培训提供者国家行为准则》的要求。任何希望为海外学生提供英语语言强化课程（ELICOS）或预科课程的提供者还必须符合相关的课程标准。2015 年 ESOS 法案修订后，则要求任何打算向学生提供教育或培训服务的提供者都必须向 ESOS 机构申请注册，高等教育质量和标准署（TEQSA）负责就提供者的注册做出决定并监控提供者对 ESOS 框架的遵守情况[1]。

4. 监督保障机构

澳大利亚在推进教育发展的过程中，为了确保其教育质量，逐步建立起了一些独立的监督保障机构。这些机构对澳大利亚的跨境高等教育也产生着重要影响。它们构建的现代化监管体系使澳大利亚顺利成为国际化教育的强国之一。当前，涉及跨境高等教育的监督保障机构主要有以下几个。

（1）高等教育质量和标准署（Tertiary Education Quality and Standards Agency, TEQSA）

高等教育质量和标准署（TEQSA）的前身包括 1992 年 11 月 9 日成立的高等教育质量保障委员会（Committee for Quality Assurance in Higher Education, CQAHE），以及 2000 年成立的澳大利亚大学质量署（Australian Universities Quality Agency，AUQA）。CQAHE 当时是一个非法定的部长级咨询委员会，而 AUQA 则是一个独立于政府之外的监管机构。这两个机构都曾在澳大利亚高等教育的质量监管中发挥了重要作用。2011 年 8 月 1 日，澳大利亚成立新的高等教育质量和标准署（TEQSA）和职业教育培训质量监管局（Australian Skills Quality Authority，ASQA），这两个部门取代了原来的 AUQA 和州一级的质量监管机构 GAA[2]。这也标志着澳大利亚高等教育质量新时代的开始。TEQSA 作为澳大利亚独立的国家高等教育质量保障和监管机构，主要由首席执行官、TEQSA 委员会、高级管理团队、审计与风险委员会构成。该机构的主要职责在于对高等教育提供者进行监管，对其的学习课程进行认证；对高等教育提供者运行的合规性质量进行评估，对未经自我认证授权的提供者开发的课程进行重新认证评估；就高等教育提供者的质量和监管问题向教育部部长提供咨询意见和建议；与其他国家的类

1 Australian Government Department of Education. Quality regulation in higher education. [EB/OL]. （2022-08-17）[2022-05-02].
2 刘岩. 澳大利亚跨境高等教育质量保障政策的嬗变与启示[J]. 外国教育研究，2019，46（2）：116-128.

似机构合作；收集、分析、阐释和传播与保证和提高高等教育质量实践有关的信息。他们立足于尽量减少高等教育提供者负担，降低教育提供者不合规的风险水平，并注重考虑教育提供者的多样化模式，提出了监管的三大原则："必要性监管""防风险性监管"和"差异化监管"。[1] 各大高校和教育机构都要在 TEQSA 制定的澳大利亚高等教育标准框架下展开注册和审核工作。框架内容包含两部分：一是高等教育标准，二是高等教育提供者标准。高等教育标准主要是指制定高等教育提供者所提供高等教育的最低标准，高等教育提供者的标准主要是指根据某些特征对不同高等教育提供者进行分类。

（2）NEAS 教育培训质量保障体系（NEAS Quality Assurance in Education and Training）

NEAS 教育培训质量保障体系是澳大利亚一个非营利性的教育评估监管机构，也是全球语言教育质量保障联盟（the Quality Assurance in Language Education Network，QALEN）的创始成员。作为全球英语教学社区质量保证的领导者，自 1990 年以来，NEAS 一直为英语教学中心提供质量保证。其核心任务在于为全球英语教学实现高质量的成果提供支持；推进英语教学全球质量保证，并加强英语教学界的知识合作关系。目前，NEAS 在澳大利亚以及东南亚和中东认可了 200 多个中心，它不仅提供多种支持英语语言教学（ELT）社区的服务，而且在大学、职业教育和培训机构也提供相应的英语教学计划和服务。作为非营利注册慈善机构，NEAS 受澳大利亚慈善机构和非营利委员会（ACNC）监管。NEAS 工作的主要原则和目标在于坚持以质量为核心，不断促进英语教学和服务水平的提高，坚持引领全球英语教育质量领导和创新，坚持深入推进战略伙伴关系，构建全球质量保障体系；坚持在相互倾听与理解的基础之上强化评估，进而追求卓越。

（3）澳大利亚国际学生委员会（the Council of International Student Australia，CISA）

澳大利亚国际学生委员会成立于 2010 年 7 月 7 日，是在全国学生联合会（NUS）、澳大利亚研究生协会理事会（CAPA）和澳大利亚国际学生联盟（AFIS）的共同努力下建立的一个代表就读研究生、本科生的高校、私立学院、TAFE、ELICOS 和基础阶段的国际学生的最高学生代表组织，不与任何特定政党结盟。

1　Australia. Department of Education, Employment and Workplace Relations (DEEWR): Transforming Australia's higher education system [R/OL]. Canberra, Australian Capital Territory: DEEWR, 2009. [2021−10−23].

CISA 致力于维护留学生的合法权利，包括住宿、移民、工作权益、教育质量和教育机会等。在联邦政府层面，CISA 致力于影响联邦政府和顶尖教育机构，并促进与其他国家国际教育组织之间的互动；在州层面，CISA 致力于影响教育提供商、州和地方政府，并促进与校园内的学生组织互动。其具体使命包括：支持国际学生的兴趣和需求；支持高质量的国际学生教育；促进有兴趣支持国际学生的利益相关者之间的网络建设；举办国际学生年度论坛；为国际学生提供咨询与参与的途径；与各政府机构合作举办未来国际学生圆桌会议；促进澳大利亚的跨文化意识和互动；支持有关国际学生的非种族、非歧视性法律改革。

（4）澳大利亚国际学生联合会（The Australian Federation of International Students，AFIS）

澳大利亚国际学生联合会是 2002 年在墨尔本成立的一个由国际学生组成且面向国际学生的非营利组织。该组织致力于通过举办信息会议、研讨会、社交聚会和其他活动来丰富在澳大利亚的国际学生的体验。其主要工作除了为国际学生提供一个表达的平台、丰富其学习体验，还重视与政府及相关合作伙伴的协作，以发现国际学生遇到的新出现的和潜在的问题，从而更好地弥合国际学生与澳大利亚文化之间的差异，提高国际学生在澳大利亚学习中获得的归属感与获得感。

（二）跨境高等教育运行制度

在发展跨境高等教育的过程中，澳大利亚建立和完善了一系列运行管理制度。这些制度的有效运行，较好地规范了各类教育培训提供机构的行为，较好地保障了各类国际学生的利益，较好地树立了澳大利亚国际教育的良好形象。

1. 澳大利亚学历资格审核框架（Australian Qualifications Framework，AQF）[1]

为了实现对学生职业教育或高等教育学位和文凭的统一认定和衔接，简化认证手续和流程，提高学历资格认证的公信力，澳大利亚政府于 1995 年制定并发布了可用于对 30 种类型的学历进行资格评定的澳大利亚学历资格审核框架[2]。对 AQF 的管理主要由两部分构成，一是澳大利亚学历资格审核框架委员会（Australian Qualifications Framework Council，AQFC），二是认证机构和行业组织等相关利益主体。AQFC 的成员不代表任何一方的利益，主要负责统筹全局。其他利益主体则主要在于协助管理，其成员主要由来自学校、政府、行会和培训机构等部门的人员构成。具体来讲，此资格框架的目标主要包括："适当开发人力资源，满足

1　Australian Qualifications Framework. What is the AQF. [EB/OL]. [2021−10−23].
2　魏航. 澳大利亚政府的高等教育国际化政策解析[J]. 辽宁行政学院学报，2013，15（6）：94−96.

各利益相关体的要求;解决不同教育系统的衔接问题;为个人提供学习的基础与发展以满足终身学习的需求;建立全国统一的培训体系保证教育质量;加强对国家教育的质量提升和有效管理;支持毕业生在全球范围内流动并将 AQF 和国际教育紧密相连"[1]。

2.海外学生教育服务法律框架(The ESOS legislative framework)

ESOS 法律框架是由联邦政府及州政府共同执行,旨在保护澳大利亚留学生权益的全国性法案。目前,最新的 ESOS 法律框架是以《2000 年海外学生教育服务法案》(ESOS 2000)为核心,以《2018 年海外学生教育和培训提供者国家行为准则》(National Code of Practice for Providers of Education and Training to Overseas Students 2018)《2017 年海外学生英语强化课程标准》(English Language Intensive Courses for Overseas Students Standards 2017)《2019 年海外学生教育服务条例》(Education Services for Overseas Student Regulations 2019)《1997 年海外学生教育服务(注册费)法》[Education Services for Overseas Students(Registration Charges) Act 1997]《2012 年海外学生教育服务(TPS 征税)法》[Education Services for Overseas Students(TPS Levies) Act 2012] 为支撑的法规体系。

《2000 年海外学生教育服务法案》的主要目标:为海外学生支付的课程提供学费保证和退款;提高澳大利亚优质教育和培训服务的声誉;从教育培训提供者那里收集学生签证相关的法律信息以修改和补充澳大利亚移民法。

《2018 年海外学生教育和培训提供者国家行为准则》为注册提供者的行为及其课程注册提供了全国统一的标准,包括基本要求和流程,从而确保国际学生教育和培训课程的提供者能够清楚地了解并遵守相关义务。

《2017 年海外学生英语强化课程标准》是最新修订的标准。它将所有在 CRICOS 上注册的强化英语课程全都纳入 ELICOS 标准的范围。此标准适用于考核包括 VET 英语课程在内的,向澳大利亚学生签证持有人提供全英或以英语为主的教学课程的所有培训提供者。

《2019 年海外学生教育服务条例》要求各教育培训提供者必须列出按地点注册的提供者及每门课程的信息;国际学生管理系统(PRISMS)上包含的学生详细信息,必须提供与签证条件有关的学生信息、罚款及侵权声明,以及提供者必须保存的学生记录。

---

1 赵侠.澳大利亚资格框架体系研究[D].重庆:西南大学,2014:33.

《1997 年海外学生教育服务（注册费）法》确立了对海外教育培训机构征收机构和课程注册费的政策，并就各类型海外教育提供者需要支付的年度注册标准等进行了明确规定。

《2012 年海外学生教育服务（TPS 征税）法》这一税法的主要目的在于要求海外教育培训机构提供者支付一定的费用和税金，用于资助对海外学生学费保护的服务工作。2013 年，澳大利亚首次征收了这一年度税[1]。

3.《2018 年移民（教育）条例》[Immigration（Education）Regulations 2018]

在澳大利亚移民的管理工作中，移民教育一直是一项重要工作。国家移民局根据相关法规管理留学生的签证计划，其工作依据的法律法规主要是《2018 移民（教育）条例》和《2000 年海外学生教育服务法》。目的是通过提供高质量和高水准的签证服务引进有意愿来澳留学的学生。作为澳大利亚留学高等教育质量保障的第一关，保障内容方面主要有：保护签证的完整性；把关留学生的英语水平；保障留学生在澳顺利完成高等教育学业等[2]。例如，现行的《2018 年移民（教育）条例》就针对留学生的英语水平做出下列规定，即在澳留学生申请延长注册或启动英语课程时需以电子方式传送参加英语课程培训的合格证明，并须由部长书面批准[3]。

4. 跨境高等教育经费制度

澳大利亚政府对高等教育进行宏观调控和管理的手段之一就是教育经费制度的建立与调整。除政府预算拨款之外，学费制度和奖学金制度是跨境高等教育经费中最重要的两项。

（1）学费制度

澳大利亚跨境高等教育的学费制度先后经历了"免费（援助）—收费—学费减免—免费—部分收费—全额收费"几个阶段，现行的学费制度是澳大利亚联邦政府在 2003 年 12 月通过的《2003 年高等教育支持法案》（HESA 2003）。新的法案对原来的《高等教育成本分担计划》（Higher Education Contribution Scheme，HECS）中的学费和助学贷款政策等进行了一些重要改革[4]。

在学费制度方面，《2003 年高等教育支持法案》中明确规定高等教育机构

1　Australian Government Department of Education. Education Services for Overseas Students（ESOS）Framework. [EB/OL].（2023-09-28）[2023-11-02].

2　阚阅，马文婷. 澳大利亚"三位一体"留学生高等教育质量保障体系探究[J]. 高等教育研究，2020，41（11）：99-106.

3　Australian Government. Immigration (Education) Regulations 2018[DB/OL].（2018-08-02）[2021-07-02].

4　李颖. 澳大利亚高等教育HECS计划解读与分析[D]. 北京：首都师范大学，2009.

必须向部长提供学生供款额与学费的计划表，学生在学习期间的学费分为单项费用和多项费用。在学费收取方面，高等教育机构有较大自主权，可以在高等教育提供者指南下，结合院校成本结构和学科自行设置制定学费标准。一旦确定，每个学习周期中学生的所有费用不得随意更改。同时，高等教育机构不得向学生收取超过该课程所有学习费用的总和。在学费保护措施方面，法案重点确立了收取高等教育学费保障基金的制度。其基金用途包括：缴纳根据 HESA 法案、TEQSA 法案、预付款指南和高等教育提供者指南所要求的与学费保障有关的费用；支付联邦政府在高等教育学费保障和履行相应的管理义务过程中产生的成本、开支；支付给高等教育学费保障机构和人员的报酬和津贴；支付任何需要或允许偿还的金额[1]。

在助学贷款方面，由联邦高等教育成本分担计划高等教育贷款计划（HECS-HELP）取代原有的"高等教育成本分担计划"（HECS），并设立了两项新的贷款计划，即帮助公立的高等院校和有资格的私立高等院校的全额付费学生的"全额自费—高等教育贷款计划"（FEE-HELP）和帮助希望在国外学习以取得部分学位的学生的"海外学习—高等教育贷款计划"（OS-HELP）。FEE-HELP 的援助对象是本国全额付费的学生，援助金额是一个学习单元学费总额与学费预付款之间的差额，并且不能超过 HELP 总余额。例如，某位学生的 HELP 余额为 600 美元，他注册了 1 个学习单元，每单元的学费为 800 美元，获得的 FEE-HELP 援助总额只能为 600 美元。OS-HELP 面对的援助对象则是海外留学生，学生在 6 个月内有权获得的 OS-HELP 援助金额是由学生申请选择接受援助的高等教育机构确定的以下金额的总和：机构为海外学习确定的金额以及学生有权获得亚洲语言学习的附加金额——由机构为该语言学习确定的附加金额。最高的 OS-HELP（海外学习）金额通常为 6250 美元，针对亚洲进行的海外学习，则为 7500 美元。最低的 OS-HELP（海外学习）金额由高等教育机构自行决定。最高的 OS-HELP（亚洲语言学习）金额 1000 美元，最高的 OS-HELP（亚洲语言学习）金额也是由高等教育机构自行决定[2]。

（2）奖学金制度

澳大利亚政府推出的种种奖学金措施在一定程度上吸引着国外学生来澳研学，早期的奖学金项目主要有"澳大利亚发展与合作奖学金"（ADCOS，用于

1　Australian Government. Higher Education Support Act 2003[DB/OL]. （2021-06-25）[2021-07-02].
2　Australian Government. Higher Education Support Act 2003[DB/OL]. （2021-06-25）[2021-07-02].

交通费、学费和生活津贴）、"海外研究生研究奖学金"（OPRS）、"澳大利亚资助培训奖学金"（ASTAS，用于交通费、学费和生活津贴）和"公平与优等奖学金"（EMSS，用于学费）[1]。随着时间推移，奖学金项目也在不断更迭，表 4.3 为当前澳大利亚为国际学生提供的最新的十大国际奖学金。这些奖学金大部分是全额奖学金，其中澳大利亚政府奖学金（Australia Awards Scholarships）、澳大利亚政府短期研修奖学金（Australia Awards Fellowships）、奋进研究生奖学金（Endeavour Postgraduate Scholarship）、澳大利亚约翰·阿赖特奖学金（John Allwright Fellowships in Australia）、约翰·狄龙奖学金（John Dillo Fellowship）、国际研究生研究奖学金（International Postgraduate Research Scholarships）主要是针对赴澳留学的学生而设立的，且多集中在高等教育领域；而新科伦坡计划奖学金（New Colombo Plan Scholarship Program）、澳大利亚农村医学本科奖学金（Rural Australia Medical Undergraduate Scholarship，RAMUS）则是为澳大利亚出国留学的学生提供的。公共卫生博士奖学金（PhD Scholarship In Public Health）是新冠疫情之后新增的专门针对开展流行病研究的博士而提供的奖学金，所有国家的博士均可提出申请。在这些奖学金中，"奋进奖学金和研究基金"（the Endeavour Scholarships and Fellowships）曾是一项很有国际竞争性的奖学金计划，其目的在于为世界各国人士提供各种赴澳学习、从事研究和个人职业发展的机会，而主要对象是赴澳攻读研究型硕士和博士学位的海外学生。[2] 其中，又具体包括国际学生交流计划、留学短期流动计划、职业教育和培训出国流动计划、奋进长江学生交流计划、亚洲研究生课程、亚洲职业教育与培训计划等[3]。但遗憾的是，2019 年澳大利亚政府宣布将这项奖学金与"奋进流动性补助金"（Endeavour Mobility Grants）合并到奋进领导力计划（the Endeavour Leadership Program，ELP），并且提出自 2019 年以后，不再提供新的资助。[4]

---

1 王留栓，褚骊. 澳大利亚高等教育国际化概述——从发展教育出口产业谈起[J]. 教育发展研究，1999（8）：79-82.

2 Australian Government's Endeavour Scholarships and Fellowships 2017[EB/OL]. （2016-06-30）[2021-07-02].

3 Australia Awards. Endeavour Mobility Grants Guidelines 2018 Round[EB/OL]. （2017-06-14）[2021-07-02].

4 Australian Government Department of Education. Endeavour Leadership Program. [2021-07-02].

表 4.3 澳大利亚为国际学生提供的十大奖学金

奖学金名称	性质	开放对象	适用范围	奖学金价值	更新时间
2023 年新科伦坡计划奖学金（New Colombo Plan Scholarship Program 2023）	部分资助国际奖学金	对澳大利亚公民开放	可用于所有学科	20000 美元	2022 年 7 月 26 日
2022 年澳大利亚政府奖学金（Australia Awards Scholarships 2022）	全额资助国际奖学金	向亚洲和印度洋 – 太平洋地区发展中国家的国民开放	用于从事与发展有关的所有学科的研究	包括学费和生活费	2022 年 7 月 29 日
澳大利亚政府短期研修奖学金（Australia Awards Fellowships）	全额资助国际奖学金	向亚太地区以及非洲和中东发展中国家的国民开放	用于与发展相关的短期培训、会议等项目	35000 美元 / 人	2022 年 9 月 4 日
2022 年奋进研究生奖学金（Endeavour Postgraduate Scholarship，2022）	全额资助国际奖学金	对选定的国籍开放	可用于硕士、博士从事所有学科相关的研究	博士 272500 美元 硕士 140500 美元	2022 年 6 月 20 日
2022 年澳大利亚约翰·阿赖特奖学金（John Allwright Fellowships in Australia，2022）	全额资助国际奖学金	对选定的国籍开放	可用于从事与农业有关的研究员或科学家开展的研究	全额学费、往返经济舱机票费、生活费，以及健康保险、科研启动金（IAP）和相关后期资助	2022 年 8 月 16 日
约翰·狄龙奖学金（John Dillon Fellowship）	全额资助国际奖学金	所有来自 ACIAR 合作伙伴国的国民	可用于从事与农业相关的所有领域研究	全额，包括研究费用	2022 年 5 月 2 日

续表

奖学金名称	性质	开放对象	适用范围	奖学金价值	更新时间
国际研究生研究奖学金（International Postgraduate Research Scholarships）	全额资助国际奖学金	对除新西兰外的所有国家开放	可用于从事与所有研究领域相关的研究	全额，包括学费和生活费	2016年11月29日
2022年澳大利亚－亚太经合组织女性研究员奖学金（Australia－APEC Women in Research Fellowship 2022）	全额资助国际奖学金	向亚太经合组织认可国家的女性研究人员开放	可用于博士或博士后从事所有学科相关的研究	20000澳元	2022年5月17日
2022年澳大利亚农村医学本科生奖学金（Rural Australia Medical Undergraduate Scholarship，RAMUS，2022）	部分资助国际奖学金	面向澳大利亚公民开放	可用于攻读医学相关学位	10000美元/年	2022年12月27日
公共卫生博士奖学金（PhD Scholarship In Public Health）	部分资助国际奖学金	面向所有国籍学生	可用于博士从事流行病学研究	26288美元/年	2016年5月23日

资料来源：Australian Government. Australian government Scholarships for international students 2022–2023.[EB/OL].[2023–03–20].

（三）跨境高等教育质量保障制度

澳大利亚高等教育质量评估与保障制度的建立与完善，既为教育相关者根据一定的教育目标与标准收集留学生与教育机构的相关信息，在了解教育活动的真实情况的基础上为留学生提供更好的学习体验提供了可能，也为保障跨境高等教育的办学质量，监控、评价与提高高等教育机构的教学水平提供了依据。

1.《国家高等教育质量保障程序》（The National Protocols for Higher Education Approval Processes，the National Protocols）

2006年，教育、就业、培训和青年事务部（MCEETYA）发布的《国家高等教育质量保障程序》是澳大利亚国家高等教育质量保障框架的一项重要制度，其目的在于通过向学生和社区保证其高等教育机构符合确定的标准并受适当的政府监管，以保护其高等教育在国内国际的地位。其中详细规定了包括跨境高等教育在内的批准标准和流程。具体包括所有高等教育机构的国家商定标准和批准程序、非自评高等教育机构注册及其高等教育课程认证的标准和程序、向大学以外的高等教育机构授予自我认证权的标准和程序、建立澳大利亚大学的标准和程序、寻求在澳大利亚运营的海外高等教育机构的标准和流程五个部分[1]。该法案规定了各州在高等教育上的责任，明确指出大学受到联邦政府与地区相关法规政策的规范和保护，这也奠定了澳大利亚高等教育质量保证的基本框架[2]。

2.《澳大利亚跨国教育与培训国家质量战略》（A National Quality Strategy for Australian Transnational Education and Training）

2005 年颁布的《澳大利亚跨国教育与培训国家质量战略》是澳大利亚针对提供和计划提供海外教育培训的提供者而制定的一个质量保障框架，这是澳大利亚跨国教育和培训离岸交付的基础。其主要内容包括：加强与澳大利亚国内外的相关机构、人员进行沟通交流，并向他们推广教育质量策略；从多方面拓展获得澳大利亚跨国教育培训的相关信息的渠道；完善保障澳大利亚国内国际的教育与培训质量。[3] 其主要原则是：确保澳大利亚的质量保证框架在国内国际得到充分理解和认可；对教育和培训的提供者和消费者明确相关责任；确保认证和审计的透明；确保澳大利亚国内外提供的课程和计划之间具有一致性。[4]

3.《2011 高等教育质量和标准署法案》（Tertiary Education Quality and Standards Agency Act 2011，TEQSA Act 2011）

《2011 高等教育质量和标准署法案》（TEQSA Act 2011）于 2011 年 7 月正式发布，其目标在于：提供在高等教育监管方面的国家标准；监管高等教育机构；保护和提高澳大利亚高等教育的声誉和国际竞争力，以及澳大利亚高等教育的卓越性、多样性和创新性；禁止学术作弊，保护和加强学术诚信；鼓励和促进高等教育体系的发展，以满足澳大利亚对高学历和高技能人口的社会和经济需求；通过要求提供高质量的高等教育来保护接受或提议接受高等教育的学生。在此法案之下，TEQSA 还制定了《2015 年高等教育标准框架（基本标准）》《2017 年高

1　Ministerial Council on Education, Employment, Training and Youth Affairs. National Protocols for Higher Education Approval Processes[EB/OL]. （2013-08-02）[2022-05-21].
2　刘岩. 澳大利亚跨境高等教育质量保障政策的嬗变与启示[J]. 外国教育研究，2019，46（2）：116-128.
3　黄建如，张存玉. 澳大利亚跨国高等教育质量保障策略探析[J]. 高教探索，2008（6）：70-73.
4　刘岩. 澳大利亚跨境高等教育质量保障政策的嬗变与启示[J]. 外国教育研究，2019，46（2）：116-128.

等教育质量和标准署（信息）指南》、费用收取和注册指南等制度。其中，《2015年高等教育标准框架（基本标准）》规定了供应商进入澳大利亚高等教育部门并在其内部继续运营的要求[1]，《2017年高等教育质量和标准署（信息）指南》规定可向其披露高等教育信息的联邦、州及地方政府。[2]

三、澳大利亚跨境高等教育的发展特点

"澳大利亚的国际教育和培训部门是该国经济活力和长期繁荣的重要组成部分，它为澳大利亚带来了大量的经济和文化财富。"[3]综观澳大利亚跨境高等教育，经过多轮的改革、创新与发展，澳大利亚跨境高等教育拥有了广泛多元的国际教育服务、规范有序的监管市场、协同有序的组织体系、高效统一的质量标准。在新的历史时期，其发展主要体现出以下一些特点。

（一）一流的跨境高等教育体系

通过多年努力，澳大利亚在国际上的竞争力不断提高，已经初步建立起一个既能满足本国和国际学生需求、又能满足其经济社会发展需求的世界一流国际教育体系。澳大利亚拥有完善的包括学士、硕士和博士学位在内的高等教育，并允许学生攻读双学士。当前，澳大利亚的跨境教育在国际排名中也是名列前茅，澳大利亚43所大学（其中有40所国立大学、2所国际大学和1所私立专科大学）中有7所在2020年QS世界大学综合排名中位列前100名。而其中至少有3所大学在艺术人文、工程技术、自然科学、生命科学、医学、社会科学和管理等研究领域跻身世界前50名。另外，提供高等教育的还有其他一些符合条件的科研、培训机构和VET学校[4]。在不断的改革与创新中，澳大利亚高等教育机构的自主性、多样性、竞争性进一步增强，VET系统中的高等职业培训治理体系更加完善，提供的技能培训也更好地满足了行业需求。澳大利亚拥有独立的、专业化的高等教育质量监管机构，确立了统一的教学质量指标，还有多种形式的助学金和奖学金制度。特别是联邦政府、州及地方政府，教师以及家长的合作，为学生理性地进行教育选择、实现对高等教育的多维监管提供了可能；各高等教育机构充分利

1　Australian Government. Higher Education Standards Framework（Threshold Standards）2015 [DB/OL].（2015-10-07）[2022-05-21].
2　Australian Government. Tertiary Education Quality and Standards Agency（Information）Guidelines 2017[DB/OL].（2022-08-04）[2022-10-21].
3　Australian Government. Australia-Educating Globally：Advice from the International Education Advisory Council[R/OL].（2013-02-27）[2023-03-27].
4　Study Australia. Universities and Higher Education[EB/OL]. [2022-12-11].

用同行评审和专业认证，进一步提高和确保了课程质量；大量由政府、教育机构以及其他一些公共和私人组织提供的助学金和奖学金，为国际国内学生申请和完成跨境高等教育学业提供了经济支撑。与此同时，澳大利亚还有多类型专业化高等教育人才队伍。曾有统计数据显示，在澳大利亚高校普通教师员工中，外籍员工约占澳大利亚普通教师的四分之一；在教学科研人员中，海外学者的占比甚至高达 25% ~ 30%；即使在学校的高层领导层面，外国专家学者的占比实际也达到了 15% ~ 20%；澳大利亚教育系统从业人员有 12.5 万人，该行业也是高技能移民的主要来源[1]。一言以蔽之，澳大利亚一流的大学、学科、课程、师资队伍及监管制度的建立与完善，使其成为全球跨境高等教育的领导者，澳大利亚也成为世界各国留学生的首选地之一。

（二）广泛的跨境高等教育市场

澳大利亚跨境高等教育在政府战略的引领下，坚持以需求为导向，努力为留学生提供多样化、灵活性的教育服务。多元的教育服务涵盖了不同教育学历、不同专业与学科领域。从学校类别上看，有高等教育、职业教育、继续教育、英语培训等；从办学形式上看，澳大利亚的跨境高等教育融合了与海外当地教育机构的合作课程、双联项目、特许课程、远程教育等模式[2]。而其提供的网络远程教育和传统线下课堂授课教育为相同资格与水平，学习过程、毕业证书无异。丰富的学校类别和办学形式，让澳大利亚能够向全球更广地区提供全面的高等教育国际化课程和多元化服务和培训体系，不断开发跨境教育产品并提供配套的支持和服务，以多样化的教育服务满足不同学生群体的高等教育需求，从而为其提高国际高等教育市场占有额，增强教育国际竞争力提供了可能。特别是《国际教育战略 2025》实施以来，澳大利亚的国际教育市场得以不断拓展，当前有来自世界各地 100 多个国家的留学生在澳接受高等教育、VET 教育、ELICOS 培训以及基础阶段教育等各层次、各类型的教育，而高等教育就占了所有留学生的一半以上。同时，澳大利亚还在海外建立了众多独立的或合作办学的高等教育机构，在境外接受教育的海外学生人数也在不断地增加。在最新的规划中，澳大利亚除了继续保持并开发亚洲市场，又将以巴西和哥伦比亚为主的南美国家、西非国家列为国际教育市场拓展的重要目标。[3]而《全球校友参与战略 2016—2020》的制定亦表明，

1 MARGINSON S. International Education in Australia: Riding the Roller Coaster[J]. International Higher Education, 2012, 68: 11–13.
2 李旭, 肖甦. 澳大利亚跨国高等教育跨越式发展历程及其特点、问题述评[J]. 比较教育研究, 2010, 32（11）: 53–58.
3 石雪怡, 樊秀娣. 澳大利亚高等教育国际化政策：背景、走向和特点[J]. 高等教育研究学报, 2020, 43（4）: 77.

构建更广泛的校友网络，加强国家间、区域间、私人间可持续的文化沟通与情感交流，将成为澳大利亚拓展教育市场的另一重要手段。国际教育产业的飞速发展，不仅为其带来了巨大的经济收益，还吸引了国际人才流入、增强了国际地位，传播了本国文化价值观，获得了国际教育界的肯定，提高了其文化软实力。澳大利亚国际教育作为其最大的服务出口产业，2019 年的收入高达 376 亿澳元[1]；而多元文化的碰撞交融，进一步加深了其国际理解与国际合作，促进了澳大利亚其他领域的发展，使其在国际政治经济中保持了较强话语权。

（三）系统的跨境高等教育质量保障体系

澳大利亚高等教育国际化发展过程是一个从松散到规制的过程，随着办学规模的不断扩大，这个过程中许多问题、弊病应运而生：国际学生的生命、经济安全受到威胁，国际教育市场混乱。针对这些问题，澳大利亚相关部门制定了一系列法律法规来规范、管制国际教育市场，力保其教育质量。从早期《海外学生教育服务法案》的制定开始，澳大利亚政府针对国内外教育形势，不断对相关法律体系进行优化修正：一方面严格规制提供跨境高等教育的机构，要求服务内容、课程及流程公开透明；另一方面则通过相关立法，尽可能更好地去保护国际学生的人身安全与经济权益。以《海外学生教育服务法案》为例，截至 2021 年 7 月，澳大利亚政府已经对此法及下属相关法律进行了 50 余次的修订。而高等教育和质量标准署的成立及其法案的出台，进一步表明澳大利亚对跨境高等教育的监管已经从市场与教育机构自主规制为主上升到由政府参与的国家层面，其监管体系更规范、实施更便捷、对象更广泛、成果也更具效力。[2]在制度建设中，"质量"始终是澳大利亚发展国际教育的核心。目前，由联邦政府、州政府、高等教育质量和标准署（TEQSA）、澳大利亚学历资格审核框架委员会（AQFC）、以及大学五部分构成的"五位一体"的高等教育质量保障体系，为其发展跨境高等教育提供了强有力的保障。特别是《海外学生教育服务法案》及其下属法规、《澳大利亚学历资格审核框架》（AQF）、《高等教育质量标准署法案》（TEQSA Act）几个重要法案的修改与完善，从国家层面明确统一了高等教育培训提供者的资格标准、质量标准以及教育申请者的标准，使整个教育服务认证和审核的程序更加规范、更加透明。而学费贷款制度和奖学金制度的建立，又为留学生争取学习机会和更好完成学业提供了强有力的支持，成为其跨境高等教育取得良好成

---

1 Statista Research Department. Export income from international education activity in Australia from financial years 2013 to 2019[EB/OL].（2019-12-01）[2022-02-12].

2 刘岩. 澳大利亚跨境高等教育质量保障政策的嬗变与启示[J]. 外国教育研究，2019，46（2）：116-128.

效的重要保障。此外，联邦政府、州政府与教育机构签订的质量保证责任书和相关协议，也较好地保障了国际学生的合法权益；大学内建立的包括学术委员会和管理委员会在内的专职评估机构，定期对国际学生进行数据调查和对教学质量进行评估，为及时发现问题并进行优化改进提供了帮助；而来自行业协会等社会机构的评估，也为澳大利亚提高国际教育质量与水平、赢得良好国际声誉提供了外部保障。

（四）积极的跨境高等教育学习体验

"以学生为中心"是澳大利亚教育坚持的基本理念。基于此，在跨境高等教育的改革与发展中，澳大利亚政府、教育培训机构、市场运营机构以及相关的服务保障机构等，都将"为学生提供积极的学习体验""促进其社会融入"作为重要目标。一是发挥合作学习影响力。例如，西澳大学（University of Western Australia）、启思蒙职业技术学院（Chisholm Institute of TAFE）、悉尼国际管理学院（International College of Management，Sydney）、阿德莱德大学（University of Adelaide）开展国际国内学生合作学习计划，将来自各国的学生与导师及本地学生聚在一起，开展合作学习，此举在帮助海外学生尽快熟悉澳大利亚的学习环境、学习模式方面发挥了积极作用。二是提供丰富的社区体验。例如，西澳大学创建的"学生领导力提升"计划，大堡礁技术与继续教育学院（Barrier Reef Institute of TAFE）设计的"社区文化交流"项目，墨尔本皇家理工大学（RMIT）确立的"环球足球"项目，国际酒店管理学院（International College of Hotel Management）实施的"鼓励冒险、娱乐和学习"项目，以及阿德莱德大学推进的"学习及专业发展中心义工计划"等，为让海外学生更广泛地与社区接触，促进其社会融入提供了更加丰富的学习生活体验。三是提供咨询和信息服务。例如，维多利亚大学（Victoria University）为穆斯林学生设立了专门的学生指南和迎新日；新南威尔士州瑞沃瑞娜技术与继续教育学院（TAFE NSW–Riverina Institute）设立的"国际留学生日"、新南威尔士州悉尼西南技术与继续教育学院（TAFE NSW–South Western Sydney）开展的"新生导航和持续支持"工作、澳大利亚商业和语言学院（Australian Institute of Commerce & Language）实施的"文化日和产业支持计划"、新南威尔士州亨特技术与继续教育学院（TAFE NSW– Hunter Institute）开展的"运用信息技术加强与国际学生交流"项目等，为海外留学生熟悉校园、了解澳大利亚文化、实现多形式交流等提供了多样化的平台与路径。四是加强师生社会文化交流。例如墨尔本皇家理工大学开设的3Cs跨文化交流课程（the Cross-Cultural

Communication Program），新科学院（Think Colleges）学生会（SRC）开展的"学生校园交流平台建设"活动，威廉·布鲁酒店管理学院（William Blue College of Hospitality and Tourism）设立的"奖学金/大使计划"、澳大利亚天主教大学（Australian Catholic University）实施的旨在鼓励本地和国际学生之间加强社会和学术支持的"麦基洛普俱乐部项目"等，亦为海外学生的学习交流创造了良好条件，营造了良好环境。[1]

（五）友好的跨境高等教育伙伴关系

广泛参与和多元合作是澳大利亚推进跨境高等教育的另一个典型特征。整体来看，澳大利亚的跨境高等教育吸纳了包括联邦、州及地方政府及其相关职能部门，各类高等教育机构、相关企业以及海外合作机构等众多主体在内的参与。其跨境教育的显著成效既得益于国内各主体间的相互支持与精诚合作，也得益于国际各主体间的有效交流与利益共享。从国内来看，澳大利亚政府积极与各高等教育机构及相关行业合作，带头参与国际上各大教育展，致力于打造和推广跨境高等教育的澳大利亚品牌。例如，澳大利亚英语协会负责为国际学生提供英语培训；澳大利亚工商联合协会负责推进工商界与国际教育的合作；澳大利亚大学协会则致力于提高澳大利亚高等教育机构的国际地位，创建国际一流的教育体系；澳大利亚技术与继续教育理事会负责开拓促进职业教育的国际化发展[2]。通过不同机构、部门的通力协作，澳大利亚创建出了一个较为成熟、规范的跨境高等国际教育体系。与此同时，澳大利亚还大力提倡教育机构之间、教育机构和工商业界之间加强合作，以便更好地实现教育机构间包括信息、技术、师资、教学场地等在内的教育资源共享，促进学生实践场所的拓展与学术研究成果的转化。当前，八校联盟、澳大利亚科技大学网络、创新研究型大学联盟都在其跨境高等教育发展中发挥着重要作用。从国际来看，澳大利亚积极参加各类国际组织，如经合组织（OECD），联合国教科文组织（UNESCO）、教育国际（Education International）、全球教育伙伴关系（the Global Partnership for Education，GPE）、全球语言教育质量保障联盟（QALEN）等，提高了其在国际教育市场上的活跃度、影响力与话语权。同时，澳大利亚还加强与各国政府及其教育机构的合作，建立双边或多边关系，制定有针对性的政策来吸引更多的国际学生。目前，澳大利亚在其国际教育领域与中国、日本、马来西亚、越南、泰国等20多个国家或地区

1　Australian government Department of Education, Employment and Workplace Relations. Examples of good practice in assisting international students to integrate with Australian students and the wider community[EB/OL].（2020-10-08）[2022-02-12].

2　吴雪萍，梁帅. 澳大利亚国际教育战略分析[J]. 高等教育研究，2017，38（11）：101-106.

签署了多项双边合作协议，设立了在欧洲、拉丁美洲、北美洲、北亚、南亚、东南亚等地区的 11 个顾问团队[1]。其中，中国作为全球留学生的重要来源地和目的地，是其最重要的国际教育合作伙伴之一。另外，澳大利亚也十分关注国际合作发展的可持续性，高度重视国际校友的影响力，建立了完善而稳定的校友联络机制和数据库，以充分发挥国际校友在宣传推广高等教育方面的重要作用，推进其国际化教育战略。

四、澳大利亚跨境高等教育的经验与启示

当前，全球新一轮科技革命和产业变革给世界各国带来了新的发展机遇和挑战，包括跨境高等教育在内的国际市场竞争也将愈加激烈。联合国教科文组织 2018 年发布的一项报告预测：到 2030 年，全球接受高等教育的学生将突破 3.3 亿，国际流动学生将达到 686.9 万。[2] 而 OECD 对 2030 年国际教育市场的预测也指出，"跨境高等教育（即学生、教师和机构的流动性）将进一步增长""亚洲和欧洲的高等教育体系将逐渐增强其全球影响力"[3]。基于此，中国应在充分认识国际教育重要战略地位的基础上，大力推进国际教育的改革与创新，着力发展优质、特色、多元的跨境高等教育，以进一步提高中国的国际政治经济地位，增强中国文化的全球影响力和竞争力。为了实现此目标，中国还需要学习借鉴包括澳大利亚在内的国际教育强国的先进经验，从如下几个方面着力。

（一）以国际视野为导向，制定跨境高等教育发展战略

澳大利亚作为一个典型的移民国家，国际化教育是其文化发展中最具竞争力的要素之一。如前所述，其跨境高等教育发展经历了三个阶段六个时期的不断演进、改革与创新。但无论在哪个阶段，澳大利亚从未停止过推进其高等教育国际化发展的步伐。每一个阶段，政府在发展本国高等教育时，都始终将国际教育作为其支柱产业，将海外留学生作为人力资源开发与培养的主要对象，将海外教育市场作为高等教育拓展的重要阵地，制定并实施了一系列的战略规划。从早期的教育援助战略《科伦坡计划》，到后面的"道金斯改革""高校国际扩展计划"，再到"尼尔森改革"《澳大利亚留学生战略 2010—2014》《国际

1　Australian Government Department of Education. International education engagement[EB/OL]. （2022-11-16）[2023-03-05].

2　Choudaha, Rahul and Edwin van Rest. Envisioning pathways to 2030: Megatrends shaping the future of global higher education and international student mobility[EB/OL]. （2018-01-05）[2022-02-12].

3　OECD. Higher Education to 2030, Volume 2: Globalization [EB/OL]. （2009-11-20）[2022-02-12].

教育战略 2025》等，都为澳大利亚跨境高等教育的发展提供了指南。而这些规划的有效实施，最终也帮助澳大利亚实现了从起初限制国际学生招生到大规模、多模式开放申请；从松散、缺乏规范的自主发展到严秩序、高水平、有保障的规范化发展；从过分强调教育国际化的经济价值到重视社会文化、国际关系等多元价值的国际共赢。

党的十八大以来，"一带一路"国际发展战略为中国促进区域大开放、大交流、大融合提供了难得机遇。作为教育的输入与输出大国，我们的国际教育更要借助这样的机遇，以全球化为动力，结合"一带一路"倡议，加强高等教育的国际交流与合作。其一，提高跨境高等教育发展共识。中国要进一步深化与沿线国家的沟通与交流，增强政府、学校、企业以及社会组织等多主体在教育领域的接触，增进沿线国家对中国教育发展模式、国家政策、教育文化等方面的理解，形成对国际高等教育的共识，从而为发展双边或多边的跨境高等教育扫除意识层面的障碍。其二，夯实跨境高等教育发展基础。中国要进一步完善政策咨询体系和制度，推进"一带一路"沿线国家签证便利化，推动落实联合国教科文组织发布的《亚太地区高等教育学历承认公约》，支持联合国教科文组织建立全球学历相互承认机制，从而实现区域内双边和多边学历学位相互承认，并努力与沿线国家共同开发具有开放性、包容性的语言课程，逐步将周边国家的语言课程纳入沿线国家教育课程体系，为拓展跨境高等教育扫除制度上、语言上的障碍。其三，拓展跨境高等教育发展项目。中国在继续做好本国学生到海外留学的服务工作之外，也要积极地开拓自己的国际教育市场，实现"出境"与"入境"的平衡。一方面，继续重视与印度、巴基斯坦、俄罗斯等"金砖国家"之间的国际高等教育合作，巩固拓展在这些国家的合作办学项目。另一方面，研究分析世界其他国家的高等教育需求，有针对性地去宣传我国的高等教育发展特色、推广我国的高等教育发展项目，占领更广泛的国际市场。其四，优化跨境高等教育人才培养与引进机制。鼓励各大高校的教师到国外进行学术交流或出国研学；鼓励青年教师到发达国家攻读更高的学位；鼓励教师积极参加国际学术活动；建立归国机制和国际人才引进机制，积极吸纳、引进优秀的国际人才到各大高校任职，为跨境高等教育的发展提供人才支撑。

（二）以市场调研为支撑，拓展跨境高等教育培训市场

教育产业化思维让澳大利亚整个业界都非常重视跨境高等教育的全球推广。澳大利亚有很多服务于国际教育提供者和留学申请人的市场分析研究机构。因

此，除了政府部门会向社会提供大量的分析数据，澳大利亚还有其他像八校联盟（the Group of Eight）和澳大利亚大学联盟（Universities Australia）这样的机构或组织，会组织开展相关研究并向政府提交政策建议，同时出版一些研究报告服务于教育市场。例如，2019 年八校联盟就出版了《优先事项：未来经济成功的三大要素》（Priority Directions：Three Essentials for Future Economic Success）、《卓越联盟》（Allies In Excellence）、《2019 年现状分析》（Facts of Distinction 2019）、《2019 中国现状分析》（Facts of Distinction 2019 Chinese）等研究报告；2020 年出版了《八国集团保护澳大利亚敏感研究的措施》（Group of Eight Measures to Safeguard Australia's Sensitive Research）、《通过支持卓越研究促进澳大利亚经济复苏》（Enabling Australia's Economic Recovery through Supporting Research Excellence）[1] 等研究报告；澳大利亚大学联 2013 年发布了《一个更明智的澳大利亚：高等教育的议程（2013—2016）》（A smarter Australia：An Agenda for Australian Higher Education 2013—2016），2014 年发布了《大学研究：推动澳大利亚竞争力的政策考量》（University Research：Policy Considerations to Drive Australia's Competitiveness），2020 年发布了《2020 年高等教育事实与图解》（Higher Education Facts and Figures 2020）[2] 等。这些报告为帮助澳大利亚选择最佳市场、匹配最优产品、提供精准服务方面提供了有效的数据支持和政策建议。

中国如果要提高跨境高等教育供给的针对性与实效性，就需要将决策建立在深入的市场调研基础之上。一方面，我们要积极鼓励和组织相关机构如实、全面地收集国内高校及高等教育研究机构的相关数据，这些数据既要包括学历学位、优势学科、特色专业、课程设置、师资队伍、经费政策、申请标准等基本信息，也应当包括其校区设置与建设、学校周边配套与服务、地域风情与风貌等相关信息，从而为有针对性地打造、宣传高等教育品牌，提高海外学生选择适宜高等教育的准确性，构建为不同文化背景学生提供平等学习的平台等提供帮助。另一方面，我们也要深入开展海外调查，详细了解包括上述信息在内的海外学生的高等教育需求、偏好，特别是收集在读学生关于学习体验以及教育教学改革意见建议等方面的信息，加强对学生来源国包括高等教育在内的经济社会发展政策的全面了解，准确把握其跨境高等教育战略导向，从而为我国做好教育战略对接提供支持。

1　Group of Eight Australia. Enabling Australia's Economic Recovery through Supporting Research Excellence[EB/OL]. （2020-09-08）[2022-02-12].

2　Universities Australia. 2020 Higher Education Facts and Figures [EB/OL]. （2023-09-27）[2023-11-03].

（三）以制度建设为依托，保障跨境高等教育供给质量

教育的发展是政府、高校、社会等多元主体共同参与、分工合作的结果。因此，跨境高等教育市场化的推进，更需要理清政府、高校、社会各自的职责与作用。澳大利亚政府在其国际教育化的发展进程中，先后经历了从州政府为主导到联邦政府与州政府共同承担，到由联邦政府主要承担，再到市场管理机制的引入等多次角色转换。通过对经济层层递进式的改革，澳大利亚"消除了官僚体制里可能出现的反对声音的主要来源，使政府可以自由地重新确立政策日程，弱化教育机构和利益集团妨碍政府采取行动的能力"[1]。而弱化教育机构和利益集团最有力的方式就是建立和完善相关制度。从《海外学生教育服务法案》《海外学生教育服务条例》《海外学生教育服务（注册费）法》《海外学生教育服务（TPS 征税）法》《移民（教育）条例》到《海外学生教育和培训提供者国家行为准则》《高等教育质量和标准署法案》《国家高等教育质量保障程序》《海外学生英语强化课程标准》，再到《高等教育支持法案》，澳大利亚将政府、高校、社会的权力与权利、责任与义务，以及各主体间的相互关系与运行规范规定得十分清楚，并与时俱进地予以相应的调整与修改，不断强化政府的宏观调控职能，给予高校更多的自主权，增强独立机构的监管力度，为其跨境高等教育的长远可持续发展保驾护航。

基于此，结合我国国际教育发展现状，跨境高等教育要实现质量保障机制的创新，也需要进一步从政府、学校和社会几方面努力进行改革。[2]其一，充分发挥政府的宏观调控和服务功能。在新的历史时期，将跨境高等教育纳入国家战略中统一进行规划，制定近远期的阶段发展战略，研究制定相应的招生、培养和毕业标准，建立风险监测体系，加快国家资质框架建设，完善学分转让和学位资格认证机制。与此同时，政府还要建立健全相应的道德行为规范、确立具体的工作流程，并采取更加积极有效的措施，为学生提供便捷高效的签证入境服务、严格规范的资格审查服务、全面准确的信息咨询服务等。其二，给予高校更多办学自主权，并引导其加强其自我监管。高校是开展跨境高等教育的主体，理应为其教育质量负责。因此，跨境高等教育质量也取决于高校内部的质量保障意识的树立和质量保障机制的建立。当前，我们关注国际教育数量和规模的同时，更要将质量作为发展的重点，引导各高校建立完善、独立、动态的跨境高等教育内部质量

1 崔爱林.二战后澳大利亚高等教育政策研究[M].保定：河北大学出版社.2011（11）：174.
2 阚阅，马文婷.澳大利亚"三位一体"留学生高等教育质量保障体系探究[J].高等教育研究，2020，41（11）：99–106.

保障体系，促进整个跨境高等教育从外延式发展向内涵式发展的方向转变。其三，我们还应该积极发挥社会中介评估机构的作用。积极培育、发展并支持第三方国际教育质量保障机构，重视多元社会主体的监督和问责，建立公开、透明的监督保障体系，构建完善标准统一、权责清晰、流程规范的监督保障制度，提高其对跨境高等教育评估的专业性和公信力。

（四）以多样供给为基础，打造跨境高等教育优质品牌

澳大利亚之所以能在国际教育领域中一直处于领先地位，每年吸引成千上万的学生赴澳学习，其教学和研究工作遍布世界各地，其核心就在于澳大利亚在发展国际教育时注重"量"与"质"的有机结合，并擅长运用各种宣传媒介扩大其知名度和影响力。在跨境高等教育领域，澳大利亚一方面为来自全球各地的学生提供了系统化的学位体系，丰富的学科专业，灵活多样的学习形式，个性化、专业化的学习方案。这些举措帮助澳大利亚尽可能多地将海外学生"收入囊中"，确保并增加国际教育的生源量。另一方面，澳大利亚通过开展广泛的课程与教学研究，不断优化跨境高等教育课程体系，创新教学手段；通过加强高等教育人才培养，大量引进国内外优秀人才，不断提高跨境高等教育师资队伍水平；通过建立全面、系统、专业的教育质量评价体系，加强对跨境高等教育的评估与监管，进而有效地保证了跨境高等教育的质量。与此同时，澳大利亚还充分运用外交手段、国际会议、网络媒体、校友资源等多种平台、多种形式，大力宣传自己的教育理念，推广其国际教育产品。例如，IEAA、IDP、Group of 8 等，都是大家耳熟能详的教育组织机构。"参与""赋能""学生中心""自我实现""社区融入""合作学习""多元价值"等都是描述澳大利亚国际教育的高频词汇。其品牌形象已经深入人心。

由此，中国在发展跨境高等教育时，也要树立起品牌战略意识，在量与质上多下功夫。一是建立战略联盟，打造国际教育的中国品牌。目前，中国国内虽然建立了一大批高等教育联盟，但这些联盟大多是立足于国内的高等教育合作与交流的，还没有一个知名的、面向国际的跨境高等教育联盟。为此，我们应当学习澳大利亚的联盟战略思维，鼓励各高等教育机构与政府、企业、社会组织等合作，建立起面向国际市场的战略发展联盟，从而整合各方力量，加大宣传力度，提高国际教育影响力。二是开发集国际化和中国特色于一体的跨境高等教育项目。在对国际教育市场进行全面深入分析的基础之上，我们要为来华留学生"量身定制"各类学习项目，如打造提升汉语学习、中国及世界历史研究、中国文化研究、中

国艺术研究等特色专业；实施双边或多边留学生交流互访项目；开展线上线下各种形式的国际学生交流活动；探索产学研一体的国际教育推广项目；优化远程教育和在线教育项目等，不断丰富中国跨境高等教育的供给，以吸引更多的海外学生。三是增强优势学科和中国传统文化的吸引力。近年来，中国在材料科学与工程、环境科学与工程、化学、化学工程与技术、机械工程、数学、控制科学与工程、计算机科学与技术、力学、电子科学与技术等领域的发展优于世界其他国家和地区，但这些学科在国际上的知名度并不高，因此我们需要进一步加强宣传，增强海外学生对这些优势学科的了解。同时，我们还要继续开发利用中国传统文化，如中国曲艺、中国风建筑、石刻、功夫、剪纸、考古、中餐饮料等，既可以作为传统文化专业来设置，亦可以作为学生特色生活体验来宣传。

（五）以环境构建为磁石，增强跨境高等教育吸引力

良好的学习环境不仅可以为学生提供学业上的帮助，还可以帮助他们建立社会、专业和文化之间的联系。从澳大利亚跨境高等教育的实践可以发现，其强大的吸引力还来自他们公平、友好、舒适、安全的留学环境。一方面，澳大利亚是全世界第一个为保护海外留学生权益而专门立法的国家。《海外学生教育服务法》为澳大利亚国际学生的教育质量、学生的录取制定了统一标准；建立了海外学生和教育机构之间的在线服务和上诉系统；制定了留学计划变更、定金返还制度等[1]，使海外留学生的权益得到了很好的保障。另一方面，澳大利亚各行各业都致力于营造良好的、支持性的学习环境，如不断优化学校的办学条件与设备；设立学生代表机构；向学生、家长提供最新、最准确的信息；为留学生提供高质量、中肯的职业发展建议；培养学生的国际视野，为学生提供实习、志愿服务等机会，提高学生的就业能力；加强留学生的社区参与等，全方位地让留学生在求学期间获得最佳学习体验。虽然近年来澳大利亚国际留学生，特别是中国留学生的安全受到一定影响，但澳大利亚政府已采取了一些积极的措施来预防和处置相关问题，因此其总体良好的留学环境还未受到绝对质疑。

为此，我们如果要将中国发展成为海外学生青睐的留学目的地，同样要在高质量、高品质上下功夫，积极营造良好的国际教育环境。一方面，政府要加强与学校的合作互动，在出台国际化战略的基础之上，指导并鼓励有条件、有竞争力的高校走向国际教育市场，争取更多跨境高等教育份额；同时进一步完善教育市场的法治环境，建立公开透明的教育平台，切实保障高校和国际留学生的合法权

---

1 赵兴兴.澳大利亚高等教育国际化政策嬗变过程研究[D].长春：吉林大学，2017.

益，对外树立起积极的、包容的、开放的大国形象，增强海外学生的安全感。另一方面，全社会要共同努力，为留学生营造和谐、安全的学习生活环境。我们应当在签证、择校以及吃穿住行等方面提供更高效、更优质的服务，加强对留学生人身和财产安全的保护；通过学生会、学习共同体、联谊会等载体，加强国际留学生之间及其与中国学生的沟通与交流，充分倾听国际留学生的心声，以确保能够及时有效地满足他们的需求，切实地提升国际学生在中国的学习生活体验；充分考虑留学生职业发展规划，加强校企互动，增强教育与就业的联系，为学生提供实习、志愿服务的机会，拓宽国际学生视野，提升其就业能力。从而让中国真正成为海外学生愿意来、来了又愿意留下来的一流跨境高等教育目的地，在增加中国教育产业收益的同时，更好地向世界传播中国文化、中国价值，增强不同文化之间对话与交流，促进彼此之间的理解与尊重，实现高等教育人力资源开发和价值引领的双重目标。

第五章　欧洲地区跨境高等教育发展

一、欧洲地区跨境高等教育的历史发展

跨境高等教育是指高等教育在跨越国家与地区的法律边界或地理边界之间的流动，包括学生、研究人员、教授、学习资料、课程、办学机构和知识等的流动。[1]跨境高等教育是跨境教育的重要组成部分和首要发展阶段，虽然跨境教育这一概念在 20 世纪初才得到人们的广泛认同和使用，但是跨境高等教育活动发展历史久远。欧洲地区是国际上典型的跨境高等教育活跃区，其形成不仅得益于欧洲各国因地缘政治渐成一体的推动，更因为近现代大学诞生于此。欧洲地区的跨境高等教育作为高等教育的一种活动形式，伴随着高等教育，尤其是近现代大学的发展而发展。溯源发现，欧洲地区的跨境高等教育滥觞于古希腊、古罗马的"游教""游学"活动，发展于中世纪近现代大学的崛起，渐进于地理大发现以后世界格局的改变，深化于"二战"之后国家政治、经济的需要，繁盛于 20 世纪 90 年代以来的欧洲一体化进程。

（一）萌芽阶段：欧洲地区跨境高等教育文化基因的奠定

欧洲的高等教育自诞生起就具有跨地区的特点。古代希腊罗马的文明孕育了欧洲的高等教育。

1.智者学派的"游教"活动

古典时期（公元前 500—公元前 330 年），希腊文化和教育的发展达到了全面繁荣的阶段，在这个时期，希腊半岛上出现了一批以收费授徒为职业的巡回教师，称为智者，并建成了一些由著名学者创办的学校，如伊索克拉底创办的修辞学校、柏拉图创办的阿卡米德学园、亚里士多德创办的吕克昂等。智者学派的教育活动没有固定的教育场所和设施，在城邦之间流动，没有特定的教育对象，面向一切社会阶层，收费授课，传授知识。柏拉图等著名学者创办的学校也面向所有地区的学生，接收来自希腊城邦、古埃及和其他国家地区的学生，很多学生慕

1　奈特.激流中的高等教育：国际化变革与发展[M].刘东风，陈巧云，译.北京：北京大学出版社，2011：156.

名远道而来。

2.希腊地区的"游学"活动

希腊化时期（公元前330—公元前30年），马其顿国王亚历山大大帝征服了希腊、小亚细亚、叙利亚、埃及和印度等地区，建立了一个横跨欧、亚、非三大洲的庞大军事帝国，再一次扩大了地区间教育的交流，公元前200年前后，先前成立的柏拉图的学园、亚里士多德的吕克昂和伊索克拉底的雄辩术学校与后来芝诺开办的斯多葛哲学学校和伊壁鸠鲁学派的哲学学校合并为雅典学校。公元前二三世纪，雅典大学成为著名的学术研究中心和高等教育中心，吸引了来自希腊和罗马各地区的学生、学者。此外，坐落于埃及亚历山大港的亚历山大图书馆和博物馆作为当时最著名的学术研究中心，吸引了大批来自东西方各地的精英，公元3世纪末，国家还出资在亚历山大里亚学校设置了许多关于哲学的职位，吸引了大批学术精英来此教学。

这种早期的"游教""游学"活动开创了欧洲跨地区教育的先例，奠定了欧洲地区高等教育跨境的文化基因。

（二）起步阶段：欧洲地区跨境高等教育文化传统的形成

整体而言，中世纪的学校都具有一种跨国的特点。[1] 欧洲近现代大学的诞生记与发展史都显现出极强的跨境特点，可以说，欧洲近现代大学的发展极大地促进了欧洲地区跨境高等教育的发展。中世纪的欧洲是宗教统治下的欧洲，人们具有共同的基督教信仰，共同使用拉丁语，这让各国之间的学术交流和人员流动十分便利，为跨境高等教育提供了前提。

1.欧洲大学的诞生具有跨境特点

大学最早诞生于欧洲，其自诞生起就具有跨境的特点。欧洲大学起源于主教为各国学生讲课的宗教集会。中世纪的欧洲，"基督教的大教会开始培养神职人员，学生们拿着稻草束聚集到走廊，坐下来听主教讲课，一般被认为这是大学的起源，当时授课全部使用拉丁语，因此聚集了来自各国的学生，教师的资格也由罗马教皇厅颁发的'国际授课许可证'予以承认"[2]。由此，大学逐渐成为主要在教会的许可下，制定课程并给完成学业的人员颁发学位的教育组织，使用拉丁语教学，致力于神学等知识的传播，对象不分种族和国籍。

2.欧洲大学的发展具有跨境特点

欧洲大学在跨境、跨国和跨地区间的学术交流、人员流动和大学建设中迅速

1 涂尔干.教育思想的演进[M].李康，译.上海：上海人民出版社，2006：95-96.
2 张进清.跨境高等教育研究[D].重庆：西南大学，2012.

发展。11 世纪，欧洲两个具有代表性的大学：博洛尼亚大学和巴黎大学成立。博洛尼亚大学作为当时最具有影响力的大学，巴黎大学作为基督教大学的代表，为欧洲其他国家新大学的创办提供了人力资源和办学模式。

（1）博洛尼亚大学

12—13 世纪，博洛尼亚大学在与国家世俗权力的对抗中，通过教授出走办校、学生外流办校和学校内部分裂办校等方式逐渐扩大了自己的教育影响力，推动了这一时期欧洲地区跨境高等教育的发展。皮奥尔·达梅地齐纳教授不满政府"知名教授宣誓效忠博市，不到外地讲学"的要求，与其他教师和学生按照博洛尼亚组织模式在摩德纳创办了摩德纳大学，开创了知名教授外出办学、广泛传道授业的先河，雷佐大学也是在这样的背景下创办的[1]。13 世纪，国家世俗权力加大了对大学的干预，学生权力被大大削弱，在反对市政干预，争取大学自治的斗争中，学生外流成为这一时期新大学诞生的主要动因。如最早将博洛尼亚大学教学和管理模式输出国外的是依尔内力奥的学生瓦卡里奥，其在牛津讲学多年，另外剑桥大学也由博洛尼亚大学学生创建。维琴察大学、阿雷佐大学、帕多瓦大学、佩鲁贾大学等在这一时期相继创建。14—15 世纪，教廷对发展大学教育采取了积极的态度。如根据教皇谕旨创建的罗马大学、帕维亚大学、费拉拉大学、卡塔尼亚大学等，教皇对这些大学的创建以仿效博洛尼亚大学模式为要求，在此背景下，法国的大学、西班牙的大学和葡萄牙的大学的创建或多或少都受到了博洛尼亚大学体制的影响，呈现出博洛尼亚大学"学生大学"的特点。

（2）巴黎大学

巴黎大学不属于任何一个具体的民族，而是属于整个基督教世界。老师和学生来自各地，不分民族，共同组成这所学校。不仅如此，在 13 世纪早期，在法国巴黎授予的学位就得到欧洲所有国家的承认。在巴黎获得执教权不仅可以在整个法国沿用，而且人们一旦获此执教权就可以享有在任何地方执教的权利。在巴黎大学拿到的博士学位被视为从整个教会拿到的博士学位。因此，它可以说是某种世界主义的自然后果。[2]基于普遍主义、世界主义的理念，中世纪大学作为不以国家为前提的一般性知识的共同体大学，积极向所有文化、政治背景的人开放。[3]据统计，"对 13 至 14 世纪在巴黎大学求学的外国著名人物进行了详细研究，结果发现，其中有英国人 153 名，德国人 200 名，荷兰人 56 名，意大利人 109 名，

1　罗红波.博洛尼亚大学[M].长沙：湖南教育出版社，1993：53—54，57.
2　涂尔干.教育思想的演进[M].李康，译.上海：上海人民出版社，2006：96.
3　张进清.跨境高等教育研究[D].重庆：西南大学，2012.

西班牙人和葡萄牙人共 44 名，斯堪的纳维亚人 41 名，斯拉夫人、匈牙利人和希腊人共 41 名，稍晚还有来自亚洲的学者"[1]。

博洛尼亚大学和巴黎大学是当时欧洲大学的两个"火车头"，博洛尼亚大学是学生管理校务、教师服从校章的"学生大学"的鼻祖，巴黎大学是教师管理校务，学生服从管理的"教师大学"的代表，[2] 这两个大学培养的教授和学生在欧洲地区跨境流动，为欧洲这一时期新大学的创办提供了成熟的办学模式，对欧洲各地大学的创立和发展产生了深刻的影响，以至于在 17 世纪，哪些大学属博洛尼亚模式，哪些大学属巴黎模式，一目了然。中世纪大学具有教会和宗教团体一样的国际性质，遂使教师和学生养成了乐于到国外居住的习惯和勇于冒险的精神。师生到国外居住、冒险的同时将中世纪大学的课程、教学方式、学校管理模式也传到世界各地，因此中世纪大学的宗教性已逐渐被国际性这一特征所取代，成为现代大学的重要特征之一。可以认为，中世纪欧洲大学的诞生与发展自带跨境特点，博洛尼亚模式和巴黎模式的跨境传播与复刻，中世纪欧洲大学师生以知识传播为己任的普世精神，共同形成了欧洲地区高等教育跨境的文化传统。

（三）渐进阶段：欧洲地区跨境高等教育政治属性的增强

随着中世纪欧洲大学数量的迅速增加和民族国家的兴起，欧洲地区的高等教育逐渐趋于本土性，跨境性减少。据统计，1300 年，欧洲只有 16 所大学，经过两百年的大学兴建热潮，到 1500 年，欧洲已拥有 72 所大学[3]，因此学生们可以就近入学，不需要四处游学，这大大减少了欧洲各地区跨境高等教育的流动。此外，民族国家的兴起在知识和学术间竖起了藩篱。随着"民族国家的兴起，国家的概念愈趋清晰，大学跨疆域的特性逐渐被国家间的藩篱所取代，大学的国家化不再被强调"，欧洲地区的跨境高等教育进入短暂的沉寂期。

1. 殖民教育形式的跨境高等教育

直到 17—18 世纪，随着世界地理大发现和欧洲殖民主义的扩张，欧洲殖民主义国家为培植势力和控制殖民地的文化教育，在殖民地开展殖民教育，先后成立了以宗主国教育模式为蓝本的高等教育系统，建立了一批殖民主义色彩的大学，并进行了教育制度的输出。学校的建立促进了跨境教育的人员流动：一方面，宗主国选派学者到殖民地大学授课讲学；另一方面，宗主国选择殖民地学生到宗主国大学进修。此外，欧洲的殖民主义扩张也为宗教神学的传播和渗透开辟了新场

1　陈学飞.美国、德国、法国、日本当代高等教育思想研究[M].上海：上海教育出版社，1998：233.

2　罗红波.博洛尼亚大学[M].长沙：湖南教育出版社，1993：53-54，57.

3　DE RIDDER SYMOENS H. University in early modern Europe（1500-1800）[M]. //RUEGG W . A history of the university in Europe. Cambridge：Cambridge University Press，1996：419.

域，传教士的传教活动成为当时跨境高等教育活动的重要组成部分。可以认为，"西方列强在殖民地国家创办的殖民地学院和大学（包括附属与宗主国的海外分校等）以及教会在世界各地举办的各种教会学校均可视为高等教育机构跨境流动的早期形式"[1]。

2. 教育援助形式的跨境高等教育

第一次世界大战后，出于国家安全考虑和国际教育发展需要，各国政府加强了对人员等教育要素跨境流动的控制和协调。国际联盟（The League of Nations）成立了国际学术合作委员会（The International Committee on Intellectual Cooperation）；1925 年德国成立了德国学术交流总署（Deutscher Akademischer Austausch Dienst，DAAD），1934 年英国成立了英国交流协会（British Council，BC）以及法国设于斯特拉斯堡的国际学生联盟均是为了协调人员等教育因素的流动。这代表着欧洲地区的跨境高等教育的政治属性愈来愈强，跨境高等教育逐渐与国家政治利益相挂钩。

第二次世界大战后，世界进入美苏争霸的两极格局，以美国为首的资本主义国家和以苏联为首的社会主义国家形成了两大政治阵营。美苏两国为了扩大自己的政治影响，宣扬自己的意识形态，大力促进国际的教育交流与合作，有力地推动了跨境高等教育的发展。为了与美国争霸，苏联采取教育援助和教育输出等方式为第三世界国家及其他社会主义国家培养留学生及派遣教育专家，并在莫斯科设立了以培养外国留学生为主要任务的卢蒙巴大学。据报道，20 世纪 60 年代后半期苏联和东欧国家每年来自发展中国家的留学生都保持在 16000 人左右。[2]此外，德国、法国等国不仅是美国教育援助的对象，在经济恢复后也纷纷开展了国际教育援助活动，争取加强对第三世界国家的政治影响。据统计，截至 1973 年，英国、德国、法国、加拿大、日本等 16 个发达国家共为发展中国家提供留学生奖学金 98023 份，并向发展中国家派遣教师和专家 36000 多人。[3]正如刚纳·迈德尔（Gunnar Myrdal）指出："没有任何援助是中立的，任何援助机构都有一套自己独特的模式和观念。"[4]为了监管各国的教育援助进程，1968 年，联合国教科文组织创建了国际教育局，负责跨国界教育协作和援助活动的开展；1975 年，世界银行专

---

1 张进清. 跨境高等教育研究[D]. 重庆：西南大学，2012.

2 PHILLIPS H M. Education cooperation between developed and developing countries[M]. New York：Praeger Publishers Inc，1976：87.

3 PHILLIPS H M. Education cooperation between developed and developing countries[M]. New York：Praeger Publishers Inc，1976：12.

4 FERNING L，BOWEN L. Twenty-five years of educational practice and theory，1955-1979：International Review of Education Jubilee Volume[M]. Dordrecht：Springer Netherlands，1980：109.

门成立操作评估部，负责调查世界银行援助问题的实施情况和效益问题。

在这时期，1811 年德国柏林大学的创立为欧洲跨境高等教育注入了新鲜血液，它既不同于前期的殖民教育，也异于同时期的教育援助，以倡导"学术自由""大学自治"和"教学与科研相统一"三大理念确立了新的大学模式。"柏林大学独具特色的办学经验、雄厚的师资力量、出色的教学成果对世界各国的学生和青年学者有着强烈的吸引力"[1]，此外，加之当时剑桥、牛津等知名大学不招收外来学生，大批学生涌入德国，柏林成为当时欧洲乃至世界的科学文化中心。在柏林大学的引领下，全球范围内的国际交流与合作日渐发展，成为一种不可逆转的潮流。

欧洲地区跨境高等教育在经历中世纪末期的沉寂后，被世界地理大发现重新唤醒站上国际舞台，从殖民教育到国家教育援助，跨境高等教育的政治属性不断增强。

（四）发展阶段：欧洲地区跨境高等教育商品属性的出现

20 世纪 70 年代末，中东石油战争的爆发引发了全球性的经济危机，这次经济危机让人们深刻地意识到经济全球化浪潮的到来。虽然这次经济危机短暂地中断了跨境高等教育的进程，使得发达国家在经济压力之下出现了"援助疲劳"，不少国家取消了对发展中国家的国际性教育援助，但同时也将跨境高等教育推进到了另一个发展轨道，一个由市场贸易发动推进的轨道。

随着欧洲政治经济一体化时代的到来，欧洲各国的教育政策逐渐从本国导向转向多国合作探讨，欧洲地区的跨境高等教育的主要推进者也由单个国家转变为欧盟等联合机构。20 世纪 50 年代，欧洲经济共同体签署《罗马协议》，欧洲共同体成立。此后，欧洲的跨境高等教育呈现两个方向的发展：一是欧洲共同体内部成员国之间的跨境高等教育，二是欧洲共同体教育向其他非成员国提供的以服务贸易形式存在的跨境高等教育。两者的界限并非泾渭分明，如在欧洲共同体成员国之间也存在教育服务贸易。

1. 欧洲共同体内部成员国之间的跨境高等教育

在欧洲共同体成立之前，欧洲委员会主要负责欧洲文化和教育事务的合作，是推动这种合作深入发展的主导性力量。[2]欧洲共同体成立后，一开始并没有将教育纳入议事日程，只在《罗马协议》第 128 条法规中提到了职业培训，规定了

1 孙承武. 聚焦全球十大名校——巨人摇篮[M]. 北京：京华出版社，2003：81.
2 阚阅. 多样与统一：欧洲高等教育一体化研究[M]. 杭州：浙江大学出版社，2016：16.

一条欧洲经济共同体共同执行职业培训的跨国家政策[1]，解决的教育问题包括职业培训、教育到工作的过渡以及资格认证和职业培训。[2]此时欧洲经济共同体的主要关注点在欧洲经济的复兴和发展，教育在很长一段时间内都被搁置在议程之外。直到 20 世纪 70 年代，高等教育才成为欧洲议程的一部分，关于高等教育合作的政策才逐渐出台。1971 年欧洲经济共同体六个成员国（比利时、法国、德国、意大利、卢森堡、荷兰）的总理首次就教育问题会面，并提出了欧洲共同体历史上的第一个教育行动项目，即 1976 年提出的建立教育信息网络，联合欧洲九国开展教育行动的计划，该计划定义了成员国和欧洲共同体总部各自的责任及它们之间进行合作的要求，并且提出了六个具体的行动计划，除了职业培训外，还包括在欧洲各国的教育制度上有所突破，为教育信息网的构建提供数据，进一步促进人员流动，在外语教学上提质增量，为所有欧洲民众提供均等的教育机会。这些行动计划为后来的"伊拉斯谟项目"（Erasmus）、"可米特项目"（Comett）、"提姆普斯项目"（Tempus）和"林瓜语言项目"（Lingua）的提出奠定了基础。随后欧洲采取了一系列促进欧洲教育一体化的措施。1976 年欧洲共同体设立了"联合学习项目"（Joint Study Program，JSP），1979 年德国颁布了"国外学习一体化计划"、1976 年瑞典通过了一项国际高等教育项目、1982 年欧洲共同体通过了"国外学习评估项目"（Study Abroad Evaluation Project，SAEP）、1984 年欧洲共同体通过了"在共同体成员的眼中平衡发展共同体行动计划"，此外，在欧洲共同体的推动下，各国先后成立了大学院校合作管理机构，如佛罗伦萨成立了欧洲大学研究所（European University Institute），在杜布罗夫尼克成立了大学间中心（Inter-University Centre）和大学校长联合会（Liaison Commitee of Rectors Conference）等。这些项目和机构的设立都是为了推动欧洲教育一体化进程，促进欧洲地区跨境教育的人员流动，以促进相互理解和形成共同观念，从而为欧洲共同市场的经济繁荣和和谐发展服务。

2. 欧洲共同体教育向其他非成员国提供的以服务贸易形式存在的跨境高等教育

经济危机之后，发达国家改变了原有的教育援助政策，对外国留学生实行"全成本学费"政策，政策的转变是为了弥补政府削减公共教育经费造成的高等教育经费不足问题，此时，跨境高等教育成为发达国家摆脱高等教育财政危机的重要手段。在欧洲，瑞典和英国率先采取了这种措施，这使得教育界逐渐意识到教育的商品属性，随着各国纷纷效仿实行，社会对高等教育的态度也发生了巨大的变

---

1 PHILLIPS D. Aspects of Education and the European Union[M]. Oxford：Symposium Books，1995（5）：170.
2 NEAVE，G. The EGG and Education[M]. Trentham Books，Stoke on Trent，1984.

123

化，越来越多的人将高等教育看作"一种可以像任何其他商品一样买卖的商业性产品"[1]，根据这一观点，使用者应该为教育服务付费，知识提供变成了一种新的商业交易。1994年，世界贸易组织（WTO）在其协定的《服务贸易总协定》（GATS）中，将教育服务纳入到服务贸易的范围，更是说明了这一点，在《服务贸易总协定》中将教育服务分为小学、中等、高等、成人及其他教育服务共5个分支部门，跨境交付模式、境外消费模式、商业存在模式和自然人流动模式4种教育服务供给模式。可以认为，随着教育国际化中经济行为要素的不断强化，教育国际化的重点已从出于政治需要的教育援助转向以经济营利为主要目的的服务贸易，"跨国高等教育也开始从原来由国家投资和控制的公共产品向市场购买品转变"[2]。1997年，由瑞典国家高等教育部进行的"欧洲国家关于高等教育国际化的政策"的研究表明，20世纪90年代之后，北欧国家、德国、英国、荷兰、奥地利发展高等教育的国际化动机已逐渐从学术、文化、政治转向经济，只有南欧一些国家如希腊，仍然强调学术、文化和政治动机。[3]

（五）繁荣阶段：欧洲地区跨境高等教育教育属性的强调

随着越来越多的国家加入WTO，跨境高等教育在商业利益的推动下爆发出空前的发展速度和发展规模。当教育成为贸易服务新的增长点，教育也就成了国际全球化发展的重要指标。对于自"二战"以后就一直怀揣着"复兴欧洲计划"的欧洲共同体来说，教育除了商品价值外，还一直被视为维护欧洲竞争力和社会团结的重要手段，因而面向国际竞争越来越激烈的21世纪，欧盟制定了一系列促进欧洲教育一体化的项目计划，创造性提出了建立欧洲高等教育区的构想，并坚持以"质量"建设为核心，以"能力"建设为目的，共建知识欧洲。

1.以促进"教育、培训"为主要内容的项目计划

1991年欧洲共同体马斯特里赫特首脑会议通过《欧洲联盟条约》，通称《马斯特里赫特条约》，该条约的生效除了标志着欧盟的正式成立外，还正式把教育政策制定的目标与原则写进了联盟的法律文件中，此后欧盟的高等教育合作有了法律的保驾护航，并不断增强其法律权威。《欧洲联盟条约》是欧盟教育一体化的重要历史转折点，其中有关教育和培训的第126条规定比《罗马协议》中相应的第128条在内容上有很大的扩展,将职业培训内容归入另外一个独立的条文(第127条)中。第126条文一开始就指出：共同体将通过鼓励成员国之间进行合作

1 　滕珺.流动与融合：教育国际化的世界图景[M].济南：山东教育出版社，2015：76.
2 　顾建新.跨国教育发展理念与策略[M].上海：学林出版社，2008：67.
3 　WIT H D. Changing Rationales for the Internationalization of Higher Education[J/OL]. International Higher Education，1999，15：2-3[1999-03-25].

的方式提高教育质量，在需要的时候对成员国的行动提供支持和补充[1]。在该文件的指导下，1993 年欧盟委员会先后发表《教育中的欧洲维度》绿皮书（以下简称"绿皮书"）[2]、《增长、竞争力和就业：挑战及迈向 21 世纪的道路》白皮书（以下简称"白皮书"），其中绿皮书确证了教育在构建"欧洲维度"中的历史使命和重要价值，即教育担负着帮助欧洲公民形成欧洲身份认同和欧洲归属感的任务；白皮书再次强调了教育与培训对促进经济发展、提高就业率、提升欧盟成员国全球竞争力的作用。根据白皮书和绿皮书精神，欧盟对以往的教育合作项目进行了归类统整，在 1994 年制定了"莱昂纳多·达芬奇计划"（Leonardo da Vinci Programme），试图通过跨国合作的方式提高教育与培训的质量；在 1995 年制定了"苏格拉底项目"，并将以往的"伊拉斯谟项目""林瓜语言项目"和"夸美纽斯项目"（Comenius）统整到"苏格拉底项目"的框架之内，其中"伊拉斯谟项目"仍以支持和补充成员国高等教育方面的合作为目标；"林瓜语言项目"则继续致力于在教育的各个层次推进外语教学；"优瑞带斯项目"（Eurydyce）和"阿来容项目"（Arion）则用于教育信息的交流与传播。有学者提到，这两个系统项目设立的目的是促使有关部门对欧洲教育一体化问题进行统筹安排。"据统计，仅 1995—2000 年，苏格拉底项目就耗资 8.5 亿埃居（ECU，欧元诞生之前所依托的货币单位），达·芬奇项目耗资 6.2 亿埃居。覆盖了当时欧盟 15 个成员国以及冰岛、列支敦士登和挪威，后期扩展到中东欧的几个联系国。1997 年，参加交换的欧洲学生多达 18 万人，教师也达到 3 万人。"[3] 这些教育合作项目大大促进了欧洲联盟的高等教育交流与合作。

2. 以建设"欧洲高等教育区"为主要内容的系列宣言

欧洲高等教育区的建设构想萌芽于 1988 年的《欧洲大学宪章》，发展于 1997 年的《里斯本公约》，确定于 1999 年的《博洛尼亚宣言》，历经《布拉格公报》（2001）、《柏林公报》（2003）、《卑尔根公报》（2005）、《伦敦公报》（2007）、《鲁汶公报》（2009）、《布达佩斯—维也纳宣言》（2010）、《布加勒斯特宣言》（2012）七个阶段，这一阶段欧洲的高等教育一体化进程又称为"博洛尼亚进程"，被认为是欧洲高等教育区的强力保障，是提升欧洲高等教育质量的有效手段。

1988 年 9 月 18 日，欧洲 430 所高校校长齐聚母校——博洛尼亚大学，为这

1　PHILLIPS D. Aspects of Education and the European Union[M]. Oxford：Symposium Books，1995（5）：170.

2　Commission of the European Communities. Green Paper on the European Dimension of Education[R]. Luxembourg：Office for Official Publications of the Euiopean Communities，1993：9.

3　转引自卢宋玉，刘晓平. 论欧盟高等教育合作及其对欧洲一体化的意义[J]. 当代教育理论与实践，2017，9（5）：124-126.

座欧洲最古老的大学庆祝 900 周年诞辰，并共同签署了一份文件——《欧洲大学宪章》（*The Magna Charta of European Universities*）。正如博洛尼亚大学校长莫纳科教授发言时指出：“欧洲大学宪章反映了人们的理想，符合欧洲一体化思想。我们应当像中世纪一样，既不要地理上的壁垒，也不要思想上的壁垒，大力推进欧洲科学文化的一体化。”[1] 该宪章的签署为欧洲高等教育区的成立做了历史铺垫。

1997 年 4 月，欧洲理事会和联合国教科文组织在葡萄牙首都里斯本举行会议，会议就欧洲教育问题达成一致，共同通过了《欧洲地区高等教育资格认可公约》（*the Convention on the Recognition of Qualifications Concerning Higher Education in the European Region*），又称《里斯本公约》（*Lisbon Convention*）。《里斯本公约》在消除人员流动的政策、法律和其他结构性障碍方面作出了突出贡献，对不同教育制度的协调具有重要指导作用，是当时欧洲共同体内唯一针对高等教育的约束性文件，是奠定“博洛尼亚进程”的基础文件。

1998 年 5 月，法、英、德、意四国教育部部长在巴黎大学 800 周年校庆期间，共同签署了《关于构建和谐的欧洲高等教育体系的联合声明》（*Joint Declaration of European Higher Education System in the Construction of Harmonious*），即《索邦宣言》[2]（*Sorbonne Declaration*）。该宣言提出了要构建学制互通、学位和学历互认的欧洲高等教育体系，被认为是《博洛尼亚宣言》的先声，在欧洲高等教育一体化发展进程中具有里程碑式的意义。[3]

1999 年 6 月，在意大利的牵头下，欧洲 29 个国家的教育部部长签署了《欧洲高等教育区域：欧洲教育部部长在博洛尼亚会议上的联合宣言》，又称《博洛尼亚宣言》[4]（*Bologna Declaration*）。该宣言提出到 2010 年建成欧洲高等教育区的口号，并将其细化为六个具体目标，即建立清晰、透明和可比较的学位体系，建立以本科和硕士为基础的高等教育体系，建立欧洲学分转换系统，促进师生等学术人员的流动、保障欧洲高等教育质量和促进欧洲维度的高等教育[5]。该宣言将欧洲高等教育区的建设以时间任务表的形式固定下来，标志着“博洛尼亚进程”的开始，极大地促进了欧洲高等教育的一体化进程。

2001 年 5 月，博洛尼亚进程成员国的教育部部长在布拉格召开了双年度

1　罗红波.博洛尼亚大学[M].长沙：湖南教育出版社，1993：53-54，57.
2　The four Ministers in charge for France，Germany，Italy and the United Kingdom. Joint declaration on harmonisation of the architecture of the European higher education system[EB/OL].（1998-05-25）[2022-10-18].
3　李化树.建设欧洲高等教育区（EHEA）聚焦博洛尼亚进程[M].北京：人民出版社，2014（4）：103.
4　European Ministers Responsible for Higher Education. Joint declaration of the European Ministers of Education[EB/OL].（1999-06-19）[2022-10-19].
5　李化树.建设欧洲高等教育区（EHEA）聚焦博洛尼亚进程[M].北京：人民出版社，2014（4）：104.

评估会议，就"如何设置高等教育'本科—研究生'两阶段学位教育系统的课程""如何增强欧洲高等教育人员内部流动性的同时吸引世界学生"以及"如何保障高等教育质量"三个问题展开讨论，并签署了《布拉格公报》[1]（*Prague Communique*）。《布拉格公报》在回顾过去两年欧洲高等教育区建设经验的基础上，提出了将终身教育纳入欧洲高等教育体系和进一步保障欧洲高等教育区的教育质量的新目标。《布拉格公报》被认为是欧洲高等教育区扩展和完善的标志。

2003年9月，博洛尼亚进程成员国的代表在德国柏林召开了第三次双年度会议，发布了《柏林公报》[2]（*Berlin Communique*）。该公报在总结过去两年欧洲高等教育区建设经验的基础上，提出了补充学分累积制度以完善学分制度、增加国家补助以促进人员流动、增加博士阶段以覆盖高等教育阶段等新目标。"确定了在未来2年内优先发展的3个领域：质量保证、两个循环系统及学位和学习阶段的认证。"[3]柏林会议接受了俄罗斯等7国的加入申请，欧洲高等教育区建设覆盖范围由33国扩展至40国，加速了博洛尼亚进程。

2005年5月，博洛尼亚进程成员国的代表在挪威卑尔根（Bergen）召开第四次双年度部长会议，并发布了《卑尔根公报》[4]（*Bergen Communique*），该会议仍围绕学位体系的构建和质量保障标准的设计展开讨论，在推进原有历史目标的基础上，提出了关注教育区内社会弱势群体和加强欧洲与其他国家和地区高等教育交流的新目标。此次部长会议的召开推动了博洛尼亚进程由"目标设立"进入"现实建设"阶段。

2007年5月，博洛尼亚进程成员国的代表在伦敦召开第五次双年度部长会议，并发布了《伦敦公报》[5]（*London Communique*），该会议以"向欧洲高等教育区迈进：在全球化视野中应对挑战"（Towards the European Higher Education Area：To Address the Challenges in Globalization）为主题，在回顾欧洲高等教育区的整体历程的基础上，对现实中的问题和实践中的障碍进行了总结讨论，该公报的内容是在新形势下对以往目标的新阐释。

2009年4月，博洛尼亚进程成员国的代表在比利时的鲁汶大学召开第六次

1　European Ministers Responsible for Higher Education. Prague Communique[EB/OL].（2001-05-19）[2022-10-19].
2　European Ministers Responsible for Higher Education. Berlin Communique[EB/OL].（2003-09-19）[2022-10-20].
3　卢宋玉，刘晓平. 论欧盟高等教育合作及其对欧洲一体化的意义[J]. 当代教育理论与实践，2017，9（5）：124-126.
4　European Ministers Responsible for Higher Education. Bergen_Communique[EB/OL].（2005-05-20）[2022-10-20].
5　European Ministers Responsible for Higher Education. London Communiqu é [EB/OL].（2007-05-18）[2022-10-21].

双年度会议，发布了《鲁汶公报》[1]（*Leuven Communique*）。这次会议是首次通过互联网直播的会议，46个欧洲国家的部长们确定了欧洲高等教育区截至2020年的发展优先事项，还特别强调了终身学习、扩大接受高等教育的机会和流动性的重要性，并一致同意到2020年，在欧洲高等教育领域毕业的人中至少有20%应该在国外学习或接受培训[2]。该会议的主题由两个部分组成：一是总结博洛尼亚进程过去十年的成果与不足，二是展望欧洲高等教育区未来十年的发展与目标。该公报"为未来10年欧洲高等教育的发展绘制了蓝图，提出了未来欧洲高等教育优先发展的领域，开启了博洛尼亚进程的新起点，标志着欧洲高等教育一体化进程开始迈向以社会公平、质量和人员流动等为主题的新的发展阶段"[3]。

3. 以完善和扩展欧洲高等教育区框架为主题的泛博洛尼亚进程

随着2009年《鲁汶公报》对过去十年博洛尼亚进程的总结和展望，欧洲高等教育区的框架基本形成，下一个十年，欧洲高等教育区将进入以行动和扩展为主题的泛博洛尼亚进程，该进程是在全球化视野下对欧洲高等教育区框架的扩展，以推进欧洲与北美、东亚和非洲等区域的高等教育合作和交流为着力点。"2009年开始，为了加强高等教育的国际合作与交流，欧盟委员会决定，每隔两年召开教育部部长会议的同时举行博洛尼亚政策论坛，为世界高等教育的合作提供参考。"[4]有学者将2010年以后的博洛尼亚进程称为"泛博洛尼亚进程"[5]。

2009年第一届博洛尼亚政策论坛与部长会议在比利时同时召开，此次论坛就加强欧洲高等教育区的国际化提出要加强与世界其他地区和国家的联系，提高欧洲高等教育的开放度。

2010年第七次双年度部长级会议在维也纳举行，会议通过了《布达佩斯—维也纳宣言》[6]，标志着欧洲高等教育区的正式启动。部长会议之后，第二届博洛尼亚政策论坛围绕"建设全球知识社会：高等教育的系统和体制变革"的主题展开讨论，并在会议结束时发表了《维也纳博洛尼亚政策论坛声明》。

2012年第八次双年度部长级会议在布加勒斯特召开，与会人员包括47个欧洲高等教育领域部长级代表团、欧盟委员会、博洛尼亚进程协调组成员和博洛尼

1　European Ministers Responsible for Higher Education. Leuven/Louvain–la–Neuve Communiqué [EB/OL]. （2009–04–29）[2022–10–22].
2　European Ministers Responsible for Higher Education. Leuven / Louvain–La–Neuve 2009[EB/OL]. （2009–04–29）[2022–10–22].
3　李化树. 建设欧洲高等教育区（EHEA）聚焦博洛尼亚进程[M]. 北京：人民出版社，2014（4）：133.
4　李化树. 建设欧洲高等教育区（EHEA）聚焦博洛尼亚进程[M]. 北京：人民出版社，2014（4）：133.
5　郑淳. 全球化背景下欧洲高等教育质量保障体系建构与启示——基于对博洛尼亚进程20年的回顾[J]. 现代教育论丛，2020（1）：74–85.
6　European Ministers Responsible for Higher Education. Budapest–Vienna Declaration on the European Higher Education Area[EB/OL]. （2010–03–12）[2022–10–25].

亚后续跟进组成员。这次会议以评估博洛尼亚进程为主，并基于评估结果列出了未来发展的关键政策性问题，最终通过了以"尽我们的全力，巩固欧洲高等教育区"为主题的《布加勒斯特公报》[1]。部长会议之后，第三届博洛尼亚政策论坛围绕"2020 年欧洲高等教育领域流动战略：流动促进更好的学习"展开。

2015 年第九次双年度部长级会议在埃里温召开，会议通过了《埃里温公报》[2]。本次会议试图确定未来五年及 2020 年后推进博洛尼亚进程的最佳方式，同时也强调要加强欧洲高等教育区内外的对话交流。除此之外，部长级会议和第四届博洛尼亚政策论坛的与会者认识到，欧洲高等教育区的发展已经到了一个转折点，需要一个新的方向才能继续向前迈进，为此会上形成了方向指导性文件《博洛尼亚进程：欧洲高等教育地区的未来》。

2018 年第十次双年度部长级会议在巴黎举行，会议通过了《巴黎公报》[3]，期间举行的博洛尼亚政策论坛是欧洲高等教育区与非欧洲高等教育区国家进行对话的重要机会，会议期间发表了《第五届博洛尼亚政策论坛声明》，在该声明中明确指出博洛尼亚政策论坛"参与全球政策对话，以改善与其他地区和国际组织的定期合作"的国际性作用，并强调欧洲高等教育区内外对话应侧重于促进相互学习和共同倡议，解决共同关心的问题。

2020 年第十一次双年度部长级会议在罗马举行，由于全球疫情的暴发，这次会议以网络会议的形式召开，会议通过了《罗马公报》。《罗马公报》[4]描绘了欧洲高等教育区 2030 年的发展愿景，即建立更加包容、更加创新和关联度更高的欧洲高等教育区，以支持欧洲的团结、和平和可持续发展，进而实现联合国 2030 年可持续发展目标作出贡献。此外，受疫情影响，第六届博洛尼亚政策论坛未能如期举行，但部长级会议期间提到，将继续借鉴欧洲高等教育联盟和世界其他地区的经验，就高等教育的价值观、政策和改革开展国际对话。

从 1998 年的《索邦宣言》到 2020 年的《罗马公报》，欧洲高等教育区框架不断完善，结构性改革和渐进性措施共同推进了欧洲高等教育体系的成功改革。自始至终，欧洲高等教育区的建设始终围绕着"质量、透明和流动"的宗旨展开，在欧洲解决失业问题和移民问题等重大社会挑战问题中发挥了重要作用。

1　European Ministers Responsible for Higher Education. Making the Most of Our Potential：Consolidating the European Higher Education Area[EB/OL].（2012－04－17）[2022－10－25].
2　European Ministers Responsible for Higher Education. Yerevan Communiqué[EB/OL].（2015－05－15）[2022－10－30].
3　European Ministers Responsible for Higher Education. Paris Communiqué[EB/OL].（2018－05－25）[2022－10－30].
4　European Ministers Responsible for Higher Education. Rome Ministerial Communiqué[EB/OL].（2020－11－19）[2022－10－30].

二、欧洲地区跨境高等教育的制度安排

欧洲地区的跨境高等教育随高等教育的发展而发展，有其厚重的历史渊源，但是欧洲地区跨境高等教育制度化、体系化却直到 20 世纪末才出现，是伴随着博洛尼亚进程开始的，统一于欧洲高等教育区建设之中，主要包括学位资格框架、学分转换与累积、终身学习框架、质量保证等制度，以及博洛尼亚会议、行动等安排共两个方面的内容。

（一）欧洲高等教育区制度体系

欧洲高等教育区（EHEA）是高等教育领域独特的国际合作，也是 49 个不同政治、文化和学术传统国家政治意愿的结果，在过去二十年里，这些国家共同履行一套承诺：结构改革和共享工具。基于此，逐步地建立了欧洲高等教育区。因此，这 49 个国家是在共同价值观的基础上开展的高等教育改革，这些共同价值观包括言论自由、机构自治、独立学生会、学术自由、学生和员工的自由流动等。在这一进程的推进中，欧洲地区的国家、机构和利益相关者纷纷参与进来，以质量保证机制建设为中心共建欧洲高等教育区，使其制度化、系统化，更具包容性、透明性和可比性。欧洲高等教育区制度体系是指在欧洲高等教育区建设过程中制定的一系列制度措施，发布的一系列行动安排的集合。

1.学位资格框架

为了提高学习质量，增加学习机会，增强学校、雇主与社会之间的联系，欧洲高等教育区构建了欧洲高等教育区总体学位资格框架。该框架描述了进入通用教育系统的资格及各个教育系统之间的相互联系，规定了学习者达到给定资格需要具备的知识储量和能力水平，说明了学习者在学位资格框架间流动的操作流程。[1]

2003 年柏林会议召开，首次提出构建欧洲高等教育区总体学位框架的设想，2005 年 5 月 19 日至 20 日欧洲高等教育部部长卑尔根会议召开，会议通过了欧洲高等教育学位资格总体框架。框架表明，高等教育的学位资格包括三个周期：学士、硕士和博士学位。同时框架也规定了每个周期需要达到的学习成果和能力标准，以及获得学士和硕士学位资格的学分范围。具体而言，欧洲高等教育区学位资格框架把资格从低到高分为八个水平，在每一水平阶段，都详细描述了学习者应掌握的知识、技能和能力。此次会议中，成员国的教育部部长们还承诺到

---

1 Bologna Working Group on Qualifications Frameworks. A Framework of Qualification of the European Higher Education Area[R]. Copenhagen：Ministry of Science，Technology and Innovation，2005：31-32.

2010 年将制定符合欧洲高等教育考试总体学位资格框架的国家学位资格框架。

2. 学分转换与累积制度

1989 年伊拉斯谟项目明确提出要建立学分转换与累积制度，即学生在国外学习期间获得的学分转换为本国学位学分的制度。在之后的几年里，它不仅实现了可以根据工作量和取得的学习成果转换学分，而且也实现了在各机构的学位课程进行学分累积的操作。学分转换与累积制度有助于高等教育课程的设计、描述和实施，为不同类型的学习整合提供了可能，也进一步促进了学生的跨境流动。学分转换与累积制度可应用于所有课程，授课方式（如课堂授课和远程学习）、学生状况（全日制、非全日制），抑或是学习环境（正式、非正式）均不会影响学生获取学分。[1]

3. 文凭补充说明制度

《文凭补充说明》是欧洲委员会、欧洲联盟委员会和教科文组织在 1996 年至 1998 年期间制定的一项文凭认证工具。《文凭补充说明》是高等教育国际化和跨境资格认可领域三项重要举措（《里斯本公约》《博洛尼亚进程》和《欧洲通行证》）的重要组成部分。首先，《里斯本公约》在第九条第 3 款中呼吁签署国通过国家信息中心或其他方式促进《文凭补充说明》或同等文件的推行。此外，执行《文凭补充说明》是衡量博洛尼亚进程进展情况的标准之一。最后，《文凭补充说明》也是欧盟委员会推广的五个欧洲通行证透明工具之一。[2]

《文凭补充说明》是一份附于高等教育文凭下的说明文件，详细描述了学习者的学习成果，甚至学习者学习的性质、层次、背景、内容和状况。该系统通过提高学位信息的透明度和认可度在帮助高等教育机构、雇主、认证机构和其他利益相关者深入了解毕业生的技能和能力、促进学生流动以使毕业生获得终身学习机会和就业能力方面发挥了重要作用。因此，《文凭补充说明》的出台是欧洲当局在应对高等教育和劳动力市场国际化双重挑战中做出的积极回应。

有关《文凭补充说明》（以下简称《说明》）的发展战略一直是部长级会议的重要议题，也是欧洲高等教育区体系的重要组成部分，该《说明》为毕业生确保其学位得到本国和国外高等教育机构、政府和雇主承认提供了重要保障。但目前，《说明》的使用还存在诸多问题。一是有调查发现，《说明》的填写中存在

1 DOMÉNECH MARTÍNEZ E，ARMAS RAMOS H，CASTRO CONDE J R，et al. Study of the introduction of the European Credit Transfer System（ECTS）in pediatrics and modification of the teaching methodology[J]. Anales de pediatr í a，2006，65（5）：415-427.
2 Ministry of Education，Culture and Science of the Netherland &Ministry of Education of Republic of Moldova. Advisory Group Diploma Supplement Revision（AG4）[EB/OL].（2016-05-25）[2022-11-04].

错误，这易使其使用者得不到关于学习者的正确信息。对此缺陷，在部长级会议中补充了解释性和使用性说明，如为《说明》的填写提供了模板。此外，专家组开展了"支持修订文凭补编并分析其在欧洲数字化的可行性的研究"，该研究分析了《说明》数字化的可行性，并提供了一些有用的建议和设想。[1] 二是据高等教育机构反馈，《说明》更像是行政文件，篇幅太长，缺乏与之紧密相关的内容细节。

4.终身学习资格框架

自 2001 年在布拉格举行部长会议以来，终身学习一直被认为是欧洲高等教育领域的重要议题。《布拉格公报》表明，欧洲是建立在知识社会和经济基础上的，因此终身学习发展战略对于应对竞争力和使用新技术的挑战，以及改善社会凝聚力、提供平等机会和提高生活质量是必要的。随后人们逐渐意识到，如果要迎接未来的挑战，缓解当下欧洲人口老龄化问题，就必须将终身学习嵌入高等教育中。因而，终身学习越来越被视为博洛尼亚进程各个方面固有的交叉问题。为此，针对终身学习提出了以下行动安排[2]：

扩大接受高等教育的机会；

创建更灵活、以学生为中心的授课模式；

提高对先前学习的认可度，包括非正规和非正式学习；

制定国家资格框架；

改善与雇主的合作，特别是在制订教育方案方面。

《伦敦公报》（2007 年）提到，虽然大多数国家都存在终身学习的要素，但立足整个欧洲地区的终身学习支持系统还处于早期阶段。为此，与会的各国部长要求博洛尼亚后续小组增强交流、共享终身学习的推进经验。《比利时公报》（2009 年）进一步明确了终身学习的概念，指出："终身学习意味着可以通过灵活的学习途径获得资格，包括在职学习以及基于工作进行的学习。"此外，部长们的目标是在 2012 年之前实施国家资格框架。《布加勒斯特公报》（2012 年）再次强调了终身学习在满足不断变化的劳动力市场需求中的重要作用，并强调了高等教育机构在转让知识和加强区域发展方面的核心作用。

（二）欧洲地区跨境高等质量保证制度

1 POCIUS D, RAVAIOLI S, VAIKUTYTE-PASKAUSKE J, et al. Study to support the revision of the diploma supplement and analyse the feasibility of its digitalisation at European level[R]. Luxembourg：Office des publications de l'Union europé enne，2017.
2 ARÍS REDÓ N, COMAS M À. Lifelong learning in the context of the European area of lifelong learning[J]. International Journal of Educational Technology in Higher Education，2011，8（2）：172-180.

欧洲地区跨境高等质量保证制度也是欧洲高等教育区制度体系的重要内容，内容丰富、体系庞杂，故而在此具体说明。

1. 欧洲地区跨境高等教育质量保证制度的基本情况

欧洲质量保证和认证机构通常侧重于国家当局认可并在国家领土上运作的本土机构提供的教育服务，因而在应对跨境供应质量保证方面尚未做好准备。但随着欧洲地区跨境高等教育的蓬勃发展，一些欧洲国家的高等教育正面临质量保证国际化和质量保证综合化的双重挑战[1]。

在质量保证和由"接收国"对跨境提供高等教育服务进行认证方面，存在这样一种趋势，即授权国家机构评估和认证在本国境内运作的"私立"——在许多情况下是"非本国"——提供者。波兰、匈牙利和罗马尼亚等中欧和东欧国家的情况更是如此，这些国家建立了认证制度，以容纳私营提供者的涌入，这些私营提供者往往来自美国、英国和俄罗斯。最近调查的某些例子表明，国家机构越来越多地涵盖外国/私营提供者。例如，荷兰认证机构允许私营机构对其方案进行认证；佛兰德法律框架包括对私营/外国供应进行登记和认证；瑞士新成立的认证机构将非公共部门纳入其活动；奥地利设立一个名为 Akkreditierungstar 的认证机构，明确对在该国运营的私营机构进行认证。总的来说，向私立/外国教育机构开放高等教育的国家——这在西欧是一个困难和敏感的问题——无疑正在越来越多地根据质量评价和认证作出批准或许可决定。还有一些围绕欧洲内部跨境教育的问题需要内部市场规则来解决。为此，欧洲联盟委员会委托编写的《欧洲联盟校长联合会跨国教育报告》敦促欧洲各国质量保证机构承担起控制进口教育质量的责任，监测外国提供者的活动，与出口国联系，报告伪造机构，寻求双边解决方案，并就与进口和私立教育有关的问题向公众提供咨询和信息。

此外，《提供跨国教育的良好做法守则》是一项由联合国教科文组织和欧洲委员会联合通过的重要倡议。该守则以《质量保证法》和其他守则为基础，并与《里斯本公约》关于资格认可的规定密切相关，提出了一些签署国应当尊重的关于跨境质量保证的基本原则。然而，最近关于中欧和东欧国家跨境教育的报告显示，人们对该准则的认识水平很低。质量保证局和教科文组织的守则指出，质量保证安排应遵循从出口国到接受国的跨境规定。这可能意味着质量保证系统出口到没有法律承认地位的国家。然而，质量保证的海外审核活动并不包括外国伙伴机构，

---

1 VAN DAMME D, VAN DER HIJEN P, CAMPBELl C. International quality assurance and recognition of qualifications in higher education：Europe[R]//OECD. Quality and recognition in higher education：the cross-border challenges. Paris：OECD，2004：76−105.

而其《实务守则》则要求英国机构遵守其业务所在国的法律。这违背了目前的原则，即接受国只对在其领土上颁发的学位和相应的学位质量保证安排负责[1]。事实上，许多进口国本身往往没有强有力的质量保证和认证制度，为此它们要求出口国应该拥有严格且可靠的质量保证制度。

通过远程或电子传递提供教育服务的情况更为复杂。同样，只有英国高等教育质量保证机构（QAA）制定了关于远程教育质量保证的指导方针，在西欧大陆，没有一套已知的标准或基准可供国家质量保证或认证机构用于评估远程学习。但是，这并不一定意味着各机构没有制订关于这些行动的内部程序，也不意味着人们对这个问题的忽视。一般来说，接受国当局看不到远程教育和电子学习的整个过程（不包括限制本国公民上网的国家），所以他们希望输出国的质量保证和认证制度足够严格。Campbell 和 Van der Wende（2000）在他们为欧洲高等教育品质保证协会（European Association for Quality Assurance in Higher Education，ENQA）编写的报告中列出了将质量评估程序应用于远程学习和电子学习条款时需要回答的一系列问题[2]。

2. 欧洲高等教育质量保证与认证机构的合作

近年来，欧洲质量保证和认证机构之间的国际合作急剧增加。大多数国家机构充分认识到，由于高等教育系统的国际化和高等教育机构的跨境活动，他们将面临挑战。各机构之间相当基本的国际合作形式包括以下做法：将外国专题专家纳入评价或认证下；将外国同事或专家纳入该机构的理事会或理事委员会；评价和认证所用标准和标准的国际基准；对学士和硕士资格使用国际开发的等级说明。最后一个项目近年来受到特别关注：与联合质量倡议一起制定的所谓的学士和硕士类型资格的《都柏林说明》越来越多地被提及。"调整欧洲教育结构"项目（见下文）也在制订与质量保证或认证基准相联系的具体学科中被强调。

（1）合作质量评估

由不同国家的几个质量保证和认证机构联合进行的实际联合质量评估试验仍然很少，[3] 但值得一提的是早在 1994 年的欧洲试验项目中，一些国家就在工程、通信和设计方面进行了平行方案审查。自 1990 年代中期以来，荷兰和弗兰芒（Flemish，比利时弗兰芒与地区政府）质量保证机构在若干主题领域进行了联

1　CAMPBELI C VAN DER WENDE M. International initiatives and trends in quality assurance for European higher education[R]. Helsinki: European Network for Quality Assurance, 2000: 17.

2　CAMPBELL C, VAN DER WENDE M. 2000. International initiatives and trends in quality assurance for European higher education[R]. Helsinki: European Network for Quality Assurance, 2000: 28-29.

3　ECA（European Consortium for Accreditation）. Joint programmes: too many cooks in the kitchen?[EB/OL].（2010-06-11）[2022-11-11].

合质量评估。1999 年，弗兰芒、荷兰和德国的质量保证机构在物理学领域合作开展了一个跨界质量评估项目。在这一项目中，三个参与机构制订并正式采用了一种联合方法，同行审查小组对参与大学的所有实地访问都采用同样的方法。

2002—2003 年，ENQA 在欧盟委员会的支持下协调开展了一个重大试点项目——跨国欧洲评估项目（TEEP）。它是指三个学科（物理学、历史学和兽医学）交叉合作测试的一种跨境评价方法。这个项目让欧洲体验到若干国家机构联合质量评估的好处和风险。

（2）共享质量评估

正如已经指出的那样，欧洲各机构之间的联网发展迅速。ENQA 已经确立了自己在这一领域的领导地位，并因此得到各机构、学生以及国家和欧洲政治当局的承认。2001 年《布拉格公报》利用网络对其成员进行广泛调查；柏林部长级会议二次强调 ENQA 的作用，呼吁"制订一套关于质量保证的商定标准、程序和准则，并探讨如何确保质量保证和 / 或认证机构或机关建立适当的同行审查制度"[1]。且规定这项任务将与欧洲联盟、欧洲高等教育机构协会和欧洲学生联合会在欧洲一级代表的高等教育部门合作进行，其结果将于 2005 年春季的博洛尼亚部长级会议上提交。ENQA 承诺将建立一个机构登记册，并将该网络转变为一个向所有博洛尼亚签署国机构开放的协会。

从事认证模式工作的机构正在努力建立欧洲认证联合会，该联合会将由 ENQA 成员组成。现在确定这一努力是否会成功以及这两个网络在不久的将来是否会共存还为时过早。然而，《柏林公报》呼吁 ENQA 成员也适当考虑其他质量保证协会和网络的有效经验。非洲经委会的倡议在一定程度上以上述联合质量倡议为基础，该倡议由荷兰和佛兰芒教育部部长在合作建立共同认证机构的背景下发起，参与者包括非认证机构。荷兰和佛兰芒的案例是一个特别有趣的质量认证合作例子，两个主权国家共同建立了一套质量认证制度和机构，即荷兰—佛兰芒认证机构（NVAO），该机构 2005 年根据荷兰和佛兰芒之间的条约成立。目前两国在就该质量认证的相关问题进行立法。许多人认为，这不仅是一个开拓性的案例，而且也是欧洲国家质量保证和认证安排的一个有希望的范例。

除了 ENQA 网络之外，还发展了一些区域网络。首先，中欧和东欧高等教育质量保证网络成立于 2001 年，目的是促进合作和交流，其信息交流中心以加强从德国到俄罗斯、从拉脱维亚到北马其顿共和国的 18 个伙伴组织之间的联系为

1　Council of Europe. Convention on the recognition of qualifications concerning higher Education in the European region[EB/OL]. （1997-04-11）[2022-11-19].

已任。其次，丹麦、芬兰、冰岛、挪威和瑞典五个国家也建立了北欧高等教育质量保证网络（Nordic Quality Assurance Network in Higher Education，NOQA）。该网络与 ENQA 联系密切，已经发起了一个关于北欧质量保证和认证机构之间相互承认的项目（Lindeberg&Kristoffersen，2002）。该项目表明，相互承认是进一步探索的基础。

（3）相互承认

欧洲质量保证和认证机构之间正式相互承认的情况仍然很少，北欧是明显的例子。然而，这并不意味着欧洲机构事实上不承认彼此的工作和成果。通常情况下，欧洲机构相当容易接受 ENQA 网络中同时进行的质量评估的结果，质量保证和认证机构之间更正式的相互承认协议在不久的将来可能会更加频繁，且更集中表现在欧洲和非欧洲机构之间的联系。例如，英国问答部正在与马来西亚、约旦和埃及的机构建立一个双边联系和合作协议网络。

（4）学分转换和质量保证

流动方案内的信贷转移机制至少意味着派遣机构和接收机构之间对质量保证和认证安排的默认。欧洲学分转移系统（ECTS）是一种学分承认和转移方法，用于在海外学习的学生参加 ERASMUS–SOCRATES 方案，该系统始于 1989 年，是在有限学科和机构中进行的一项试验，并于 1995 年纳入伊拉斯谟项目。目前，已有 1000 多所高等院校引进了欧洲教育标准，越来越多的国家规定必须使用欧洲教育标准。在德国，使用欧洲电脑系统是认可新学习课程的条件之一。欧洲委员会正在为所有学科领域推出 ECTS 标签。ECTS 是一种促进透明度的工具，有助于就机构的信贷承认作出判断。根据 ECTS，东道国从母国机构转移学分或学习点的先决条件是相互信任和认可对方的教育质量。这种信任虽然没有明确表述，但诸如计算学习量的机制、广泛的信息包和所谓的记录抄本等工具使母校能够充分了解学生学习经历的质量。

3. 欧洲高等教育质量保证与认证的推行情况

（1）欧洲质素文化项目

欧洲联盟委员会推进了内部质素文化保证、外部质量评价改善的活动。一是内部质素文化保证。内部质素保证活动是欧洲联盟质素文化计划开展的一项活动。该项目提出，发展质量文化需要强有力的大学领导和大学自治。其中，欧洲大学协会作为欧洲大学利益的代表，倡导一种基于尊重机构自主权和机构自律能力的大学质量保证观点，其认为欧洲联盟项目中分享做法和交流经验的举措会促进质量保证领域的意见和做法逐渐趋于一致。[1]在不久的将来，欧洲联盟将采取一项新的举措，即构建欧洲质量委员会，为从大学角度监测欧洲质量保证发展情况搭建平台。二是外部质量保证。外部质量保证主要由 ENQA 推进，为此，ENQA 使用一套评价标准对历史学、物理学和兽医学三个学科领域的 14 个系、院进行了外部评价。2002—2003 年，跨境欧洲高等教育评价项目提出，如果大学同意将共同标准作为评价的起点，就有可能制订并实践一套跨境高等教育质量评价方案。2003 年柏林部长级会议召开之后，欧洲联盟委员会向议会和部长理事会提交了一份报告，旨在说明 1998 年 9 月理事会关于欧洲在高等教育质量保证方面的执行情况。报告吸取了所获得的经验教训，并就如何使欧洲质量保证更加协调一致提出了诸多建议[2]。

（2）欧洲教育结构调整项目

欧洲教育结构调整项目由德乌斯托大学（西班牙毕尔巴鄂）和格罗宁根大学（荷兰）在欧洲委员会的支持下共同推进，目前约有 135 所大学参加。该项目涉及博洛尼亚进程的若干行动方针，旨在确定九个学科领域（商业研究、教育科学、地质学、历史、数学、化学、物理、欧洲研究和护理）的第一周期和第二周期研究的一般和特定学科能力，并提供分析共同因素和差异的方法[3]。此外，在第二阶段（2003—2004 年），欧洲教育结构调整计划将扩大主体，邀请雇主、专业团体、质素保证机构、资历评审员等相关人员参与，并将实施方法由线下转向线上，与其他行为者一起作为持续发展和更新能力的永久平台。此外，在该调整项目中，还计划设立一个特别的质量保证工作队，将教育结构调整结果、学生关键能力与教育质量保证和认证标准联系起来，共同探索跨地区高等教育质量保证的有效措施。

（3）欧洲博洛尼亚进程

博洛尼亚进程在质量保证方面有具体的目标和行动路线。在柏林会议上，质量保证被确定为优先事项之一，并提出到 2005 年博洛尼亚进程成员国都应该建立起质量保证体系的目标。对于欧盟来说，环境质量评估的任务是制订一套关于质量保证的商定标准、程序和准则，并探讨如何确保到 2005 年对质量保证和认证机构进行充分的同行审查。[4]

1　OECD. Quality and recognition in higher education：the cross-border challenges[EB/OL]. （2004-07-27）[2022-11-25].

2　UNESCO&OECD. Guidelines for quality provision in cross-border higher education[EB/OL]. （2005-05-12）[2022-12-28].

3　OECD. Education at a Glance[EB/OL]. （2014-09-09）[2022-12-31].

4　OECD. Education at a Glance[EB/OL]. （2014-09-09）[2022-12-31].

（三）博洛尼亚进程会议制度与行动安排

1.教育部长级会议

教育部长级会议是欧洲高等教育区每两到三年组织一次由博洛尼亚进程成员国教育部部长参与的会议，旨在评估欧洲高等教育区内部取得的进展，并对未来的工作进行讨论[1]。在教育部长级会议中，部长们讨论并决定欧洲高等教育区建设的核心问题，包括对过去行动和历史经验的总结、对未来发展和优先事项的协定以及对新进成员国申请的处理等事宜，每次部长级会议都会通过一份公报，在其中概述会议中部长们作出的决定。

2.博洛尼亚峰会

为欧洲高等教育区成员国达成共识从而形成共同纲领性文件，博洛尼亚峰会应运而生。该峰会的与会人员通常为欧洲高等教育区成员国相关领导人，议题通常是整个欧洲的博洛尼亚进程推动过程中的专题问题[2]。此外，因为博洛尼亚峰会具有开放性，所以所有欧洲高等教育区成员国部长级别的官员、相关组织的负责人以及研究人员都可以参与其中。

3.博洛尼亚后续工作组

目前，《博洛尼亚宣言》启动的博洛尼亚进程正在49个成员国中推行，为了落实教育部长级会议目标的实现，确保会议制订的行动安排得到执行，欧洲高等教育区先后成立了三个组织：

（1）博洛尼亚后续小组

（2）博洛尼亚后续小组委员会

（3）博洛尼亚后续小组秘书处

博洛尼亚后续工作组的职责是监督博洛尼亚进程，以辅助教育部长级会议的举办。博洛尼亚后续工作组会议在监督部长级公报的目标落实和推进博洛尼亚进程具体实践方面发挥着重要作用。具体而言，博洛尼亚后续工作组的职责如下：

①筹备部长级会议、政策论坛；

②监督博洛尼亚进程；

③推进不需要部长决定或部长委托的事项。

在《巴黎公报》中，博洛尼亚后续工作组采用了"基于团结、合作和相互学习的结构化同行支持法"。在欧洲高等教育区2018—2020年工作计划中，同行

---

1 Communiqué of the meeting of European Ministers in charge of higher education. Towards the European Higher Education Area[EB/OL]. （2001-05-19）[2022-12-30].

2 VOEGTLE E M. 20 Years of Bologna-a Story of Success, a Story of Failure[J]. Innovation：The European Journal of Social Science Research，2019，32（4）：406-428.

支持的重点是履行以下三项关键承诺：

①实行欧洲高等教育区总体学位资格框架以及学分转换及累积制度；

②遵守《里斯本公约》；

③制订欧洲高等教育领域质量保证标准和指南。

为此，欧洲高等教育区成立了一个协调机构——博洛尼亚执行协调小组（BICG），以组织三个同行小组落实上述三个关键承诺。同行小组需促进、改进和加快参与国的实践措施，并向博洛尼亚执行协调小组报告，再由博洛尼亚执行协调小组在部长级会议之前向博洛尼亚后续工作组提交进度报告。2018年9月，博洛尼亚后续工作组成立了以下三个专题同行小组：资格框架专题组、里斯本公约专题组和质量保证专题组。

4. 执行情况监测工作组

2018年9月在维也纳举行的博洛尼亚后续工作组会议成立了第一个监测工作组，对2009年在鲁汶/卢万—拉诺夫的流动性目标达成度进行了评估，以了解博洛尼亚进程中欧洲高等教育区（EHEA）的主要发展情况，从而推进了欧洲高等教育区的结构化和标准化进程。

①社会问题工作组。社会问题工作组的总体目标是制定拟议文件和政策，以实现《巴黎公报》中的目标。

②学习与教学工作组。学习与教学工作组在其工作计划中确定了与利益相关者在建立创新性和包容性学习方法上的合作目标，并举例进行了说明。

③全球政策对话协调工作组。全球政策对话协调工作组旨在与其他地区和国际组织就高等教育领域内共同关心的事项开展持续对话。

5. 博洛尼亚秘书处

博洛尼亚秘书处在柏林高等教育部部长会议后成立，并由博洛尼亚后续小组讨论商定其职能范围：

①为博洛尼亚后续小组及其委员会提供行政和业务支持——包括组织会议活动和形成会议记录；

②协助博洛尼亚后续小组及其委员会在2018年7月至2020年6月期间（因新冠疫情推迟到2020年12月）开展后续工作——包括活动规划和跟进博洛尼亚后续小组的决定；

③支持所有工作组、咨询小组和其他机构，并根据需要编写报告草稿；

④执行与欧洲高等教育区工作方案有关的任何特殊任务；

⑤审查和更新欧洲高等教育区网站和档案；

⑥担任欧洲高等教育区内外部联络点；

⑦与成员和利益相关者共享重要信息；

⑧应组织者的要求，代表外部活动；

⑨支持博洛尼亚后续小组委员会与欧洲研究区建立互动关系；

⑩在博洛尼亚后续小组的监督下筹备意大利部长级会议（2020年）和博洛尼亚政策论坛。

三、欧洲地区跨境高等教育的发展特点

（一）欧洲地区跨境高等教育的阶段性特点

从时间上看，欧洲地区的跨境高等教育具有阶段性特点，主要体现在欧洲跨境高等教育发展动因上。欧洲的跨境高等教育随高等教育的发展而发展，在不同历史阶段呈现出不同的发展特点。溯源可知，截至目前，欧洲地区的跨境高等教育大致经历了五个发展阶段，分别是古希腊、罗马时期以"游教""游学"活动为表现形态的萌芽阶段，中世纪时期以大学制度的模式传播和复制为表现形态的起步阶段，两次世界大战期间以殖民教育和教育援助为表现形式的渐进阶段，石油经济危机后以教育服务贸易为表现形态的发展阶段和欧盟成立以来以跨境教育为表现形态的繁盛阶段。欧洲跨境高等教育表现形态的变迁折射出背后动力逻辑的演进。

在萌芽阶段，知识掌握在少数探求真理的哲学家手里，知识的匮乏和文明发展的需要造就了古希腊、古罗马时期"游教""游学"活动，虽然这些活动仅仅表现为个人行为，与现在大规模、大范围的跨境高等教育相差甚远，但具备跨国家、人员流动和知识传播三个特征，应被视为欧洲地区跨境高等教育的萌芽。该阶段跨境高等教育的发展动力是人们对真理的探索欲和对知识的分享欲。

在起步阶段，中世纪大学的诞生与发展具有强烈的"跨境"特征。欧洲大学起源于主教为各国学生讲课的宗教集会，具有跨境特征；欧洲大学的建立与发展以欧洲两所最古老的大学为蓝本，分别是博洛尼亚大学和巴黎大学，其中，博洛尼亚大学在与国家世俗权力的对抗中开始了面向境外的办学模式输出和师生等人员输出，对意大利乃至整个欧洲的高等教育影响重大；巴黎大学在宗教神权的影响下为欧洲其他大学输送了大量神职人员，促进了各个宗教大学间学生的流动，

中世纪大学多具有浓厚的神学色彩，因而"中世纪高等教育的'跨境性'实际上是人类探索真理、发现知识和分享知识的一种本质体现"[1]。

法国哲学家于连曾在《论普世》中提到的"西方对普世价值的追寻可以回溯到希腊城邦时代，经过罗马帝国下的公民意识与基督教宣扬的普世主义，至今仍是西方文化的核心价值观之一"。由此，在欧洲地区跨境高等教育的萌芽和起步阶段，推进欧洲地区跨境高等教育发展的动力主要来源于西方的宗教文化，尤其是西方文化的"普世价值"理念。

在渐进阶段，欧洲的跨境高等教育的发展在经历短暂的沉寂期后逐渐恢复发展。在中世纪后期，一方面欧洲大学数量的迅速增加满足了学生就近入学的需求，另一方面民族国家的兴起阻碍了跨境教育的发展。但17—18世纪世界地理大发现唤起了欧洲地区跨境高等教育的生气，紧随而来的欧洲在亚洲和非洲的大规模殖民为欧洲的高等教育开辟了海外通道，出于文化殖民和政治统治的需要，欧洲殖民主义国家在殖民地开展殖民教育，输出自己的办学模式和教职人员，也接受了一大批来自殖民地的学生；然而，第一次世界大战后，出于国家安全考虑，各国政府加强了对人员等教育要素跨境流动的控制和协调，但第二次世界大战后，世界政治格局的改变和冷战的开始，促使各国纷纷以国际教育援助的形式宣扬自己的意识形态和价值观。由此可见，在渐进阶段，欧洲地区的跨境高等教育的发展越来越受到政治因素的影响，政治力量逐渐成为推动欧洲地区跨境高等教育的动力来源。

在发展阶段，随着中东石油战争的爆发，各国都陷入了经济危机之中，在经济压力之下各国纷纷中断了国际性教育援助，英国等国家率先实行全额学费，以缓解高等教育机构的经济负担，这使得各国纷纷效仿，高等教育的商品性逐渐被人们所认知，但并未形成欧洲共识，直到象征经济全球化的世界贸易组织（WTO）成立，并将教育列入服务贸易清单，教育作为服务贸易的商品性才逐渐被人们接受，随着教育国际化中经济行为要素的不断强化，教育国际化的重点彻底从出于政治需要的教育援助转向以经济营利为主要目的的服务贸易，"跨国高等教育也开始从原来由国家投资和控制的公共产品向市场购买品转变"[2]。有研究表明，20世纪90年代之后，北欧国家、德国、英国、荷兰、奥地利发展高等教育的国际化动机已逐渐从学术、文化、政治转向经济，只有南欧一些国家如希腊，仍然

---

1 顾建新.跨国教育发展理念与策略[M].上海：学林出版社，2008：261.
2 顾建新.跨国教育发展理念与策略[M].上海：学林出版社，2008：67.

强调学术、文化和政治动机。[1]

在 20 世纪中后期的繁荣阶段，在经济全球化的浪潮下，越来越多的国家加入 WTO，跨境高等教育在商业利益的推动下爆发出空前的发展速度和发展规模。但随着 21 世纪信息社会的到来，知识经济成为经济发展的主流，历经两次世界大战元气大伤的欧洲在应对 21 世纪的机遇与挑战时不仅看到了合作的重要性，更看到了人力资源的重要性。因而在 20 世纪末，欧盟成立，欧洲教育一体化进程加速发展。对于欧洲来说，教育除了商品价值外，还具有培养人才和促进理解的教育价值。从过去 20 年博洛尼亚进程的行动计划中可以发现，保障和提升高等教育质量是欧洲高等教育区构建的关键核心，提高欧洲公民的职业能力和促进就业是欧洲高等教育区构建的重要目标，因而在该阶段欧洲地区跨境高等教育的教育属性逐渐增强，发展动力也越来越向教育自身发展需要靠拢，总体来说，在繁荣阶段欧洲地区的跨境高等教育的发展动力来自政治、经济、文化和教育发展形成的综合推动力，这也是保证其健康可持续发展的必然要求。

（二）欧洲地区跨境高等教育的全球化特点

从空间上看，欧洲地区的跨境高等教育具有全球化特点，主要体现在欧洲跨境教育的发展范围上。欧洲的跨境高等教育随高等教育的发展而发展，呈现出由点到面的发展趋势。结合世界版图来看，欧洲地区的跨境高等教育萌芽于古希腊、古罗马时期的希腊半岛，诞生于中世纪的欧洲，扩展于殖民地和"二战"后的发展中国家，发展于经济全球化下的整个世界。总体来说，欧洲地区跨境高等教育的发展呈现出两个层面的范围扩展：一是欧洲地区内部跨境高等教育的范围扩展，二是欧洲地区向外跨境高等教育的范围扩展。

一方面，欧洲地区内部跨境高等教育的范围扩展。欧洲地区内部跨境高等教育的范围扩展呈现出由"沿海"到"大陆"的发展特点。

希腊半岛孕育了古希腊、古罗马辉煌的文明，是欧洲文明的摇篮。早期希腊半岛上集聚了一批著述教学的哲人，他们创办了一批讲课集会的学园，其中合并而来的雅典学校成为了当时著名的学术高地，吸引了一大批希腊和罗马的学者、学生。此时欧洲地区跨境高等教育的范围集聚在希腊半岛等地中海沿岸地区。

随着宗教的兴盛，中世纪的欧洲渐成一体，信仰的统一和语言的统一加快了欧洲内部知识传播的速度，扩展了知识传播的范围，尤其是博洛尼亚大学和巴黎大学这两所欧洲最古老大学的出现，为中世纪大学提供了模板，欧洲各地区或在

1　DE WIT H. Changing rationales for the internationalization of higher education[J]. International Higher Education, 1999（15）：2-3.

教皇授权下或因学术自由要求，纷纷开始了大学的创建，此时，欧洲地区的跨境高等教育范围由地中海沿岸的希腊发展至整个欧洲大陆。随着世俗力量的崛起和战争因素，出于国家独立和国家安全的需要，欧洲内部的跨境高等教育活动减弱，但到 20 世纪末，随着欧盟的成立，欧洲地区的各个国家又紧紧地联系在一起，随着欧洲高等教育区进程的推进，越来越多的欧洲国家加入了这项计划。至此，欧洲内部跨境高等教育完成了由点到面、由地中海沿岸向欧洲大陆的范围扩展。其中共同的价值理念、共同的宗教信仰和共同的理想目标是推进整个过程的影响因素。

另一方面，欧洲地区向外跨境高等教育的范围扩展。欧洲向外跨境高等教育的活动主要有三次，分别是地理大发展后的教育殖民，第二次世界大战后的国际教育援助、经济危机后的教育服务贸易和 21 世纪以来尤其是 2010 年以来欧洲高等教育区的国际化进程。

"地理大发现是欧洲人民的巨大'传奇'。为了寻找新的空间，欧洲人不再用地中海—大陆观念，而是用海洋观念来看世界。技术的进步使他们扩大了眼界，改变了经济，以不同的眼光来看待与其他人民的关系"[1]，也促使欧洲的跨境高等教育跳出了欧洲大陆，走出了迈向世界的第一步，这时欧洲跨境高等教育的海外扩展范围是欧洲各国的海外殖民地，遍布亚非美洲。

第二次世界大战后，美苏争霸的两极格局形成，为了促进欧洲的恢复和争取欧洲其他国家的政治支持，美国向欧洲国家提供了国际教育援助，此外，在美苏两国以国际教育援助的形式输出意识形态的同时，欧洲其他国家也不甘落后，纷纷采取国际教育援助的形式争取第三世界国家的支持。这时，欧洲地区跨境高等教育呈现出两个发展方向，一是与美苏两个大国的跨境高等教育，二是与第三世界国家，如亚非拉国家的跨境高等教育。

全球性经济危机后，欧洲向外的跨境高等教育范围更加广泛，与美国之间的跨境高等教育以双向交流为主，与亚非拉等国的跨境高等教育以单项的贸易输入为主，随着越来越多的国家加入世界贸易组织，作为高等教育高地的欧洲成为世界学生求学的首选，这大大拓展了欧洲跨境高等教育的范围。

20 世纪末期，在欧洲一体化进程中，欧洲地区的跨境高等教育系统化发展。欧盟以欧洲高等教育区建设为目标，制订了十年建设计划，但在博洛尼亚进程的前十年，欧洲高等教育区的建设以欧洲内部各国之间的交流合作为主。直到

1　加亚尔，德尚，阿尔德伯特，等.欧洲史[M].蔡鸿滨，桂裕芳，译.海口：海南出版社，2000：311.

2009年，《鲁汶公报》在总结十年博洛尼亚进程成就与不足的同时，提出未来十年欧洲高等教育区的发展方向，即以推进欧洲与北美、东亚和非洲等区域的高等教育合作和交流为着力点，在全球化视野下对欧洲高等教育区框架进行扩展。故而在博洛尼亚进程的第二个十年，欧洲高等教育区的建设目标开始出现促进欧洲高等教育区国际化的表述，行动计划中也增加了博洛尼亚政策论坛，该论坛的参与者不再局限于高等教育区成员国，海外国家均可以派代表参加，此举的目的是为世界高等教育的合作提供参考。

（三）欧洲地区跨境高等教育的多样性特点

从类型和参与主体来看，欧洲地区的跨境高等教育具有多样性特点。从类型上看，目前公认度高的类型划分是以跨境高等教育的流动主体为标准，划分为人员跨境流动、项目跨境流动和机构跨境流动三种类型。从参与主体来看，个体、宗教、大学等教育机构、政府和超国家组织都是欧洲地区跨境高等教育的主体。

首先，欧洲地区跨境高等教育的类型具有多样性。（1）人员跨境流动。人员跨境流动主要包括两个方面的内容：一是学生或被培训者的跨境学习行为；二是教师或培训者跨境进修、学术合作和海外分校任教。欧洲地区的跨境高等教育最早出现的就是教师"游教"和学生"游学"的形式，并在其后续发展的各个阶段占据主流地位。在人员跨境流动中，学生的跨境流动又是跨境高等教育中规模最大、自发性最高和普遍性最高的形式，具体包括学生跨越国界到他国学习和在本国学习他国大学课程并获得他国学历或学位认证两种模式、学生自费和国家资助两种途径、长期流动和短期流动两种时限。学习知识和提高能力是学生跨境流动的一个重要动力。在人员跨境流动中，教师的跨境流动也是非常重要的一部分，"教师跨境流动主要是指高校从事教学、科研及以学术为基础的社会服务的教师、研究人员，由所在高等教育机构指派前往其他国家，或因职业发展需求而自行到海外学校从事非学历学习、研究和教学等活动"[1]。知识的传播与能力的提升是促进高校师资跨境流动的一个重要动力。（2）机构的跨境流动。机构的跨境流动是指一国教育机构在国外设立教育机构[2]。通常包括两种基本形式：一种是"一国教育机构直接在另一国开设分校或收购国外机构，创办国外分支、学习中心"，如海外办学、远程课程和虚拟大学等，在这种形式中以教育输出国的教育机构为主，承担财务和风险问题；一种是"一国教育机构与另一国有关机构合作开设新校"，如合资建校、特许经营和联合学位等，在这种形式中，教育输出国和教育

---

1 兰军.跨境教育研究[M].北京：中国社会科学出版社，2012：104.
2 兰军.跨境教育研究[M].北京：中国社会科学出版社，2012：117.

输入国的教育机构以合作的方式，协商各自的责任和义务。（3）项目的跨境流动。项目的跨境流动是指跨越国界的教育合作项目，分为政府主导的教育跨境项目、社会教育机构主导的教育跨境项目和超国家组织主导的教育跨境项目。项目的跨境流动是欧盟一体化进程中的产物，随着欧洲高等教育区的建立，欧洲地区的项目跨境流动越来越频繁，如欧盟推出了一系列高等教育跨境流动项目，包括联合学习项目、教员短期访学以及教育行政管理人员的交流项目，具体有"联合学习项目""伊拉斯谟项目""林瓜语言项目""夸美纽斯项目""优瑞带斯项目""阿来容项目"以及整合后的"苏格拉底项目"和"达·芬奇项目"。虽然目前这些教育项目的规模尚不及学生流动，但随着欧洲教育一体化进程的发展，项目跨境流动将成为欧洲跨境高等教育的重要形式。

其次，欧洲地区跨境高等教育的参与主体具有多样性。随着欧洲地区跨境高等教育的发展，参与主体越来越多元，从萌芽阶段的零散的自发个体，到起步阶段的规模化的自发群体和宗教团体、渐进阶段的政府主导，再到发展阶段的教育机构、世界贸易组织等超国家机构参与，最后到繁荣阶段的多元主体共建，欧洲地区的跨境高等教育的参与主体逐渐多元化。与其他国家不同，欧洲因地缘政治和历史文化的原因，谋求政治、经济、文化、社会等一体化，因而在参与主体中，超国家组织欧盟的成立对其教育一体化影响深远，成为促进欧洲地区跨境高等教育的关键主体。

四、欧洲地区跨境高等教育的经验与启示

欧洲地区的跨境高等教育在漫长的历史发展中形成了诸多经验，成为世界高等教育国际化的探路者和引领者。尤其是始于 20 世纪末的博洛尼亚进程大大促进了欧洲教育一体化进程，将欧洲地区的跨境高等教育推进繁荣发展阶段，为 21 世纪欧洲政治、经济、文化、社会的一体化提供了重要支撑。欧洲地区跨境高等教育的发展经验浓缩彰显于欧洲高等教育区的建设之中，本节通过分析欧洲高等教育区建设经验，以期为我国及其他国家或区域的跨境高等教育发展提供借鉴。

（一）欧洲高等教育区建设的经验

1. 借助共同理念，提升政策推行力度

欧洲的跨境高等教育在其漫长的发展阶段中奠定了"跨境"发展基因，形成了"跨境"发展文化，并最终形成了文化、政治、经济和教育协调一致的动力机

制，为 21 世纪欧洲高等教育一体化奠定了坚实的文化基础，提供了强有力的动力系统。不论是基于共同理念成立的欧盟，还是欧盟建立欧洲高等教育区促进共同理念深化的举措，都表明共同理念是欧洲地区跨境高等教育发展的重要基础。

20 世纪 90 年代末，欧洲各国大力推进高等教育改革，践行博洛尼亚宣言，其中最具影响力的改革是建立欧洲高等教育区的理念。经过多次磋商，法、德、意、英四国教育部长于 1998 年签署了《索邦宣言》，呼吁欧洲各国建立一个具有一体化教育制度的欧洲高等教育区，这一倡议得到了欧洲许多国家的积极响应。经过一年多的谈判，欧洲 29 个国家的教育部长于 1999 年签署了欧洲高等教育《博洛尼亚宣言》，正式启动了欧洲高等教育区的建设[1]。欧洲高等教育区的形成有两方面的主要原因，一方面，欧洲高等教育区的建设是欧洲地区跨境高等教育历史发展的结果，是欧洲高等教育"跨境"基因在 21 世纪的性状表现。另一方面，欧洲高等教育区的建设是欧洲各国提高高等教育质量和国际竞争力的实际需要，作为世界高等教育高地之一的欧洲，其目前推行的领先于国家、面向未来需要的高等教育理念适应了欧洲地区各个国家的发展需要，很容易被各国所接受。故而，共同的高等教育发展理念是欧洲地区跨境高等教育稳定发展的前提和基础。

2.确立共同目标，建立有效协同机制

在欧洲高等教育区的建设中，欧盟委员会和成员国政府在欧洲高等教育区的目标、政策和财政支持方面发挥了主导作用，这确保了政策层、管理层和实践层在目标上的一致性，使得欧洲地区的跨境高等教育在所有利益相关者的参与下，形成了一个系统有效的运行机制，为政策自上而下的有效实施提供了全方位的保障[2]。欧洲高等教育部长级会议每两年举行一次，由秘书处负责评估欧洲高等教育区的建设，制订下一个工作计划，并发布会议公报，此外，还在发展过程中形成了一系列行动小组，负责监督公报的执行和后续事宜。目标清晰且分步骤规划，这为各国各自的行动明确了原则和路径，具有很强的指导意义。在国家层面，各国纷纷举办大学校长论坛和学术会议，讨论欧洲高等教育领域的发展方向，提出欧洲高等教育体系的改革目标和建议，形成了以学生为中心，以高校及其师生为主体的高等教育区建设队伍，这有利于博洛尼亚进程在各个国家的持续推进。共同的发展目标和有效的协同机制在很大程度上为欧洲教育一体化扫除了障碍，促进了欧洲地区跨境高等教育的健康发展。

1　Communiqué of the meeting of European Ministers in charge of higher education in Prague. Towards the European Higher Education Area. Prague：European Higher Education Area[EB/OL].（2001-05-19）[2023-01-05].

2　VOEGTLE E M. 20 Years of Bologna-a story of success，a story of failure[J]. Innovation：The European Journal of Social Science Research，2019，32（4）：406-428.

3. 构建合作框架，提高改革的可操作性

为了促进欧盟国家教育的协调发展，欧盟委员会发布了欧洲教育和培训合作战略框架（ET2020），启动了"伊拉斯谟+"方案和"玛丽·居里行动计划"，以进一步促进欧盟学生流动性，推动欧洲地区跨境高等教育的进一步发展。欧洲高等教育质量保证体系、学术资格框架、学分转换和累积制度等标准和工具为各国构建框架体系和标准提供了决策参考，已成为国际公认的高等教育现代化标准，具体有以下三个特点。

欧洲地区构建的合作框架层层递进，三位一体，以质量保证框架为例加以说明。在欧洲高等教育质量保证体系总体框架的构建中，欧盟在出台的总体框架的基础上补充了《欧洲高等教育质量保障标准和指导方针》（2015年修订），成立了欧洲高等教育质量保证机构登记处（2008年），加强了质量保证机构的合作机制建设，并针对学位制度不同而难以相互联系的问题开发了一系列共享工具：学分转换和累计系统（ECTS）、文凭附录（DS）、《欧洲高等教育质量保障标准和指导方针》（ESG）、欧盟教学技术评估工具（SELFIE）、教育和培训监测报告（Education and Training Monitor）等，形成了欧盟、各国政府和大学等教育机构三位一体的质量保障合作框架。

欧洲地区构建的合作框架具体翔实，易于操作，以学位资格框架举例加以说明。学位资格框架的构建初衷是为了创建一个兼容性强、易于比较的学位系统，以解决不同国家间学位系统存在的差异，促进欧洲地区跨境高等教育的发展。截至目前，欧洲高等教育区学位资格框架（The Framework of Qualifications of the European Higher Education Area, QF-EHEA）[1]已经建立，包括短期课程、本科课程、硕士学位和博士学位，规定了学生在完成短期学习、学士学位、硕士学位和博士学位四个阶段后应获得的成果和技能[2]，并分阶段进行了详细的描述。欧洲学分积累与转换系统（ECTS）包括三个部分：学分计量、学分分配和学习结果评价，它使用七个等级划分来评估学生的学习成果，将学生的学业成绩分为及格和不及格两组，及格的学生从A到E分为五个等级，不及格的学生分为F和FX两个等级。

欧洲地区构建的合作框架不断演进，与时俱进。处理欧洲高等教育领域的框架还补充建立了欧洲国家信息中心网络（ENIC）及国家学术认可信息中心（NARIC），为欧洲地区的跨境高等教育的发展提供教育信息和学术认证服务，

1　EHEA Paris 2018. The framework of qualifications for the European higher education area [EB/OL].（2018-05-25）[2022-12-26].

2　EHEA Paris 2018. The framework of qualifications for the European higher education area [EB/OL].（2018-05-25）[2022-12-26].

从而将各国的高等教育统一于欧盟牵头构建的高等教育区建设中，顺利推进欧洲博洛尼亚进程，实现欧洲教育"一体化"目标。

4.重视职业教育、培训，提高就业率和竞争力

在欧洲高等教育领域，职业教育的改革和发展受到欧盟委员会及其成员国的高度重视。"哥本哈根进程"是欧洲职业教育最重要的改革举措，其中进一步强调了高质量职业教育的重要性，认为其促进了社会的和谐发展，确保了公民参与社会和经济活动，为公民的自由流动和就业创造了机会，并增强了欧洲的整体竞争力。为了使学生适应迅速变化的劳动力市场需求，并改善欧洲高等教育区的制度，欧盟委员会和成员国为所有年龄组开设了职业教育和职业培训（VET）课程，其中包括高中阶段的初级职业培训（I-VET）和工作阶段的继续职业培训（C-VET）；并为职业教育建立了欧洲学分转换系统（ECVET），开发了欧洲职业培训通行证（EUROPASS）系统，其中包括欧洲通行证文凭补充证书（EUROPASS DIPLOMA SUPPLEMENT）等工具。这些举措极大地推动了各成员国对境外高等职业教育的认可度，进一步推动了欧洲地区跨境高等教育的发展。[1]

（二）欧洲高等教育区建设的启示

欧洲高等教育区的建设是欧洲地区跨境高等教育发展史上的一次划时代的飞跃。它促进了欧洲地区人员的大规模流动，提高了欧洲社会就业率，增强了欧洲地区高等教育的竞争力，大大推进了欧洲一体化进程，为21世纪全球化浪潮下的欧洲提供了智能发展的人力资源。因而在欧洲地区跨境高等教育发展的新阶段，其探索、建设欧洲高等教育区的有效经验对我国的高等教育，尤其是跨境和跨区域高等教育发展深有启发。

1.建立区域合作联盟，转变高等教育发展方式

建立高校战略联盟是适应知识经济发展的需要，是推进高等教育市场化，建设学习型社会的必然选择。在欧洲高等教育区的建设过程中，形成了多种类型的大学联盟，如1994年的"欧洲纺织大学联盟"、2002年的"欧洲研究型大学联盟"、2005年成立的"欧洲科技大学联盟"和2012年成立的"英国大学联盟"，这些大学联盟通过资源整合、项目合作和人才培养，不仅提高了欧洲高等教育的兼容性和可比性，而且提高了整个欧洲高等教育的竞争力，促进了欧洲区域高等教育的整体发展水平和区域综合实力[2]。近十余年来，我国高等教育实现了大众

1 Communiqué of the meeting of European Ministers in charge of higher education in Prague. Towards the European Higher Education Area[EB/OL].（2001-05-19）[2023-01-15].
2 王新凤.欧洲高等教育区域整合研究—聚焦博洛尼亚进程[M].北京：社会科学文献出版社，2013：154-155.

化发展，并向高等教育强国迈进。在这一历史过程中，教育需求的增长与资源供给的不足之间存在着不可避免的矛盾。此外，受早期计划经济的影响，我国高等教育还存在专业设置重复、资金投入不足、资源浪费等现象。为此，《国家中长期教育改革与发展规划纲要（2010—2020年）》提出，要加强合作与交流，形成多元化的人才联合培养模式，构建开放、灵活、多渠道、多选择的人才培养机制，促进优质教育资源共享。因此，应借鉴欧洲高等教育区建设经验，从以下四个方面建立区域合作新体系。首先，应积极促进大学与企业、大学与科研机构、大学与地方政府之间建立各种形式的合作与战略联盟，以打破地域和学科限制，整合各部门资源；其次，应结合区域经济社会发展的需要和大学自身的发展规划，选择适合自身发展的战略联盟方式；再者，应借鉴欧洲高等教育区域在构建区域学位结构框架，建立高等教育质量保障体系，实施区域学分制，完善终身学习资格框架等方面的实践经验，从而促进区域高等教育一体化的发展；最后，就校企合作模式创新而言，应建立以政府、高校和企业为中心的资源交流平台，建立技术创新机制。

　　2. 完善人才建设规划，建立区域资源共享平台

　　人才资源在促进区域高等教育合作与发展、推进高等教育跨境和跨地区发展中发挥着举足轻重的作用。因此，区域战略联盟人才队伍规划势在必行。人才建设规划的完善可以从区域人才引进、选拔、培养、评价、激励和保障等方面进行。首先，应建立灵活的人才引进机制，促进高校间人才流动；其次，应建立灵活的高校人才培养和奖励机制，通过国内外学术交流、学术梯队建设、优秀人才选拔和专项资金设立等多种途径促进人才培养，提高人才队伍的业务水平；最后，实行地方高校教授互聘制，建立地方教师公用储备制度，实现地区教师资源的流动和共享。在欧洲高等教育区的建设过程中，欧盟一直将高等教育公共投资列为重要的优先发展计划。就我国目前的拨款情况而言，国家预算内拨款仍然是大多数高等学校的主要经费来源，但随着高等教育体制改革的深入，高等学校的经费来源将发生结构性变化。区域高等教育资源不仅包括人才、资产等有形资源，还包括信息等无形资源。[1]因而搭建区域资源共享平台不仅需要优化高校的有形资源，也需要加强区域高等教育信息的互动与共享，定期发布区域高等教育信息，实现信息资源的网络共享，强化区域高校的信息服务功能，接受公众查询和监督。

1　谌晓芹. 结构主义视角下的欧洲高等教育一体化改革研究——聚焦于博洛尼亚进程（1999—2010）[D]. 武汉：华中科技大学，2014.

3. 加速资源配置市场化，建立多方协同发展机制

欧洲地区跨境高等教育在20世纪70年代的快速发展得益于市场机制的引入，高等教育以服务贸易的形式出现，由市场配置资源，这一方面有利于欧洲地区高等教育资源的充分利用和合理配置，另一方面有利于扩大欧洲高等教育的受众，使得欧洲高等教育能够应对复杂变化的市场需求，实现自身的质量提升和规模发展。借鉴欧洲在建设高等教育区的建设经验，一方面，应积极构建多主体参与的发展机制。在欧洲高等教育区的建设过程中，各利益相关者都积极参与其中，市场、政府、大学和社会相互配合、共同发展。2001年《布拉格公报》指出，"尽一切努力寻求与政府、大学、学生组织和其他社会组织的密切合作"。在2005年的《卑尔根公报》、2009年的《鲁汶公报》、2010年的《布达佩斯宣言》中也阐述了多边合作和共同发展的理念。[1] 而我国的高等教育建设中多依靠政府和大学的力量，少见师生组织和社会企业的参与。此外，政府、大学和市场的关系也不明确，故而市场机制难以引入区域高等教育发展之中，教育资源市场配置的基础作用也难以充分发挥，暴露出办学模式同质化和资源重复配置的问题。[2] 故而，另一方面，应适应市场需求，以服务区域发展为区域高等教育发展目标，遵循市场规律，充分发挥市场在教育资源配置中的基本调节作用。此外，还应加强对区域高等教育的全面管理和控制，制定相关政策，配套具体措施，统一相关标准，促进区域间高等教育的流动性、透明度和可比性，为市场进入高等教育领域奠定基础，增强区域高校的市场调节和自我调节功能。我国高校应学习借鉴欧洲地区高等教育"跨境"发展模式，本着开放的原则积极面向社会，与市场接轨，以全面发展带动相关产业的发展，建立市场调节、政府引导、高校实施、社会参与的区域高等教育合作发展模式。

1 李化树，叶冲. 博洛尼亚进程中的欧洲高等教育区建设研究述评[J]. 内江师范学院学报，2015，30（5）：111-117.
2 蒲云，邱延峻. 特色研究型大学研究生教育国际化发展战略[J]. 西南交通大学学报（社会科学版），2011，12（2）：62-67.

第六章　东南亚国家跨境高等教育发展

在经济全球化的背景下，各国开始发展跨境高等教育。所谓跨境高等教育，即是指国与国之间在高等教育领域中开展的有关机构、项目、人员等各种形式的跨越国界和司法界限的流动。跨境高等教育是高等教育国际化中日益重要和不可或缺的组成部分[1]，也被各国视为高等教育和培训的一部分，主要通过采取以下方式推动其发展：第一，设立分校，即由另一个国家的高等教育机构为了给外国学生提供教育或培训项目而设立的学校；第二，设置联合课程，即不同国家的机构之间共同举办项目，并提供相关的课程，或者 A 机构批准 B 国家的 B 机构向B 国家的学生提供一个或多个 A 机构的课程项目；第三，研究项目的流动，即许多大公司提供来自机构的学术学分项目，通常是指跨国界的互修学分项目；第四，在线学习和远程教育项目，即通过卫星、计算机、通信或其他技术手段跨越国界提供的远程教育项目[2]。

东南亚各国在过去数十年中大力发展跨境高等教育，并取得了长足的进步，它们在跨境高等教育方面的一些思路和做法值得借鉴。因此，研究东南亚跨境高等教育的发展进程，认真分析总结蕴藏其中的宝贵经验、基本特点以及主要举措，对进一步发展我国跨境高等教育，助推我国高等教育的现代化和国际化，建设教育强国具有重要的现实意义。

一、东南亚国家跨境高等教育的发展历程

东南亚地区由马来西亚、新加坡、泰国、越南、菲律宾、柬埔寨、老挝、印度尼西亚、缅甸、文莱和东帝汶 11 个国家组成，受文化、意识形态、宗教、殖民时代遗留问题和贸易投资开发的影响，该地区经济发展受到限制。虽然东南亚国家有各自的文化和不同层次的社会发展水平，但它们都强调通过教育改革发

1　HUSSAIN I. Transnational education：Concept and methods[J]. Turkish Online Journal of Distance Education，8（1）：163-173.

2　HUANG F. Internationalization of higher education in the developing and emerging countries：A focus on transnational higher education in Asia[J]. Journal of studies in international education，2007，11（3-4）：421-432.

展人力资本，侧重于制订符合各自国家发展使命和愿景的高等教育发展规划。在20世纪以前，东南亚地区的大多数国家都是欧洲国家的殖民地，其高等教育机构的设立、发展深受宗主国的影响。20世纪初，大多数东南亚国家摆脱殖民统治，开始教育改革，其高等教育得到发展。进入21世纪，东南亚国家高等教育发展势头良好，跨境高等教育也进入到了国际化阶段。通过跨境高等教育的合作，东南亚各国的教育从办学理念、课程设置到学校管理、服务模式，都赢得了国际上的广泛关注。纵观东南亚国家跨境高等教育的发展，相较于西方发达国家，虽然起步晚，但发展迅速，取得了较大进展，为东南亚地区的经济发展提供了强有力的科技动力和人才保障。

（一）初步发展时期（20世纪80年代以前）

20世纪中期，东南亚国家大多刚刚摆脱殖民地国家的压迫，实现独立。当时，它们百废待兴，亟须通过教育改革发展本国经济。这一时期，东南亚各国在跨境高等教育方面的主要表现为学生的单向向外流动。东南亚国家乘着时代的东风，培养国际人才，开始走上了发展本国高等教育的建设之路。

新加坡跨境高等教育的发展是一个了不起的故事，它作为一个水、食物、能源材料都需要进口的新生国家，在不到40年的时间内发展成为亚洲教育枢纽中心。1965年，新加坡摆脱了英国长达一个世纪的殖民统治，宣布独立。随着英国殖民者的离开，新独立的新加坡政府继承了"积贫积弱"、地区不安等问题。在此背景下，对内，新加坡政府将人力资源定位为国家经济发展的命脉，大刀阔斧进行教育改革，从改变人们的意识形态上下功夫，通过在中小学时期向学生灌输"国家利益"等观念[1]，加深人们对国家的热爱，并且有战略性、有系统、有组织地投入大量资金发展本国的高等教育国际化。20世纪60年代后期，新加坡政府通过投资教育和职业培训等方式升级人力资本，同时，通过教育改革，新加坡政府建设了一个完整的高等教育系统，为社会经济发展输送人才，也为跨境高等教育的发展奠定了基础。对外，为了培养人才，发展本国经济，新加坡在时任总理李光耀的倡导下，参与了由英联邦国家发起的"科伦坡援助计划"，向外输送学生进行深造，设立奖学金，与之签订协议，毕业后为本国服务，这在一定程度上缓解了国内对人才的需求[2]。

1979年，李光耀总理动身前往英国，与英国学者讨论新加坡国立大学与新

1　SANDERSON G. International education developments in Singapore[J]. International Education Journal，2002，3（2）：91–109.

2　Barbara Watson Andaya. Introduction to Southeast Asia[EB/OL].（2021–01–31）[2021–03–24].

加坡南洋理工大学聘请教师的问题，德国谢菲尔德校长兼英国拨款委员会主席丹顿爵士发表著名的《丹顿报告》[1]。其提议新大与南大合并为一所大学，促进不同学科之间教师、学生的交流与合作，提升多元化的教学研究水平，发展与新加坡国立大学、海外世界级大学的联系，聘请海外学者，开展科研工作。这一时期，新加坡政府"双管齐下"，对内改革教育体系，对外接受援助、向外输送留学生，高等教育发展进入新阶段，开始高等教育跨境合作。

反观泰国，它是东南亚地区唯一未受欧洲强权殖民化的国家，政治上的独立保证了教育主权的独立，形成独树一帜的办学风格。在朱拉隆功有远见地施行教育改革、建立现代世俗教育体系之前的几个世纪，暹罗教育体系基本上是宗教性质的，即僧侣是教师，寺庙是学校，因此，泰国高等教育真正的发展始于 19 世纪 80 年代——泰国第一次教育改革。20 世纪 50 年代，随着西方援助计划的涌入，泰国开始与外国机构展开合作[2]。首先，美国官方对泰国高等教育展开援助。随着冷战局势的加剧，美国将东南亚视为遏制苏联、反对共产主义的前沿阵地。为了争取东南亚地区的非共产主义力量，扶植"亲美势力"，美国同泰国开展了种类繁多、形式多样的教育交流活动。如"富布莱特项目"会组织学者、学生、团体领袖和学科专家到泰国进行教育交流，同时还为来美进行教育交流的专家、学者、学生等提供奖学金。此外，该项目还为东南亚地区的教师和学生提供教学技能和语言培训，为医学生和医生提供医学培训，为技术人员提供相关技术培训等[3]。此外，美国民间组织也对泰国高等教育展开援助，这当中的代表便是洛克菲勒基金会。洛克菲勒基金会主要针对泰国的医学教育提供援助[4]。它是美国最重要的国际私人基金会之一，推动发展中国家医学卫生和教育领域的现代化是其自成立以来的重要目标。在 20 世纪六七十年代，洛克菲勒基金会在泰国发起玛希隆生命科学项目、拉玛铁菩提社区卫生项目、美功农村综合发展项目以及建设流行病学全球网络等众多项目，帮助泰国建立起了现代医学教育体系，提高了完善社区健康服务的能力。洛克菲勒基金会通过将项目本土化，进而将现代医学和社区健康的理念植入到泰国社会发展当中[5]。这一时期，泰国的私立高等教育也

1 傅孙中. 纪念南洋大学创校25周年特刊[M]. 吉隆坡：马来亚南洋大学校友会，1982：8.
2 SUWANAWONGSE P, JEARAKUL P, TEERAVARAPAUG P, et al. Private higher education in Thailand The report of the Second regional seminar on private higher education：Its role in human resource development in a globalised knowledge society[R]. Bangkok, Thailand：SEAMEO-RIHED, 2002：119-128.
3 马利萍. 文化冷战与美国对东南亚实施的教育交流项目研究（1946—1961）[D]. 福州：福建师范大学，2018.
4 MONTESANO M J. Innovative Partners：The Rockefeller Foundation and Thailand by William H. Becker（review）[J]. Sojourn：Journal of Social Issues in Southeast Asia, 2015, 30（1）：290-299.
5 ANDERSON-LEVITT K M. Local Meanings, Global Schooling：Anthropology and World Culture Theory[M]. New York：Palgrave MacMillan, 2003：27-31.

得到发展。随着《1963 年私立大学法》的颁布，泰国私立高等教育机构迎来了它们的"春天"，为跨境高等教育的发展提供了肥沃的土壤。

马来西亚是东南亚地区唯一的联邦国家，由 13 个州和 3 个联邦直辖区组成。1957 年，马来西亚结束殖民统治生涯，宣布独立。20 世纪 60—70 年代，随着马来西亚国家的变动，其高等教育得到了发展，同时也开启了跨境高等教育合作的新篇章。1957 年，独立后的马来西亚只有一所综合大学即马来亚大学和数学职业技术学院，这样落后的高等教育状况满足不了国家发展的需要[1]。为促进高等教育发展，1962 年，马来西亚成立了一个高等教育计划委员会，以预测国家未来 20 年的人力需求，规划国家高等教育发展的方向[2]。并且在 1960 年至 1965 年间，马来亚大学进行教学调整，建立了各种学院并扩展至现有的学院。但是 20 世纪 70 年代后，由于政治问题，马来西亚政府实行排除华人的"固打制"政策，致使华人或华侨子女无法在马来西亚接受高等教育，相对比较富裕的华人华侨子女不得不出国留学深造[3]。根据一项报道，1975 年马来西亚国内大学生的人数为 31529 人，而同时在国外留学的大学生有 15427 人，到了 20 世纪 80 年代，出国留学的人数更是远远超过国内就读的大学生人数将近一倍之多。到了 20 世纪 80 年代中期，国内对高等教育的需求日益高涨，马来西亚政府放宽了对私立高等教育院校的管控，允许私立院校的设立。随着私立院校的发展，同时也为了减轻国外留学高额的学费和生活费，培养社会所需人才，许多私立院校推出了一个全新的课程——"双联课程"。它是马来西亚私立院校和国外院校合作，双方相互承认学分和学位的一种办学模式，因其灵活性发展至今，并成为马来西亚高等教育的特色项目[4]。这一时期，马来西亚在改革国内高等教育的同时，也将目光聚焦在跨境高等教育的发展上，初步形成了"公私并存，交叉发展"的高等教育新体系。

越南是一个社会主义国家，位于东南亚的中南半岛东部，国土总面积小但海岸线狭长，矿产资源丰富。而越南高等教育的发展相对于新加坡、泰国、马来西亚来说，有其独特之处。1945 年，独立后的越南因地理位置以及历史遗留问题被分裂成南越南和北越南。在实现南北统一之前，越南随着国家的分裂也拥有两种独立的高等教育体系[5]。在此期间，北越南在苏联等东欧社会主义国家的帮助

1　LEE M N N. Restructuring higher education in Malaysia[J]. Educational Research for Policy & Practice，2004，3（1）：31-46.
2　Malaysia. Report of the higher education planning committee[R]. Kuala Lumpur：Government Printers，1967.
3　胡梅. 马来西亚跨国高等教育的发展动因和实施途径研究[D]. 重庆：西南大学，2010.
4　杨素萍，黄振鹏. 马来西亚"双联课程"研究与启示—基于社会学推拉理论的视角[J]. 高教论坛，2017，（10）：108.
5　吕亚军. 革新开放以来越南高等教育的国际化[J]. 外国教育研究，2011，38（7）：29-35.

下，采用苏联高等教育体系，苏联派专家前往越南进行教育交流，越南派遣留学生前往苏联学习和培训，同时越南根据苏联模式改革课程结构、修订课程大纲。而南越南则相继在法国、美国的统治下，与美国高等教育机构进行合作交流，建立私立院校，接受美国的援助项目（富布赖特项目）。由此可见，在越南长期的殖民和革命历史中，无论是苏联还是美国，海外师生交流与合作一直是越南教育体系和精英培训中不可分割的组成部分[1]。1975 年，北越南打败南越南，越南实现了南北统一，高等教育体系也终于合二为一。但由于财政经费不足，越南将大部分经费用于中小学教育改革中，因此高等教育的发展有所停滞。1979 年，越南政府发布《关于高等教育改革的决定》，所有私立院校收归国有，建立师范院校，重新明确高等教育的任务，即不仅要向社会提供科技人力，还要满足人们接受科学文化教育的需求[2]。这一时期，越南的高等教育发展主要体现在接受苏联、美国等国家的援助，进行教育合作交流项目，引进国外先进办学理念、课程设置等，呈现出明显的政治外交特色。

总的来说，这一时期东南亚地区这四个国家的跨境高等教育仍处于初步发展阶段，带有明显的政治色彩，其发展呈现如下特征。

高等教育地位具有不对等性。20 世纪 50 年代，美国等西方发达国家向东南亚地区提供技术援助和经济援助计划，促进了东南亚地区教育提升和经济发展。东南亚地区国家大多刚刚独立，以自己的力量无法短时间内摆脱贫困的局面，高等教育的国际地位和影响远远落后于世界先进水平，为此接受西方援助计划成为他们建设国家、发展教育、提升实力的最佳选择。英国、美国等国家也希望通过援助，在东南亚地区扩大自己的影响力，输出自身的意识形态和价值观念。因此在双方各有所需的前提下，作为受援对象，新加坡、泰国、马来西亚和越南这四个国家分别接受了英国、美国、苏联等国家的援助，利用西方发达国家的经济和技术支持，引进先进高等教育体制，从学制、教学大纲、课程设置、办学理念以及教学管理等方面重新规划本国高等教育的发展。

教育合作交流具有单向性。这一时期，东南亚地区教育合作交流主要以单向输入为主。独立后的东南亚国家（新加坡、马来西亚）在发展经济的同时都将目光聚焦在人力资本的发展上，认为"人才"是科技进步与发展经济的唯一动力。在国家政策的支持下，新加坡、马来西亚政府为留学生设立国家奖学金，提升人

1　ABUZA　Z. The politics of educational diplomacy in Vietnam：Educational exchanges under Doi Moi[J]. Asian Survey，1996，36（6）：618-631.

2　CAN L T. Higher education reform in Vietnam, Laos, and Cambodia[J]. Comparative Education Review, 1991, 35（1）：170-176.

才引进待遇，吸引国外优秀学者前往本国进行技术指导与培训。泰国也在接受西方援助计划的同时，向外输送师生交流学习。统一后的越南尽管高等教育发展有所停滞，但与国外的教育合作交流仍在继续。

国家战略发展计划具有先进性。这一时期，从这四个国家的发展中可以看出，他们虽然尚未摆脱贫困，但是对内调整改革了高等教育体制、国家主导制定了正确的战略发展方向；对外抓住了西方国家的援助计划发展自身，最终成功迈出发展的第一步，足以体现国家战略发展的先进性。独立后的新加坡将人力资源定位为国家发展的命脉，大刀阔斧对高等教育体制进行改革，建立高等院校；马来西亚则允许私立院校的发展，形成"公私并存，协同发展"的高等教育新结构，为跨境高等教育的发展奠定了坚实的基础和提供了发展的必要前提。泰国、越南的现代高等教育体制虽未像这两个国家一样具备非常明确的发展目标，但在此后的发展中，越南和泰国的跨境高等教育合作一直在跌宕中不断扩大内容、范围和层次。

（二）探索发展时期（20世纪80年代—21世纪初）

20世纪80年代，东南亚各国初步完成了高等教育体制改革，经济稳步发展，跨境高等教育发展的范围和层次得到了进一步扩大和深化。这一时期，虽然东南亚的跨境高等教育项目依旧以单向输出为主，但其项目更加多样化了，从以前师生单向输出到现在建立开放大学，与外国优秀学校合作办学，建立卓越研究中心。此时，东南亚跨境高等教育的发展依旧以输出为主，但各国都在探索适合本国发展的道路，打造"品牌"效应。

20世纪80年代，开办学校的热潮推动新加坡的跨国高等教育发展。这一时期，新加坡国家经济得到迅速发展，接受西方国家援助的教育项目在逐渐减少，流向海外高等院校的学生也在不断减少。但是新加坡国内仅有的两所公立大学（新加坡国立大学与南洋理工大学）无法承担民众对高等教育的需求，政府渴望增加接受高等教育的机会。因此，新加坡政府抓住机遇，完善高等教育体制，形成新型高等教育三层"金字塔"结构；扩大高等教育规模，给予私立学校更多的发展机会；允许院校机构与国外院校合作办学，开发新课程，为大龄学生或适龄青年提供形式多样的从文凭到学位的课程项目；通过平等入学政策、政府财政支持以及提供慷慨薪酬吸引精通英语的精英学生群体[1]。1994年，新加坡开放大学正式成立。这所大学受政府委托，其学位课程由新兴私立机构新加坡管理学院开办，采

1　XAVIER C A, ALSAGOFF L. Constructing "world-class" as "global": a case study of the National University of Singapore[J]. Educational Research for Policy and Practice，2013，12（3）：225-238.

用学分制，学制四年，修满 12 学分才能拿到学位，但不限最长修读的年限。该校学位课程与英国开放大学挂钩，学位也由英国开放大学颁发，学位文凭得到政府承认[1]。自 20 世纪 90 年代中期以来，为了把国家发展成为地区性的高等教育中心，新加坡颇具前瞻性地邀请国外的顶尖大学在本土设立研究中心，开展业务，将知识转移到行业，促进经济的发展。许多世界知名大学都在新加坡设立了卓越研究中心，包括芝加哥商学院、宾夕法尼亚大学沃顿商学院、麻省理工学院等。新加坡政府也鼓励大学与研究中心联合起来，共同为海内外学生提供教育服务，提升大学的学术研究能力，包括新加坡国立大学李光耀公共政策学院与哥伦比亚大学国际公共事务学院等[2]。20 世纪 90 年代，新加坡政府制定了名为《新的起点》的跨世纪战略，确立了未来 20 年新加坡教育发展的基本目标以及国家经济发展的国际化战略，要求大力发展高等教育，使教育更加适应国家发展的需要。1998 年，新加坡政府提出《十所顶级大学计划》，即在十年内吸引十所世界一流大学在新加坡设立分校，以增强新加坡高等教育的世界竞争力，加速新加坡高层次科技人才的培养，并通过这些大学聚集一流的专家、教师和学生，使新加坡成为"地区教育中心"。这标志着新加坡跨境高等教育朝着多元化方向发展。

从 20 世纪 80 年代中期开始，由于国内经济繁荣和外部经济压力，国际化概念日益流行。自 1990 年以来，泰国已将高等教育国际化纳入其教育发展计划中[3]。此时，基于可访问性、问责性和权力下放的模式，全球高等教育采用以美国等国家的西方模式为基础。在这个趋势下，泰国在 20 世纪 90 年代开始了高等教育改革[4]。首先是国家层面。泰国政府发布了第一个 15 年长期高等教育计划（1990—2004 年），具体实施由泰国教育部高等教育委员会办公室负责，计划的内容充满了"全球意识""经济竞争力""国际一级能力"和"特定技能"等术语。在高等教育委员会的指导下，泰国政府在学术自由和卓越的基础上管理高等教育，并为促进高等教育的发展设有国际合作战略局，其主要职责有：制定学术发展和高等教育管理的国际合作战略和指导方向；开展高等教育方面的国际合作活动；响应教育服务贸易自由化，提供指导性建议及制订措施，以提高高等教育院校的竞争力；促进和鼓励高等教育机构尽量利用国际资源发展高等教育；与

1 冯增俊，卢晓中. 战后东盟教育研究[M]. 南昌：江西教育出版社，1996：242-243.

2 CHAN D, Ng P T. Developing transnational higher education: Comparing the Approaches of Hong Kong and Singapore[J]. International Journal of Educational Reform. 2008, 17（3）：291-307.

3 LAVANKURA P. Internationalizing higher education in Thailand: Government and university responses[J]. Journal of studies in international education. 2013, 17（5）：663-676.

4 EVANS, GILLIAN. "Local meanings, global schooling: anthropology and world culture theory."[J]. Journal of the Royal Anthropological Institute 10. 3, 2004：716-718.

其他相关机构合作并提供支持[1]。在相继的第 7 个（1992—1996 年）、第 8 个（1997—2001 年）高等教育发展计划中更是明确了高等教育国际化的内容以及它在经济方面的重要性[2]。由此，泰国将高等教育国际化作为一项战略，以提高国家高等教育的国际竞争力，为国家社会经济发展提供一批符合新的"全球专业"和新知识经济特点的毕业生。1999 年，亚洲开发银行为帮助泰国培养适应经济发展的人力资源、增加科技和工程人才的供给，批准了一项面向泰国的高等教育援助项目，项目总成本为 7104 万元，其中普通资金来源（Ordinary Capital Resources）给予 5932 万美元的贷款。该项目旨在加强泰国高校和企业在研究生教育和科研方面的合作，为相关科技领域的研发工作打下坚实基础，以便提高泰国经济的国际竞争力[3]。这一时期，随着国家计划的发展，泰国跨境高等教育步入新阶段——层次更加丰富、内容更加充实。

20 世纪 90 年代中期以来，马来西亚私立院校与外国大学合作开设的"双联"课程模式更加多元、更加完善。马来西亚政府为满足国内日益高涨的教育需求，在更大程度上开放了对高等教育的管控。1994 年，国会通过了有关大专法令的修正案，其中包括允许外国大学到马来西亚建设分校区。1996 年，马来西亚政府颁布《私立高等教育机构法》[4]，更多的私立院校（本科、专科）成立。据数据显示，在原来的 156 家私立教育机构基础上增加了 35 家[5]，这些私立大学主要由商业财团创办，教授科学、技术相关领域的课程，其目的是培养国家所需的技术人才，招生对象以本地生源为主，同时也接受外地学生就读。私立院校的发展在高等教育的发展中发挥着强有力的作用，一定程度上减少了马来西亚学生出国留学的人数。目前，马来西亚私立院校在教育部注册的机构约有 500 所，每年招生人数超过 11.5 万人。[6]1998 年，澳大利亚莫纳什大学率先在马来西亚设立分校，继而，英国诺丁汉、澳大利亚斯威本科技大学也开办了分校[7]。马来西亚高等教育的发展也促进了国家经济的发展。这一时期，马来西亚跨境高等教育在政府的

1 TEIXEIRA, P. N. , SHIN, J. C. （eds）. The international encyclopedia of higher education systems and institutions. [M]. Netherlands：Springer，2020：1539−1547.

2 GERALD W. FRY. Education in Thailand：An old elephant in search of a new mahout[M]. Singapore：Springer，2018：271−280.

3 彭文平. 亚洲开发银行对东盟国家的高等教育援助[J]. 东南亚研究，2014（5）：106−112.

4 SIDHU G K, KAUR S. Enhancing global competence in higher education：Malaysia's strategic initiatives[M]//. Higher education in the Asia−Pacific. Dordrecht：Springer，2011：219−236.

5 SIRAT, M. B. Strategic planning directions of Malaysia's higher education：university autonomy in the midst of political uncertainties[J]. Higher Education，2010，59：461−473.

6 WILKINSON ROY, YUSSOF I. Public and private provision of higher education in Malaysia：A comparative analysis[J]. Higher Education，2005，50（3）：361−386.

7 ARUNASALAM N D. Impact of UK and Australian transnational higher education in Malaysia[J]. Journal of Studies in International Education，2016，20（3）：242−259.

政策支持下，项目形式更加完善。

20 世纪 80 年代，越南陷入战争，高等教育合作交流中断。1990 年，越南加入东南亚教育部部长组织，开始了高等教育多边合作，先后与 40 个国家、7 个非政府组织、10 个国际组织和许多大学建立了正式教育联系。1995 年，越南加入东盟，重新规划对外发展目标，与多个国家建立外交关系。在教育全球化背景下，越南高等教育体制过于陈旧，亟须进行改革。因此，越南政府扩大了高等教育的发展规模，加快教育国际化发展步伐，拓宽跨境高等教育合作的范围和内容。首先，出台政策允许学生出国留学。同时，越南有条件的家庭也开始送子女到国外留学。据统计，1992—1995 年，有将近 2300 人自费前往澳大利亚、中国、加拿大等国家留学[1]。其次，高等教育体制采用美国模式，引入竞争机制。第一，引入实用主义理念，发展实用学科，建设综合性大学。第二，允许私立院校建立，拓宽教育交流合作学校与项目。这一时期，尽管越南跨境高等教育发展艰难和缓慢，但是在国家的政策支持下，形式也开始多样化起来，范围也逐渐扩大了。

总的来看，东南亚国家跨境高等教育在探索发展时期取得较大发展，具有如下特点。

高等教育稳步发展，地位得到提升。20 世纪 90 年代，由于世界各地的经济形势和高等教育的全球化力量，大学再次开始发生转变，融入经济动力。东南亚国家意识到了这一点，将高等教育院校公司化，并强调了大学的宗旨具有现代行政和治理结构的"经济"作用。这一时期，东南亚国家高等教育院校办学水平得到迅速提升，在世界高等教育院校中"崭露头角"。这为东南亚高等教育的稳步发展和跨境高等教育的交流与合作打下了坚实基础。在人员流动上，由以往的单向向外输出过渡到现在的双向输出，东南亚国家高等教育机构的办学质量吸引了全世界的目光，本地海外留学生数量每年都在增加；在项目流动上，不再一味地引进国外项目，东南亚国家也开始注重打造本土"品牌"，如马来西亚的"双联课程"，对外合作也从单向交流迈入双向交流；在高等教育机构的设立和发展上，东南亚国家允许海外知名院校与国内院校合作办学，成立新的私立院校，或与其签订学分互认协议，建立开放大学。

跨境高等教育的内容和层次呈现多元化。东南亚国家对高等教育的需求，高等教育国际化的发展，建立外交关系需求的持续增长以及全球知识经济崛起都在

---

1 ABUZA Z. The politics of educational diplomacy in Vietnam: Educational exchanges under Doi Moi[J]. Asian Survey, 1996, 36（6）: 618-631.

驱动着东南亚国家跨境高等教育的发展。为更好、更快地接轨国际教育市场，东南亚国家十分注重世界形势，关注全球化动向，研究世界教育改革以及借鉴国外先进办学理念，培养具备国际竞争力的人才。因此，一方面，东南亚国家外派留学生人数依旧上涨，培养层次也相应提升。越南政府在公派留学的学生中，既有大学生和接受短期培训者，也有攻读硕士学位、博士学位者。另一方面，跨境高等教育合作对象的范围也渐渐扩大。以前的跨境合作对象只有政府间、高等教育机构间，现在扩展到了研究机构以及非政府组织和公司。比如越南政府与英特尔合作，实行"3+2"教学模式，成立专项奖学金，用以资助学生出国留学，学生学成归国后入职英特尔。最后，东南亚国家与海外高等教育机构进行深度合作，创办大学。1998年，莫纳什大学在马来西亚成立第一个分校区。2000年英国诺丁汉大学也在马来西亚成立分校区。到目前为止，马来西亚的12家境外合作办学的高等教育机构中，有7家来自英国和澳大利亚的大学[1]。

（三）发展成熟时期（21世纪初至今）

21世纪初，受经济全球化的影响，东南亚国家越来越注重跨境高等教育的发展，从国家发展战略层面上建设具有本国特色的跨境高等教育体系，并进一步朝着多元化方向发展。

新加坡过去和现在的教育政策一直与国家的经济优先事项相一致。2001年，新加坡经济检讨委员会发表了题为《新挑战新目标——迈向充满活力的国际大都市》的未来15年经济发展报告。该报告在教育服务贸易中提出的总体目标是把新加坡建设成为一个"环球校园"，成为"亚洲的波士顿"。2002年，新加坡经济发展委员会制订了全球校舍倡议。首先，打造品牌集聚效应，吸引世界级大学在新加坡建立"基地"，加大国家对高等教育院校的投资力度，引进海外知名学者，将新加坡国立大学与南洋理工大学打造为世界一流大学，吸引亚洲学生。其次，招募国际学生，实行优先就业政策，到2015年实现吸引15万国际学生的目标。2003年，新加坡国立大学招收了约4万名学生，南洋理工大学招收了约5.6万名学生。[2] 新加坡的国际学生人数从2005年的7.1万人上升到2008年的9.6万人。最后，重塑新加坡各级教育，帮助大学从研究型大学转向创业型大学，同时加强对私立院校的管理。2012年，基于美国麻省理工学

1 HOU A Y-C，HILL C，CHEN K H J，et al. A comparative study of international branch campuses in Malaysia，Singapore，China，and South Korea：Regulation，governance，and quality assurance[J]. Asia Pacific Education Review，2018，19：543-555.
2 GARRETT R. The rise and fall of transnational higher education in Singapore[J]. International Higher Education，2005（39）：9-10.

院与中国浙江大学这两所大学建立的战略合作关系，政府建立新加坡第四所大学；推动新加坡国立大学和英国帝国理工学院合作建立医学院。这符合新加坡更广泛的国际化发展需求，极大地提升了新加坡高等院校的国际竞争力[1]。自20世纪60年代以来，新加坡在高等教育方面取得的成就有目共睹，新加坡国立大学与南洋理工大学成功跻身世界一流大学前列。目前，新加坡南洋理工大学与全球300多所知名院校建立合作关系，为超过3.5万名本科生、研究生提供世界一流的高品质教育，吸引着亚洲以及其他地区的精英群体。新加坡国立大学在大量引入海外学子的同时，也积极开拓国际合作办学新渠道，大力建设海外分校，实施多种形式的国际交流项目。新加坡大力推行高等教育国际化，为学生、课程、教师、项目的跨境流动付出了巨大的努力，最终实现了它的战略目标，即成为国际教育中心和亚洲教育枢纽。

21世纪初，面对经济全球化的挑战，泰国高等教育也时刻保持着开放心态和奋斗热情，积极与国际教育市场接轨，大力加强与其他国家高校的合作交流，并结合本国国情进行"本土移植"，着力打造品牌特色。泰国私立高等教育机构的数量从25所上升到51所，并呈现持续上升趋势，成为教育发展的第一推动力[2]。21世纪以前，随着泰国高等教育国际化发展蓝图的逐步明确，中泰开始进行教育合作交流。这一时期，泰国与其他国家合作交流的情况集中体现在中泰教育合作上。1993年，广西A大学与泰国高等教育院校开启了"3+1"模式跨境高等教育，该阶段的合作成果为21世纪中泰跨境高等教育的快速发展奠定基础。在2013年发布的《中泰关系发展远景规划》中，提出了"落实好教育合作协议和相互承认高等教育学历和学位的协定，深化两国政府部门、教育机构教育与研究合作"。在此指导下，2015年广西积极筹办中国东盟联合大学，"培养目标是以培养东盟各国紧缺的各行业建设专业技术人才与促进区域一体化建设和管理所需的各类管理人才为主，培养形式分为学历教育和在职培训两类"。中泰跨境高等教育项目的形成与发展，受高等教育国际化趋势所影响，根植于中国—东盟合作关系不断深化与发展的时代背景下，同时也是中国—东盟之间对高等教育交流与合作的重视。[3]尤其是在2015年东盟经济共同体建成后获得了加速度，再加上中泰跨境教育合作不断深化与发展，两国签订了《中泰文化合作协议》（2001）、

1 SIDHU R. Building a global schoolhouse：International education in Singapore[J]. Australian Journal of Education，2005，49（1）：46–65.
2 PRAPHAMONTRIPONG P. Intra–sectoral diversity：A political economy of Thai private higher education[D]. New York：State University of New York at Albany，2010.
3 黄春秀. 中泰跨境高等教育项目质量保障的研究[D]. 上海：华东师范大学，2016.

《中华人民共和国与东南亚国家联盟全面经济合作框架协议》（2002）、《中国与东盟面向和平繁荣战略伙伴关系联合宣言》（2003）、《落实中国—东盟面向和平与繁荣的战略伙伴关系联合宣言的行动计划》（2004）、《中国教育部与泰王国教育部关于相互承认高等教育学历学位的协定》（2007）及《服务贸易协议》（2007）等。这些使泰国高等教育在国际化各方面均取得出色表现，从而奠定了泰国高等教育在东南亚的领先地位[1]。

21 世纪初以来，马来西亚政府制订了"区域教育发展中心"目标，积极向海外扩展教育市场。首先是加强同外国政府、高校和国际组织的长期合作，特别是加强与澳大利亚大学的合作。1999 年初，马、澳两国教育部门签署学位资格互认协议，与新西兰的合作也有新的进展。同时，马来西亚还争取到了世界银行的专项贷款，推进实施"七五"计划中关于推动工艺学院教育发展的项目。其次，在外国办教育展。从 1997 年开始，马来西亚政府相继在印度尼西亚、中国等地举办教育展，一些私立院校也在上海和北京设立了招生代理机构。同时，政府在"大马工业卓越奖"的奖项设置中，专门设立了出口教育奖奖励，用以吸引国际学生留学。第三，马来西亚高等教育机构积极走出国门，在国外成立分校。

2000 年以来，越南针对高等教育颁布多项条文。2001 年，越南政府颁布了《2001—2010 教育发展战略》（第 201/2001/QD 号决议），首次提出跨境高等教育国际合作。2001 年 18 号法令《关于在越南设立和运营外国文化与教育机构的政府法令》对非公立高校、外资合作与外资高校作了明确而详尽的规定。这一年，澳大利亚墨尔本皇家技术学院成为第一所进驻越南的外国大学分校。2005 年颁布的《关于 2006—2020 越南高等教育基本及全面改革》（第 14/2005/NQCP 号文），在第七项决议中再次提出跨境高等教育国际交流与合作。为规范涉外办学，越南政府先后提出了 4 个法令与 3 个通知：2000 年 6 号法令《关于在医疗、教育培训与科学研究领域外商合作与投资的政府法令》作为第一个外国投资法的补充法，明确了外商投资教育领域三种方式和政府相关的优惠政策。根据此法令，2004 年 20 号通知《在劳动就业培训领域外商投资规定》和 2005 年 14 号通知《关于 2000 年 6 号法令实施通知》进行了更详尽的规定。2006 年 108 号法令《关于投资法相关条款指导原则》进一步对投资指南领域进行分类。上述政策法规及制度创新为越南高校与外国高校提供了开展双边合作

---

1 CHANG C T. Internationalization development of Thailand's higher education: Positioning Thailand as an International Education Center for the ASEAN Region[R/OL]. （2014-03-26）[2021-03-24].

的规范、自由与范围，是跨境高等教育的合作基础。2007年，越南成为世界贸易组织第150个正式成员，标志着越南广泛、深入、全面地融入全球贸易体系。政府为加快高等教育国际化进程，也加大了高等教育财政投入力度。早在2006年，政府在财政、招生、人事、培养计划和内容等方面也给予高校更多的自主权，鼓励大学开展产、学、研及国际合作，引进西方教育思想与体制。越南成为WTO成员后，承诺开放经济、商业、国际法、语言和自然科技等高教领域服务。政府为加快高等教育国际化进程，也加大了高等教育财政投入力度，通过调整拨款与投入机制，合并一些专科学校，建立多科或综合性大学等手段提升和整合高校教学科研综合能力，成立了河内国家大学和胡志明国家大学，打造国内顶尖高等学府，建设世界一流大学；大量输送骨干教师到国外进修及获取博士学位。越南政府还计划"2006—2020年一共投入45亿美元发展高教。2006年，政府在财政、招生、人事、培养计划和内容等方面也给予高校更多的自主权，鼓励大学开展产、学、研及国际合作，引进西方教育思想与体制"。2008年，越南政府颁布《批准2010年国家培训目标计划之决定》，在此战略下，高等教育发展迅速，招生规模不断扩大，各方面都有新的发展，高等教育与市场经济体制调整了彼此的关系，也推动了越南经济发展和社会的进步。全国各区都设立了终身学习机构；全国超过半数的社区设立了"社区学习中心"。越南拨出政府资金选派大学生与中学生到先进国家学校去接受从学士至博士的培训程度。2009年，越南与其他国家在教育和培训领域开展新型大学项目合作，签署了31项教育合作国际协议。这些新型大学项目旨在学习国外名校教育融资、先进教学理念与管理、课程开发、测试、质量保障等方面的经验与方法。越南教育部利用世界银行和亚洲开发银行赞助的4亿美元贷款建设了4所国际综合性研究型大学。

总的来看，这一时期东南亚国家跨境高等教育随着高等教育国际地位的提高，进一步明确了发展的目标和蓝图，步入了成熟发展时期，具有如下特点。

跨境高等教育发展由单一的学习移植转向符合国情的有机移植。东南亚国家在引进国外先进课程项目的过程中注重结合本国国情，打造出独具本国特色的课程项目，吸引海外国际学生。新加坡、越南、马来西亚、泰国高等教育机构改变了以英语为教学媒介的做法，引进先进国外实验课程项目，经过课程本土化制作，形成独具特色的本土化课程。新加坡在引进外国先进跨境教育项目时，会根据本国经济社会实际情况，选择符合本国国情的高等教育国际化发展战略，形成三层

"金字塔"型高等教育体系。1997年，泰国将本土化教育的相关内容写入国家宪法和国家教育法。2001年，泰国成立了教育质量保证协调中心，明确在吸收国外先进经验的同时，也要注重本国文化的输出，为国际学生提供学习泰语的机会，并且在此过程中融入泰国文化资源，坚守自身生命力。越南政府在融入世界的过程中也注重根据本国实情来发展高等教育。越南为了适应本国的革新政策，鼓励扩大和加强与国外高校和学术机构的合作交流，并吸收有益的、符合越南实际的宝贵经验，以促进越南高等教育的发展。

建设区域高等教育枢纽成为各国跨境高等教育的发展目标。通过整合高等教育资源成为区域教育中心，一直以来是东南亚各国高等教育发展的共同愿景，旨在通过本地优质教育资源吸引国际留学生，创造本国教育产业收入，同时通过跨境教育资源提升本土高等教育体系水平，增强高等教育的综合实力。面对全球化市场带来的巨大压力，新加坡积极向国外开放高等教育市场，从政府、大学、教师、学生等各个方面，积极地对高等教育的国际化议程作出战略性安排。21世纪初，新加坡跨境高等教育从借鉴输入国外先进跨境课程项目，到向世界输出自己的教育管理理念等，已然形成一个成熟的教育体系。2007年，马来西亚高等教育部为实现国家高等教育变革，发布了"国家高等教育战略规划2020"[1]。该规划不仅规定了马来西亚高等教育部门必须执行的业绩标准，也规定了提供高等教育项目的教育机构应该达到的标准，明确区域教育中枢的建立目标之一就是提升马来西亚高等教育的国际化水平，使马来西亚在2020年前拥有20万名国际留学生，使之进入国际留学生选择目的地国家前六名。泰国与越南也都明确了要重点发展跨境高等教育。

跨境高等教育合作从静态"输入型"转变为动态"输出型"。首先，进入21世纪后，师生流动表现出更明显的互动特点，东南亚地区留学人数日渐减少，而本地国际学生人数日渐增加，这样的流动具备了更高的双向性。其次，国际合作项目数量显著增长，呈现出动态多元的发展导向。21世纪初，泰国积极参与全球开放资源运动和跨境远程教育项目，与世界200多个国家和地区共享教育资源。泰国政府除了积极学习他国的优秀经验之外，还重视将自身的优势向外展现，为其他国家提供优质的教育服务。2015年，东盟共同体的组建更为泰国开放大学的发展提供了千载难逢的机会，凭借自身优势，向中国、新加坡、缅甸等东盟国家的国际学生提供远程课程项目和提供获得教育证书和学历的机会，以及向东

---

1 AZIZ，M I A，ABDULLAH D. Malaysia：Becoming an education hub to serve national development[M] // KNIGHT J. International education hubs. Dordrecht：Springer，2014：101-119.

盟其他国家的开放大学传播优秀的办学经验，开拓教育市场，促进自身的可持续发展，拓宽发展视野。最后，高等教育的质量进一步提升。新加坡大学成功转型为"创业型"大学，跻身世界大学排名前列，这一成功案例吸引了全世界的目光，许多国家派遣学者前往新加坡交流学习。

二、东南亚国家跨境高等教育的发展举措

（一）改革高等教育体系与政策法规

1. 改革高等教育体系

在高等教育国家化条件下，高等教育作为服务产业和贸易对象，已经成为新兴领域和国家或区域经济发展的重要组成部分。新加坡、马来西亚、泰国政府等国都把发展高等教育国际化、进行跨境教育作为发展知识经济的驱动力。各国在20世纪80年代，都已相继完成本国的教育体系改革，形成了一个相对比较完善并发展至今的现代高等教育体制。1996年，马来西亚进行高等教育的教育改革，颁布了《1996年教育法》、《私立高等教育法》、1996年《全国高等教育委员会法》、1996年《国家认证委员会法》和1996年《大学和大学学院（修正案）法》，这对为扩大规模的高等教育的自由化和私有化保驾护航，满足了马来西亚的社会与经济发展需求，也使马来西亚成为地区教育中心的重要组成部分[1]。

2. 颁布《私立大学法》

私立大学的有序发展是推进东南亚国家发展跨境教育合作的巨大动力。东南亚各国为应对经济全球化所带来的挑战，完成其成为亚洲区域教育中心的国家愿景，从立法上保障了国家的私立高等教育机构朝着高标准、高质量方向发展。1979年，泰国教育部颁布《私立大学法》，立法支持私立大学的发展，这对泰国高等教育系统带来了重大影响。一方面，私立高等院校"喷发式"发展，高等教育系统更加完善。泰国的高等教育系统分为国家公立大学、新兴公立大学与私立大学三类。《私立大学法》的颁布为私立大学的发展提供了一个合法的、良好的发展环境，使其健康发展成为吸引外国留学生的主要教育场所之一。另一方面，高校国际合作项目持续增长。1996年，马来西亚出台了《私立高等教育法》，通过立法促进马来西亚私立高等教育的发展，从而满足了国家文化建设和经济发展的需求，降低其教育进口需求。该法案于2003年修订，鼓励马来西亚

1　The UNESCO Asia and Pacific Regional Bureau for Education. Higher education in South East Asia: Asia Pacific programme of educational innovation for development[M]. Bangkok: UNESCO, 2006: 103-104.

私立机构与外国高等教育机构合作，使得马来西亚有相当数量的跨境高等教育提供者[1]。马来西亚对私立高等教育机构的监管有以下措施。

①建立私立高等教育机构，必须先向教育部申请批准。建设私立大学和国外大学分校必须首先向部长提出申请。

②外国高等教育提供者必须在当地成立一家公司，"但须遵守有关参股和管理跨国教育的条款和条件，董事会的组成可由部长确定"。

③机构经批准设立后，必须向民办教育司申请登记。

④一旦注册，每一门课程或培训都必须向教育部申请许可才能进行。各机构必须为每个学习课程提供单独的文件，包括有关教师、科目、设施、管理系统和提供该课程的理由的详细信息。

⑤一旦获得这一级别的批准，各机构可以授予学位，如果学生攻读第一学位，他们可以向国家高等教育基金申请贷款。然而，这些课程不被视为公共部门就业的基础。为了获得充分承认并有资格获得这些福利，该机构必须向局域网申请课程认证，由相关领域的专家组成的评估小组对课程质量进行更详细的评估，他们检查文件、访问机构、面试管理工作人员和学生[2]。

3.扩大公立大学自治权

东南亚国家高等教育在发展初期，其课程设置、招生制度、办学管理等皆置于国家政府的统一规划下进行。在这种整齐划一的管理下，大学容易丧失活力。因此，为摆脱这种局面，国家必须下放大学自治权，推进大学自治化，授予大学一定的自由，使其能够合理创新。2000年7月，新加坡政府接受了1999年4月成立的一个特设委员会的建议，旨在对该岛国目前的大学治理和资助制度进行审查[3]。在治理领域，新加坡教育部继续负责制定大学教育的政策框架。与此同时，新加坡国立大学和南洋理工大学这两所公立大学将在系统的问责框架内获得更大的运营自主权，能够为自身建立战略发展框架，以实现其使命和目标[4]。因此，在21世纪初，新加坡的两所大学能够根据全球变化形势，在校内办学理念、专业设置、招生政策等方面作出调整，成为世界一流大学。

（二）拓宽跨境高等教育的内容和层次

1　MORSHIDI S, AHMAD A R, YEW L K. Trade in services and its policy implications: The case of cross-border/transnational higher education in Malaysia[J]. Journal of Studies in International Education, 2011, 15（3）: 241-260.

2　MCBURNIE G, CHRISTOPHER Z. The regulation of transnational higher education in Southeast Asia: Case studies of Hong Kong, Malaysia and Australia[J]. Higher Education, 2001, 42（1）: 85-105.

3　LEE, M. H., & Gopinathan, S. Centralized Decentralization of Higher Education in Singapore[M]. Education and Society, 2001: 117-118.

4　MOK K H. Singapore's global education hub ambitions: University governance change and transnational higher education[J]. International Journal of Educational Management, 2008, 22（6）: 527-546.

在过去 30 年里，东南亚国家跨境高等教育项目经历了从单向流动到双向动态流动两个发展时期，在一定程度上已经形成了相对比较成熟的完整体系。

1. 增加师生国际交流

首先，新加坡政府鼓励世界各地特别是中国、韩国、日本、马来西亚和印度的学生到新加坡学习。对此，新加坡推行了一项政策，即为前往新加坡修读博士学位的留学生颁发新加坡国际研究生奖学金，其中每年将有 240 个奖项颁发给顶级学生[1]。其次，新加坡政府采取措施改善留学生的学习环境。降低国内高校向亚洲学生收取的教育费用（包括学费、生活费），使其低于澳大利亚；允许国内学生进入国际学校修读课程；参考澳大利亚国际人才培养模式，为国际学生制定质量保证框架；政府为国际学生的就业提供支持[2]。2008 年，金融风暴的高峰期，新加坡政府"迎难而上"推行了一项吸引"外国人才"到新加坡的政策，即吸引 1000 到 3000 名全球顶尖人才到新加坡。

为顺应全球化时代潮流，2009 年泰国政府宣布了"成为亚洲区域教育中心"的战略目标，提出了五年内吸引接近 10 万外国学生的明确要求[3]。随着政策推动，泰国留学生人数持续增长。2010 年，泰国的 103 所高等教育院校一共接纳了 20155 名学生。[4] 为吸引中国、老挝、柬埔寨、印度等亚洲国家留学生群体，许多泰国大学采用统一的费率制度，即泰国本地学生和国际学生的学费相同，这降低了国际学生的留学费用，同时泰国政府设立奖学金以吸引更多的国际学生[5]。目前，泰国约 15.96% 的国际学生可以获得泰国政府的学习奖学金[6]。根据联合国统计，泰国的留学生人数在过去几十年里不断增长，从 1999 年的不足 4000 名增至 2017 年的近 4 万名，翻了近 20 倍，其中中国留学生占在泰留学生的一半之多[7]。与此同时，学生出境留学缓慢增长。泰国教育部门提出"一个区，一个奖学金"的项目，划拨 42003.68 万泰铢的财政预算，为出国留学的泰国留学生提供支持

1 PEH S H. Education key in S' pore-Hungary tie-up[N]. The Straits Times, 2007-10-11.
2 DAQUILA, T. C. Internationalizing Higher Education in Singapore: Government Policies and the NUS Experience[J]. Journal of Studies in International Education, 2013, 17（5）: 629-647.
3 DAQUILA, T. C. Internationalizing Higher Education in Singapore: Government Policies and the NUS Experience[J]. Journal of Studies in International Education, 2013, 17（5）: 629-647.
4 MOK K, H, YU K M. The quest for regional education hub status and transnational higher education: Challenges for managing human capital in Asia[J]. Asia Pacific Journal of Education, 2011, 31（3）: 229-248.
5 SNODIN N. Mobility experiences of international students in Thai higher education[J]. International Journal of Educational Management, 2019, 33（7）: 1653-1669.
6 CHAPMAN, DAVID W. & CHIEN, CHIAO-LING. Higher Education in Asia: Expanding Out, Expanding Up[M]. UNESCO-UIS, 2014: 37-48.
7 CHAPMAN, DAVID W. & CHIEN, CHIAO-LING. Higher Education in Asia: Expanding Out, Expanding Up[M]. UNESCO-UIS, 2014: 37-48.

和帮助[1]。在东盟各国的教育合作下，赴中留学的人数持续上升，且主要集中在商业、经贸、法律等专业。

马来西亚实现将自身定位为区域教育中心的愿景，其发展的重点是国际学生。1997年，马来西亚政府通过了《国家高等教育基金委员会法案》，设立了一个基金，旨在向在马来西亚的高等教育机构学习的学生以教育贷款的形式提供经济援助。2006年，马来西亚第9个国家高等教育战略计划中提到计划未来发展10万名国际学生，并将加强高等教育国际化确定为7个国家战略推动力之一[2]。2001年，国际战略计划第二阶段试图通过学术合作提高马来西亚高等教育的知名度，以及在其他国家建立马来西亚大学的学术中心。同时，马来西亚政府发起了马来西亚外展计划，通过知识外交、校友和政府官员交流培训以及针对文件中确定的其他发展中国家需求的特定培训的项目交流，从而加强马来西亚与其他发展中国家之间的全球交流[3]。

一方面，越南目前是全球最具活力的出境学生市场之一，在规模上仅次于中国与印度。1999年至2016年，越南留学生数量激增数倍之多，从起初的8169名学生增加到63703名学生[4]。与此同时，越南政府提出了许多奖学金计划，如2013年启动的"911"项目，拟计划资助10000名学生出国留学攻读博士学位，每名学生每年最多可获得15000美元。在过去十年中，美国成为最受越南学生欢迎的留学国家。2015年，有30%的越南留学生在美国学习，其中以本科为主，商科专业是越南学生的首选（占注册学生的30%）[5]。除了美国，澳大利亚、日本、法国也是热门留学国家。另一方面，越南政府为了吸引更多的外国学生和研究人员，也在不断放宽相关标准。例如，允许大学为国际学生设置入学标准，而不要求举办越南语的入学考试。

2.推动课程项目国际化

20世纪80年代中期，为了加速高等教育国际化，满足国内对高等教育的需求，新加坡政府启动第一个远程教育方案。第一，允许海外高等教育机构在新加坡提供大学教育。其中英国开放大学、伦敦大学等知名学府成为最大的市场赢家。2003年，新加坡约有55%的学生参与英国高等教育机构提供的远程

1 LAVANKURA P. Internationalizing higher education in Thailand：Government and university responses[J]. Journal of studies in international education，2013，17（5）：663—676.
2 THAM, S. Y. 2011. Exploring Access and Equity in Malaysia's Private Higher Education[R]. ADBI Working Paper 280. Tokyo: Asian Development Bank Institute, 2011.
3 THAM S Y. Internationalizing higher education in Malaysia：Government policies and university's response[J]. Journal of Studies in International Education，2013，17（5）：648—662.
4 Stefan Trines. Education System Profiles Education in Vietnam[EB/OL].（2017—11—08）[2021—03—24].
5 Stefan Trines. Education System Profiles Education in Vietnam[EB/OL].（2017—11—08）[2021—03—24].

学位课程项目[1]。第二，允许新加坡管理学院等国内领先的私立学校与海外院校合作，为本地学生以及留学生提供高等教育。除此之外，新加坡 TMC 学院等私立机构也为海外院校（莫纳什大学、迪肯大学、伦敦大学等）提供远程学习课程[2]。1997 年，亚洲金融危机以来，新加坡参加国际远程教育的学生数量逐渐增加，而这些跨境高等教育项目在满足本地需求和发展国家经济方面发挥了重要作用。20 世纪八九十年代，马来西亚政府不允许私立高等院校授予自己的学位，因此，它们只能与外国高等教育机构合作，通过各种不同模式（如"1+2"模式、"2+1"模式、"3+0"模式）组织双联课程、学分转移课程、高校长期课程、远程教育课程、联合课程等课程项目[3]。由于学生可以自由选择在本地或海外学习，且所需费用较低，因此这些课程深受学生喜欢。2006—2007 学年，越南教育培训部允许国内 9 所大学开设 10 门国际试验课程。试验课程在这 9 所大学开设两年后，教育培训部决定增加开设国际试验课程的学校。到 2008 年，在教育培训部的指导下，17 所越南高校通过与世界银行、亚洲开发银行的合作开设了 23 门国际试验课程。试验课程都是从世界排名前 200 名的英国、美国的知名高校引进的，专业涉及生物医学工程、材料科学与工程、建筑工程、机械工程、食品科学、水产、电子、计算机科学、水资源工程、财经、信息系统等，均与越南社会经济发展需要密切相关。2010 年，泰国公立与私立大学共提供了 981 个本科和研究生级的国际项目，这些大学与美国、日本、澳大利亚、中国和英国等国的高等教育院校签署了 1536 项协议，包含了学术信息交流、科研合作与学位课程联合等，进一步促进了国家的高等教育跨境发展[4]。1965 年创立的泰国暹罗大学紧跟国家政策，先后与北美洲、欧洲、亚洲及大洋洲的 60 多个国家建立合作关系，就科研工作、课程建设等方面进行交流与探讨，创建了学分互换系统与远程课程网络教学项目[5]。

　　3. 允许开办外国分校

　　为了更好地适应经济全球化的进程，建设亚洲教育中心枢纽，自 20 世纪 90 年代中期以来，新加坡政府在战略上邀请国外"世界级""声誉好"的大学在新

1　ZIGURAS C. The impact of the GATS on transnational tertiary education：Comparing experiences of New Zealand，Australia，Singapore and Malaysia[J]. The Australian Educational Researcher，2003，30（3）：89-109.

2　ZIGURAS C. Educational technology in transnational higher education in South East Asia：the cultural politics of flexible learning[J]. Educational Technology & Society，2001，4（4）8-18.

3　ABD AZIZ M I，ABDULLAH D. Finding the next 'wave' in internationalisation of higher education：Focus on Malaysia[J]. Asia Pacific Education Review，2014，15（3）：493-502.

4　Lavankura，P. Internationalizing Higher Education in Thailand：Government and University Responses[J]. Journal of Studies in International Education，2013，17（5）：663-676.

5　付海明，刘国莹. 泰国私立高等教育的国际化进程——以暹罗大学为例[J]. 教育现代化，2017，4（10）：113-114.

加坡建立亚洲校区。2002 年，新加坡政府启动"全球校舍"战略，向海外高等教育的提供者和消费者开放，打造"亚洲教育中心"，将教育视为国家城市经济发展的必要条件[1]。新加坡国立大学与中国、美国、韩国等国家合作，设立海外学院，支持学生赴海外学习和工作。[2] 新加坡目前拥有 16 所领先的外国高等院校和 44 所提供国际课程的高等学府。

20 世纪 70 年代初期，由于马来西亚有关民族入学政策的限制，华侨及其子女无法在本地获得高等教育服务。为了解决本地高等教育需求，马来西亚政府允许外国大学提供远程课程项目或者建设分校，为本地学生提供高质量水平的高等教育。1998 年，澳大利亚莫什纳大学在马来西亚建立第一个分校。2000 年，英国诺丁汉大学马来西亚分校区迅速成立。截至 2018 年，马来西亚 12 所工商管理学校中，有 7 所来自英国和澳大利亚[3]。马来西亚私立高等教育院校也从 1996 年的 354 所增长到 2001 年的 704 所，以缓解国内高等教育的过度需求。

截至 2013 年 6 月，越南境内已有 204 所大学和 215 所学院，共有学生 226 万人[4]。20 世纪 90 年代，越南获得了联合国、世界银行及亚洲开发银行的经济援助。越南政府正在努力扩大越南的英语教育，并促进与澳大利亚、法国、美国、日本和德国等国家的跨国合作与交流。澳大利亚皇家墨尔本理工大学是第一所在越南开办分校区的外国大学，除此之外，还有越南 – 日本大学和越南福布莱特大学。[5] 2010 年以来，越南跨境高等教育项目显著增加，法国、英国和澳大利亚等国家的大学与越南高校合作办学，增加国际学位课程，值得注意的是，法国高等教育认证机构已在 2017 年向 4 所越南公立大学授予了认证。

（三）完善高等教育质量保证体系

20 世纪末 21 世纪初，东南亚各国政府大力鼓励跨境高等教育的发展，在颁布相关法律的基础上制定了一系列的政策规划，明确了国家未来发展面临的挑战及要达成的主要目标，积极创建地区教育中心。并且，由于跨境高等教育具有高度的时效性，因此在东盟的框架下，各个国家高等院校之间不断增强的联系迫使它们必须不断完善自身教育质量保障体系，建立一个区域内高等教育跨境质量保

1　LO, W. Y. After globalisation：A reconceptualisation of transnational Higher Education governance in Singapore and Hong Kong[J]. Higher Education Quarterly, 2018, 72：3–14.
2　李有文. 高等教育国际化的新加坡经验——以新加坡国立大学及南洋理工大学为例[J]. 嘉应学院学报，2012，30（1）：87–91.
3　HEALEY N M. The optimal global integration - local responsiveness tradeoff for an international branch campus[J]. Research in Higher Education, 2018（59）：623–649.
4　DAO K V. Key challenges in the reform of governance, quality assurance, and finance in Vietnamese higher education–a case study[J]. Studies in Higher Education, 2015, 40（5）：745–760.
5　Stefan Trines. Education System Profiles Education in Vietnam[EB/OL].（2017–11–08）[2021–03–24]. https：//w enr. wes. org/2017/11/education–in–vietnam.

障体系。

1. 加大高等教育投资力度

新加坡前国家副总理Tony Tan曾说过，"教育本身将成为一门全球化的知识"，并成为"新加坡吸引人才的引擎"[1]。1991年，为了进一步扩大高等教育，新加坡紧急规划委员会在提交《经济战略计划》时，建议将教育预算拨款增加到国内生产总值的5%[2]。政府将高等教育视为经济发展的源动力，十分愿意投入大量财政资金来发展跨境高等教育，提高其高校的品牌知名度和国际竞争力，将国家发展为"亚洲的教育知识中心"。政府通过将财政支持与绩效联系起来激励大学按照政府的要求发展，满足社会的需求。

2011年，由新加坡政府全权资助，耶鲁大学与新加坡国立大学合作，建立了亚洲第一所特色文理院校，名为耶鲁大学 - 新加坡国立大学学院。随后，政府对国内大学提供巨额补贴，以供它们生存和发展。根据2010年新加坡政府预算，大学与理工学院得到的财政补贴分别高达75%与85%[3]。在2010年新加坡国庆节这一天，时任总理李显龙宣布，政府将在未来20年投资40亿新加坡元（约30亿美元）用于高等教育建设，其中20亿将预留在新加坡大学信托基金中，以确保可以提供相应的赠款[4]。同时，新加坡国家科研基金会为新加坡国立大学、南洋理工大学和国家研究组织等提供大量的资源，供他们竞争。新加坡国立大学和南洋理工大学为吸引海内外知名杰出学术人才，为他们量身定制薪酬方案，再加上有机会获得高达1.2亿美元的研究经费，这使得这两所大学都能引进杰出学者，提升学校竞争力。

1990年，由于得到国际发展组织的激励和支持，泰国政府首次将高等教育国际化政策纳入第一个15年高等教育长期发展规划（1990—2004）中，试图协调国际市场，寻找一条"中间道路"激活泰国高等教育体系。首先，泰国政府改革大学资助体系，建立一个与市场协调的多元化资金来源体系，盘活高等院校的活力[5]。政府撤出对大学资助的部分资金，允许更多的其他社会组织（个人或公司）

1 WEE C J W L. Once again, reinventing culture: Singapore and 'globalized' education[M]//. Universities in translation: The mental labor of globalisation . Hong Kong: Hong Kong University. Press, 2010: 135−152.

2 SENG E. 7. 1. 2 Analysis of Singapore's 1991 strategic economic plan using the large - scale systems engineering framework[J]. INCOSE International Symposium, 2007, 17（1）: 1004−1014.

3 NG I Y H, KHOO J, NG N. Growing up poor（ly）: intergenerational class−based parenting logic in Singapore[J]. Journal of Family Studies, 2021, 29: 702−718.

4 Lee Hsien Loong. National Day Rally Speech（English）by Prime Minister Lee Hsien Loong[EB/OL].（2010−08−29）[2021−03−24]. https://news. smu. edu. sg/sites/news. smu. edu. sg/files/wwwsmu/news_room/2010/sources/PrimeMinisterOffice_201008291. pdf.

5 SCHILLER D, LIEFNER I. Higher education funding reform and university−industry links in developing countries: The case of Thailand[J]. Higher Education, 2007（54）: 543−556.

进入大学，通过市场驱动，激发大学的办学活力和提高学校的科研水平。

2. 改变教学媒介用语

东南亚国家积极接轨海外高等教育市场，作为一个国际贸易共同体，采用双语政策教学，改变教学媒介用语，成为推动东南亚国家发展跨境教育合作的有力举措。在了解到新加坡与其他国家可以很好交流是由于其学生和劳动力在使用英语交流，很大程度上有利于国际教育和商业的发展后，泰国以英语作为教学媒介用语，提高高校的国际化水平。20世纪90年代，越南公立高等教育院校相继建立了国际合作项目（参加这些项目的毕业生可以进入西方项目的研究生教育或境内的国际研究生课程），而这些国际项目通常依赖于表明英语水平的高中毕业证书或同等的普通教育发展证书，以及美国高中毕业生学术能力水平考试或OLevel/a级的成绩。与此同时，开展英语教学策略，选择国外大学使用的、适合越南在自然科学、工程、技术和经济管理领域发展需要的先进的现代培训课程；进一步提高具有特定国家特色的研究和培训项目的质量，以吸引外国研究人员和学生，同时保持国家认同和传统价值观。

3. 建立高等教育评估体系

新加坡建立完善了高等教育质量评估体系，坚持聘请海外知名学者担任评审，定期考察，从教学、课程设计与结构等方面进行评价，从而提高国内高校教育质量。1996年，马来西亚政府制定了《全国高等教育委员会法》，设立一个委员会，以确定政策实施和协调高等教育的发展。同年，还颁布了《国家认证法》，规定设立一个委员会，以确保私立高校保持较高的学术标准、质量[1]。2010年，马来西亚政府授予了四个国际分校的自我认证地位，从而使它们能够在不需要马来西亚当局批准的情况下提供课程，但它们仍需接受五年为一周期的MQA机构的质量评估。新加坡在下放大学自治权力的同时，还建立起完善的内部质量审查机制——每三年由教育部委托进行一次外部审查。2003年开始，政府将根据审查的结果给大学分配财政拨款。2012年，越南制定《高等教育法》，并从2013年开始实施。此法律首次对与高等教育相关的规则进行了体系化整理，全法由12章73条构成。《高等教育法》制定后，各高等教育机构在机构内部设立了高等教育质量保障组织，定期开展第三方评价制度。

---

1 SIEW YEAN，THAM. Internationalizing higher education in Malaysia：understanding，practices and challenges[M]. Singapore：ISEAS Publishing，2012：61~71 .

三、东南亚跨境高等教育发展的启示

东南亚国家跨境高等教育取得巨大成就，也积累了非常多的经验教训，可供我国借鉴。

（一）重视顶层设计，明确跨境高等教育发展战略

首先，将跨境高等教育发展作为推动我国高等教育国际化发展的新潮流。东南亚国家在跨境高等教育的发展战略中，将自身发展定位置于全球化背景之下，紧跟时代发展潮流，积极接轨国际教育市场，引进国外先进办学理念与成功经验，对传统课程项目改革创新；结合本国发展国情，制定适合本国发展的道路，打造独具本土特色的课程项目。鉴于此，我国未来的跨境高等教育合作，政府需要积极回应全球化的需求，密切跟踪世界发展潮流，加强与海外一流大学的交流与合作，改革我国传统课程结构，切实提高我国高等教育的国际地位。其次，将跨境高等教育发展纳入国家教育发展战略中，从宏观上整体把控。纵观东南亚国家跨境高等教育的发展历程，发现 20 世纪 80 年代以来，随着这四个国家跨境高等教育从萌芽期到成熟期，其跨境高等教育正在不断地从边缘地带转移至核心区域，成为提升东南亚国家高等教育国际化地位的巨大驱动力。因此，我国一方面要做好"引进来"和"走出去"的两手准备，在加强引进国外一流大学办学成功经验的同时，也需要为我国"走出去"的学校给予政策、制度以及财政上的支持。另一方面，最大限度发挥我国东部沿海的地理优势，做好"一带一路"的衔接工作，积极与东盟各国接洽交流，达成高等教育跨境合作的更多共识，大力建设教育共同体。最后，明确跨境高等教育的发展内容。21 世纪初，东南亚国家在跨境高等教育发展上已经成功摸索出一条适合本国国情的道路，内容与层次日渐成熟。泰国在第八次高等教育规划中就明确了其内容，新加坡、马来西亚也将跨境高等教育作为提升高等教育国际竞争的重要手段。相较于东南亚国家，我国跨境高等教育的发展起步比较晚，仍处于摸索阶段。因此，我国需加强与周边国家的合作，打造友好的外交关系，积极汲取东南亚国家成功经验。

（二）加强立法建设，推动跨境高等教育规范发展

第一，完善我国私立高等教育政策法规。在跨境高等教育蓬勃发展的今天，立法显然是规范跨境高等教育的一个有力工具。东南亚国家跨境高等教育取得如此大的成就，离不开它们完善的法律法规。东南亚各国政府经常规范跨境高等教育的发展，对跨境合作课程的内容提出明确要求，如在课程中列入强制性的内容，

筛选并确定哪些外国提供者和课程可以进入该国[1]。泰国高等教育历来由政府主导，为满足国内对高等教育的需求，国家颁布《私立学院法》《私立大学法》，促进私立高等教育的发展，逐步形成了结构合理、分布适中、规模适度的私立高等教育体系。第二，立法监管中外合作学校课程内容，保护本国传统文化建设。推进本国跨境高等教育在实现其发展目标的同时，也要注重保护本国特定的价值观，避免"崇洋媚外"。越南在引进国外先进经验的同时，也注重保护本国的文化建设，形成自己的品牌特色。政府有一个明确的国家建设议程，在寻求从国际贸易中获益的同时，也要保持自己独特的成果。在这一方面，马来西亚国家从政府层面上立法强制规定课程内容，保护本国传统文化。第三，严格审查办学资质，规范中外合作办学教育市场。中外合作办学是中国高等教育发展的"第三条道路"，是推动中国高等教育从大众化向普及化过渡的中介之一。我国目前在鉴定外方合作院校资质方面虽然已有一套完整的制度，但是在规范中外合作办学教育市场上仍任重道远。第四，完善监督机制，保护本国跨境教育项目的消费者。许多非政府组织或公司资助或建立的教育机构，都是逐利性，寻求"合理收益"或"利润"的。如果组织过度关注盈利情况，教育预算将不可避免地下降，将会直接损害学生的利益。在这方面，我们可能会面临巨大的挑战，因此我们必须按照相关法律行事，完善审查制度的同时也要重视对其监督和管理。

（三）鼓励开放创新，加强国际教育交流与合作

1.引入优质高等教育资源

总的来看，东南亚国家除新加坡外，高等教育综合实力和核心竞争力平均不强，但其在国际教育市场中的国际留学生所占份额很大。原因是东南亚国家自20世纪50年代起就接受西方国家的经济和技术援助，并在政府的支持下积极主动与美国、英国等国家建立"双向"合作外交关系，开发具有本土特色的课程项目。在全球化时代到来之前，东南亚各个国家引入优质高等教育资源，充分利用国外知名院校良好的国际声誉，通过灵活的招生政策、多元化的课程项目以及低廉的学费等，吸引了大批国际学生，新加坡、马来西亚成为著名的留学胜地。我国目前正在建设世界一流大学，结合当前办学实际，充分发挥合作办学在高校学科建设与人才培养模式改革，特别是在高校管理机制体制创新中的作用。

2.提升中外合作办学水平

21世纪初，东南亚国家相继启动"国家世界一流大学项目"，这一决定直

1 MCBURNIE G, ZIGURAS C. The regulation of transnational higher education in Southeast Asia: Case studies of Hong Kong, Malaysia and Australia[J]. Higher Education，2001，42（1）：85-105.

接影响了随后进行的高校国际合作办学改革。泰国通过完善管控机制，提高项目审批标准，强化退出机制，建立起能够"反哺"本国高等教育发展的国际合作办学体系。我国的《国家中长期教育改革和发展规划纲要（2010—2020年）》提出"要培养大批具有国际视野、通晓国际规则、能够参与国际事务和国际竞争的国际化人才"的目标，鼓励在高等教育领域新兴、紧缺薄弱专业内开展中外合作办学。截至2019年5月30日，我国中外合作办学机构和项目共有2426个，本科及以上中外合作办学机构共有100个。我国高等教育应深入贯彻实施《关于进一步加强高等学校中外合作办学质量保障工作的意见》，重点围绕国家急需的自然科学与工程科学类专业建设，引进国外优质教育资源补充我国教育发展需求。与此同时，继续深化中外合作办学改革。一是要简政放权，明确合作办学管理体制的发展方向，使中外合作办学结构更加优化、布局更加合理，对高等教育改革发展的促进作用更加明显。二是要完善体制机制，系统提升合作办学质量。通过完善准入制度，开展质量评估，完善认证体系，建成质量监管和信息公开平台，强化退出机制，建立成功经验共享机制。三是要提质增效，保障中外合作办学可持续发展。要明确人才培养目标，规划人才培养模式，尤其在专业设置、课程体系、教学内容、教学方法和教学运行机制等方面做好科学规划，并在中外合作办学的师资建设方面加大力度、提升教育教学评价。

3. 开发国际课程项目

东南亚国家在引进优质教育资源的同时，注重结合本国国情，打造极具本国特色的课程项目，比如马来西亚的"双联"课程模式、泰国的素可泰开放大学等，都在国际上享有盛誉。建设高标准、高质量且具有中国特色的跨境高等教育项目是我国的内在要求。首先，课程项目的开发应关注质量标准问题，都应与国际跨境教育领域基本认定的标准相吻合，这样才能增强参与世界教育服务贸易竞争的能力，形成既有中国特色，又能体现国际水准的特色课程项目。其次，建立开放大学，充分发挥开放大学在继续教育和学习型社会建设上的优势，打造高质量的有中国特色的开放大学品牌。进入21世纪，由于知识更新速度快和工作要求，大量在职成人无法脱产学习又必须更新知识技能，这将成为我国开放大学的增长点。我国在跨境教育课程项目开发上，应把握好时机，在继续教育领域规划探索，确保高质量、高标准，走出中国特色，成为国际典范。

4. 促进人才国际流动

参考东南亚经验，我国一要不断提高教育开放层次和水平，学习国际先进教学理念和方法，研究教育发达国家的经验和做法，坚持内涵式发展，积极推进教学理念与教学模式的改革。还要突出办学特色，充分利用区位优势和资源条件提升办学水平。东南亚国家有文化旅游、商业管理、综合服务等很多高等教育优势领域，与之加强合作可以对培育我国高等教育国际化特色方面进行有益补充。二要加强国际化人才培养体系建设。参考国际先进人才培养质量标准体系，落实全面发展和个性发展紧密结合的人才培养要求；优化学科专业和人才培养结构，根据国际发展趋势修订学科专业目录，加大国际化、应用型和复合型人才培养力度；提升高等教育"品牌意识"，加大品牌专业和品牌课程建设力度；创新教育教学方法，把慕课、翻转课堂等授课形式和启发式、探究式教学方法带进课堂。三要加快留学事业发展。优化国际生源，强调国际学生专业基础的重要性；强化国际化实践育人环节，优化高校国际化育人工作方式办法；制订国际化实践教学标准，增加实践教学比重，建立国际化课程学分互认体系；推动建立"全社会育人体系"，鼓励政府、企业、社区、社会团体等接收留学生实践；完善全链条留学人员管理服务体系。

（四）完善保障机制，促进跨境高等教育长效发展

东南亚国家建立了相对完善的高等教育机构质量保障体系。如泰国的《国家教育法》要求所有教育机构必须建立系统的内部质量保证（IQA）和外部质量保证（EQA）体系。泰国高等教育委员会为此率先制定了标准，提出了所有高校都必须达到最低标准，并允许各高校在此基础上制定本校教育国际化具体标准和实施策略。我国目前的高等教育质量保证体系在某种程度上未能考虑到中国每所大学的具体情况，特别是与教育国际化相关的工作基础、成果积累、面临的实际压力和学校发展潜能，因此在此标准框架下，我们首先要继续完善教育国际化质量保障制度。严格执行国家教育办学标准，参照国际知名高校，结合自身特点制定自己的质量保障标准。建设起与国际接轨的教学管理制度和相应的配套教育管理制度与运行机制，确保国际化教育平稳运行、有序发展。其次是加强基础条件建设。科学整合校园资源，优化办学空间，提高办学效益，建设"国际友好型"校园；加快推进教育信息化进程，加强与国际平台联通数字化校园，建设与国际高校互通的现代教学环境；完善国际化后勤队伍建设，建立轻松便捷的高等教育国际化环境。最后是加强经费保障。高校在国际化师资队伍建设、国际化课程体系建设、国际科研合作开展、国际学生活动补贴等方面保证经费的充足。完善高校国际生的财政分配拨款制度，优化经费支出结构，加大教学投入。

第七章　国际组织与跨境高等教育发展

一、联合国教科文组织与跨境高等教育

（一）历史发展

联合国教科文组织（UNESCO）是联合国下设的国际组织，同时也是联合国系统内最有权威的国际治理合作机构之一。教科文组织致力于促进各国在教育、科学和文化领域的国际合作，多年来已取得巨大成就。针对教科文组织与跨境高等教育的发展历程可追溯到 20 世纪 40 年代，并分为三个阶段。

第一阶段是 1945 年至 1971 年，该时期是跨境高等教育的奠基阶段。1947 年，联合国教科文组织在墨西哥举行的会议中明确提到高等教育是其教育工作的主要领域之一，并希望将其在高等教育领域活动的目标具体化，例如发展国际大学组织，加强大学与联合国教科文组织的合作等[1]。联合国教科文组织于 1950 年成立了国际大学署（International Universities Bureau），后更名为国际大学协会（International Association of Universities）。该协会是由许多国家的大学和高等教育协会组成的国际组织，为教科文组织和成员国提供高等教育决策与咨询[2]。同时，该组织与教科文组织保持着强有力的伙伴关系。《国际大学手册》《世界大学和其他高等教育机构名录》等都是双方合作的成果。1963 年，联合国教科文组织成立国际教育规划研究所（IIEP），针对高等教育中的就业和入学政策进行项目研究。1969 年，联合国教科文组织纳入辅助机构国际教育局（IBE），同时 1970 年被定为"国际教育年"。通过国际会议（包括教科文组织大会、定期区域会议与世界会议）以及援助支持等广泛战略，积极促进高等教育领域的国家间交流与合作[3]。

第二阶段是 1972 年至 1997 年，该时期是跨境高等教育的探索发展阶段，且强调区域高等教育的共同合作。20 世纪 70 年代初，中东石油战争的打响导致全

1　孔令帅，张民选，陈铭霞. 联合国教科文组织全球高等教育治理的演变、角色与保障[J]. 教育研究，2016，37（9）：126-134.
2　孔令帅，张民选，陈铭霞. 联合国教科文组织全球高等教育治理的演变、角色与保障[J]. 教育研究，2016，37（9）：126-134.
3　张民选. 国际组织与教育发展[M]. 上海：上海教育出版社，2010：112.

球金融危机的爆发和财政紧缩，同时发展中国家对优质高等教育的需求也不断壮大，联合国教科文组织不得不开始关注教育的"内生性发展"，开始组织诸多高等教育活动以及设立区域性高等教育机构。第一，在各个成员国增设"教科文组织全国委员会"。中国联合国教科文组织全国委员会于1979年成立，属于教育部牵头领导的跨部门政府机构，归口负责中国与联合国教科文组织之间的合作事务。1984年，联合国教科文组织在北京设立东亚地区办事处，完成了联合国教科文组织对华交流的组织架构。第二，建立区域性高等教育机构。1972年在布加勒斯特设立欧洲高等教育中心，1978年在加拉加斯设立拉丁美洲和加勒比区域高等教育中心，旨在促进欧洲、拉丁美洲和加勒比成员国高等教育的合作与发展。第三，出台跨境高等教育合作的相关建议和书籍。如《出国留学和教育发展》（*Study Abroad and Educational Development*）一书中，提出了出国学习和培养计划必须落实七项任务，包括培训的中心地位、培训项目的信息和评估、留学项目的目标培训需求和优先事项、项目中培训计划的规划、专家作为培训师、对口培训且后续需要评估与跟进等[1]。在1975年联合国教科文组织的"承认欧洲国家和赫尔辛基高等教育研究、学位和文凭问题"专家委员会中，明确提出鼓励各国学生进行跨境高等教育学习，从而推动国际交流[2]。

第三个阶段是1998年至今，该时期是跨境高等教育蓬勃发展阶段。自20世纪90年代末以来，伴随苏联解体、东欧剧变，经济全球化带来新的机遇和挑战。基于该背景下，联合国教科文组织于1998年在法国巴黎举办了首届世界高等教育大会（WCHE），该大会的主题为"二十一世纪世界高等教育会议：展望与行动"。该会议旨在探讨学生在全球高等教育变革和发展中的作用、全球高等教育变革、全球高等教育对整个教育系统发展的贡献等内容，其目的是为全球范围内的高等教育改革提供行动准则[3]。2002年，联合国教科文组织举办全球论坛首届会议；2004年，举办了第二届全球论坛会议。全球论坛是跨界高等教育的各类合作伙伴和利益相关方之间的国际交流平台。两次全球论坛会议的召开旨在为各国高等教育合作奠定基础，解决全球化背景下跨境高等教育成果认证的质量保证以及教育认证问题[4]。针对跨境高等教育的学习成果认证问题，联合国教科文组织与经合组织联合制定了《保证跨境教育质量的指导方针》，该政策于2005

1 WILLIAM D C. Study abroad and educational development[M]. Paris：UNESCO，1973：22-36.
2 UNESCO. Committee of Experts on the Recognition of Higher Education Studies，Degrees and Diplomas in European States [EB/OL]．（1975-09-19）[2022-06-15].
3 UNESCO. Higher education in the twenty-first century：vision and action[EB/OL]．（1998-10-05）[2022-06-15].
4 韦欢欢. 联合国教科文组织学习成果认证的理念、机制与方法[D]. 杭州：浙江大学，2017.

年10月在教科文第33次大会上发布，以此作为加强此领域国际性合作的第一步。制定"跨国界高等教育办学质量"指导方针的倡议是对联合国教科文组织大会（2003年9月29日至10月17日）通过的第32 C/10号决议"高等教育与全球化：促进质量和进入知识社会，作为可持续发展的手段"的后续行动，要求双方组织与质量保障机构和教育机构合作，制定指导跨国界高等教育办学的做法和原则[1]。2009年，联合国教科文组织召开第二届世界高等教育大会，为21世纪全球高等教育的发展提供了行动计划，指明了未来全球高等教育的发展方向，对全球高等教育发展具有深远的影响。2012年，联合国教科文组织终身学习研究所（UIL）针对跨境高等教育成果认证发布了《非正规和非正式学习成果的识别、验证和认证指南》，提供更加规范、完整的工作指南。联合国教科文组织国际教育规划研究所于2014年发起"高等教育内部质量保障的优秀原则和创新实践"项目，评选出了全球范围内的8所高校作为内部质量保障优秀创新实践案例，包括欧洲的奥地利维也纳经济大学、德国杜伊斯堡埃森大学，亚洲的中国厦门大学、巴林王国巴林大学、孟加拉国美国国际大学，拉美的智力塔尔卡大学，非洲的肯尼亚晨星大学和南非自由州大学为跨境高等教育提供经验与准则。

总体来说，虽然联合国教科文组织正式提出"跨境高等教育"这一概念始于20世纪70年代，但联合国教科文组织所参与的全球高等教育活动在此之前早已出现。回顾"跨境高等教育"的发展历史，不难发现，联合国教科文组织对于全球高等教育的行动都与当时的历史背景有着很大的关联：从"二战"末期通过高等教育促进世界和平，到20世纪70年代经济危机时期促进高等教育区域合作，再到20世纪末21世纪初经济全球化背景下倡导全球高等教育协调发展。这些行动、举措都保持了一定的连贯性。

（二）制度安排

针对联合国教科文组织对跨境高等教育制度的安排，可以根据其历史发展划分为四个阶段。

1. 搭建框架的早期制度（1945—1974）

作为联合国系统在全球教育领域的专门工作机构，联合国教科文组织自第二次世界大战结束后，就对全球高等教育的发展保持着高度的关注。

早在1948年，联合国教科文组织在对《人权宣言》（*Declaration of Human Rights*）的专题讨论会上指出，"高等教育应在择优的基础上向所有

1　UNESCO. Cooperation between UNESCO and OECD in drafting guidelines on quality provision in cross-border higher education[EB/OL].（2005-09-05）[2022-07-16].

人平等开放"，这是当时教科文组织高等教育活动的指导思想[1]。同年，联合国教科文组织发布了《出国留学：国际手册（卷一）》（*Study Abroad：International Handbook，Volume I*），该文件针对联合国教科文组织一些成员国和非成员国的国际高等教育研究金、奖学金和相关机会进行简单的说明[2]。一年后，即 1949 年，又出台了《出国留学：国际手册（卷二）》（*Study Abroad：International Handbook，Volume II*），详细列出了 1949—1950 年及以后几年的留学机会和规划，同时，还加入了国际教师交流、国际青年交流等多种类型的国际教育交流活动[3]。直至 1963 年，《出国留学：国际手册》已更新至十五卷，每一年都根据当下时代背景、现实需要进行适度的调整，为这一时期跨境高等教育交流学习提供行动指南。

1950 年，联合国教科文组织成立国际大学署（International Universities Bureau）。其每年都会编撰《国际大学协会公报》，特别选定墨西哥会议上讨论的三大主题，主要包括重建和恢复教育、科学、特定科目内的活动，对外关系和内部关系等有关事项的文章和说明。除此之外，国际大学署编写并于 1959 年出版了《国际大学手册》（*International Handbook of University*）。该手册从入学资格、学校专业、奖学金等多方面详细介绍了 70 个国家的近 450 所大学，以及 100 多所其他高等教育机构，致力于促进各国学生跨境学习的积极性[4]。

2. 凸显教育地位的制度（1974—1998）

20 世纪 70 年代以来，全球经济危机爆发，发展中国家地位迅速提升，对高等教育的需求增大。联合国教科文组织在 1975 年正式通过并发布《国际标准教育分类》（ISCED）。国际教育标准分类是一种适用于收集和编制教育统计数据的工具，适用于各个国家和国际教育统计数据的收集和汇编，并结合教育统计数据，使用人力和其他经济统计数据，旨在促进国际教育统计的编纂和比较[5]。此外，在这期间还通过了一系列关于承认高等教育学历、文凭和学位的地区公约，包括《拉美及加勒比地区公约》（1974）、《阿拉伯国家地区公约》（1978）、《欧洲地区公约》（1979）、《非洲国家公约》（1981）和《亚洲及太平洋地区公约》（1983）等。

---

1 UNESCO. Human rights: comments and interpretations; a symposium edited by UNESCO, with an introduction by Jacques Maritain[EB/OL]. (1948−07−25) [2022−07−16].

2 UNESCO. Study abroad: international handbook; fellowships, scholarships, educational exchange; supplement to volumeⅠ, 1948[EB/OL]. (1948−07−25) [2022−06−10].

3 UNESCO. Study abroad: international handbook; fellowships, scholarships, educational exchange; supplement to volumeⅡ, 1949, vacation study supplement[EB/OL]. (1949−07−25) [2022−05−12].

4 Keyes, H. M. R. Report of the Director, International Universities Bureau, for the year 1958, submitted to the Administrative Board[EB/OL]. (1959−11−25) [2022−05−12].

5 UNESCO International Bureau of Education. International Standard Classification of Education（ISCED）; working document[EB/OL]. (1975−03−06) [2022−05−12].

1988 年，成立"非政府组织高等教育协商组"（UNESCO/NGO Consultation on Higher Education），且于 1993 年通过《高等教育国际合作的管理》，对跨境高等教育合作进行规范。1995 年，发布了《关于高等教育变革与发展的政策性文件》，综合分析了高等教育面临的主要趋势和挑战。1997 年通过了《高等教育教师地位法案》，为高等教师提供制度保障。这些举措使人们日益认识到高等教育的重要性，重新思考和重视高等教育的作用和发展，并为 1998 年第一次世界高等教育会议统一了思想。

3. 跨越新千年的制度（1998—2009）

自 1990 年以来，国际局势慢慢走向稳定，教科文组织的财政状况有所改善，并开始研究未来教育方面的发展趋势。1996 年，二十一世纪教育国际委员会发布了《教育：财富蕴藏其中》，为 21 世纪终身学习理念的发展奠定全新的思想基础。1998 年 10 月 5 日至 9 日，联合国教科文组织在巴黎总部举办了"21 世纪高等教育会议：展望与行动"，各国高等教育界、经济界以及政府机构和非政府组织的多人出席了会议。会议集中讨论了四个方面的内容，包括高等教育的针对性、高等教育质量、高等教育的管理与筹资、高等教育国际合作等。会议还就高等教育与发展、高等教育新趋势与创新、高等教育文化与社会等问题进行了专题辩论。该会议通过的《面向 21 世纪的高等教育：愿景与行动》主要内容包括：高等教育与职业发展之间的联系、高等教育与可持续发展、高等教育对国家和地区的贡献以及高等教育人才自身的发展等问题。其中"高等教育和文化与社会"特别提到了妇女与高等教育问题[1]。此外，该次会议还发布了《21 世纪高等教育改革与发展优先行动框架》，该文件先后被诸多国家采纳，其中条款被写入多国高等教育发展计划和预算中。这两份文件为后续跨境高等教育发展产生了深远的影响，直至 2003 年，在高等教育合作伙伴会议（The Meeting of Higher Education Partners）上依然强调贯彻其内容的重要性。

2003 年，亚太地区公约委员会发起并建立了国家和地区机构之间的协调组织，于 2003 年 1 月成立了高等教育学习认证和质量保证的国际分支网络，随后，阿拉伯国家、非洲、拉丁美洲等国家和地区越来越关注跨境高等教育的正规与非正规、非正式的学习成果认证[2]。2005 年 10 月，联合国教科文组织与经合组织联合发布《保证跨境教育质量的指导方针》，该方针建立在国家间相互信任和尊重的基础

---

1 UNESCO Secretariat. Thematic Debate：《Higher Education for a New Society：A Student Vision》[EB/OL].（1998-08-10）[2022-06-15].
2 韦欢欢. 联合国教科文组织学习成果认证的理念、机制与方法[D]. 杭州：浙江大学，2017.

上，承认高等教育领域国际合作的重要性，同时也重视国家高等教育和认证的多样性和自主性。其内容涵盖了正规和非正规高等教育的所有领域和形式[1]。

4. 新时期的政策（2009 年至今）

2008 年，联合国教科文组织发布了一份题为《战胜不平等：为什么治理至关重要》的报告，高度肯定了教育治理在教育中的作用[2]。教科文组织还日益重视利用治理促进全球高等教育发展，并强调全球高等教育的治理需要所有利益攸关方的参与。

2009 年，联合国教科文组织在巴黎召开第二届世界高等教育大会，其主题为"高等教育与研究在社会变革和发展方面的新活力"。旨在总结自 1998 年联合国教科文组织世界高等教育会议以来近十年来世界高等教育的主要发展方向。同时讨论通过了《2009 年世界高等教育大会公报》，针对高等教育筹资、信息通信技术与远程教育做出详细说明[3]。以第二届世界高等教育大会为标志，联合国教科文组织开始进入全球高等教育治理的新时代。

2015 年，联合国教科文组织通过了《2030 年教育行动框架》，确定了全球高等教育的未来目标：确保到 2030 年人人都能接受优质高等教育；2017 年 6 月，联合国教科文组织各委员会起草编制了《全球高等教育学历认可公约》草案[4]。这些新的发展标志着教科文组织在高等教育质量保证领域参与全球高等教育管理的范围从区域扩大到全球。

综上，不难发现联合国教科文组织参与全球高等教育治理的目标定位，源于它对各个时期全球高等教育新趋势的准确判断和思想创新。

（三）发展特点

1. 理念与实践具有连贯性

通过对联合国教科文组织与跨境高等教育历史发展与制度安排的了解，不难发现，经历七十多年的时代变迁，联合国教科文组织的高等教育理念和实践虽有变化但自始至终都保持了一定的连贯性。

基于准确判断全球高等教育在各个时期的新趋势及其思想创新，联合国教科文组织参与全球高等教育治理有明确的目标导向。20 世纪 40 年代对全球高等教

---

1 UNESCO/OECD. Guidelines on Quality Provision in Cross-border Higher Education: Third Drafting Meeting, Paris, 17–18 January 2005[EB/OL]. （2005–01–17）[2022–06–15].

2 UNESCO. Overcoming inequality: why governance matters; EFA global monitoring report, 2009; summary[EB/OL]. （2008–12–26）[2022–06–15].

3 ALTBACH, PHILIP G., REISBERG, LIZ, RUMBLEY, LAURA E. Trends in global higher education: tracking an academic revolution; a report prepared for the UNESCO 2009 World Conference on Higher Education[EB/OL]. （2009–12–28）[2022–06–15].

4 潘金晶.《全球高等教育资历认可公约》草案初成[J]. 世界教育信息，2017，30（15）：72.

育的推进，是基于"二战"结束联合国教科文组织借助高等教育推动世界和平，从而恢复各国的经济、文化。20世纪70年代初，全球经济危机爆发，发展中国家的国际地位不断提高，联合国教科文组织为克服金融危机，满足发展中国家对优质高等教育的需求，推动了包括发展中国家在内的高等教育区域合作，通过在成员国设立更多的国家委员会，建立区域高等教育机构，签署区域高等教育公约。到21世纪初，在经济全球化的背景下，倡导全球高等教育的协调发展，联合国教科文组织将"理解"以及理解基础上的"尊重"贯穿全球高等教育治理。同时，联合国教科文组织还将国际教育理解、终身教育、跨文化教育、可持续发展教育等内容融入跨境高等教育发展的历程中。

2.教育治理领域的协商者、倡议者、构建者和促进者

"二战"后，根据各国人民重建战后国际秩序、实现持久和平的愿望，联合国教科文组织基于各国协商而成立，成为各国政府就教育、科学和文化问题进行讨论和协商以及解决争端的重要组织。当联合国教科文组织作为协商者时，其一直积极创造对话条件和平台，分享经验和信息，促进各国就共同关心的教育问题和教科文组织的教育政策进行对话、磋商和讨论，努力在各国利益攸关方（包括政府、非政府组织、私营部门、教师组织、教育机构和家长等）的教育对话基础上，为有效的全球教育治理建立区域性和国际性共识，制定适合高等教育发展的计划和宣言，并为21世纪世界高等教育指明方向。

作为倡议者，联合国教科文组织呼吁社会各界关注高等教育，并通过举办一系列会议和出版研究报告、教育宣言、行动计划、政策声明和行动指引，推动高等教育观念和思维方式的转变。理念建设是高等教育治理的重要组成部分，对进行现实行动具有指导作用。各国、各地区对高等教育的认识不尽相同，使得全球高等教育治理过程存有一定潜在的行动危机。教科文组织发布统一的行动指南，不仅提高了人们对高等教育的认识，重视高等教育对可持续发展和社会全面发展的贡献，同时消除了各国和地区高等教育领域合作的障碍。

高等教育是一个全球性的开放体系，其治理需要一个理性有序的国际秩序。教科文组织通过设立区域办事处和高等教育中心以及召开区域会议，构建出全球化的网络布局，促进高等教育发展的网络，建立全球教育论坛，以有效监测和管理世界高等教育。随着全球化的不断发展，高等教育也需要加强跨区域的交流和合作。高等教育区域合作是教科文组织构建全球高等教育网络的有效尝试，通过加强教科文组织区域分支机构的合作，努力构建顺应时代潮流的高等

教育发展网络。

全球高等教育的发展一直处于不平衡的状态。联合国教科文组织致力于提高发展中国家的高等教育水平和自身的教育治理能力，为其提供适当的帮助。同时，还鼓励各种非政府组织之间加强合作，为成为全球高等教育治理的促进者而努力。

3.跨境高等教育的"柔性"治理

联合国教科文组织作为世界性、政府间的国际组织，一直致力于解决跨境高等教育发展问题，举行了多次全球教育会议，出台各类计划与文件。但由于教科文组织高度重视学校自治和学术自由，其参与全球高等教育治理的方式和战略并非是强制性的。

各国自愿响应教科文组织的高等教育倡议，在考虑到本国和国际现实的情况下，有选择地实施或不实施这些倡议。因此，联合国教科文组织的全球高等教育治理也被称为"柔性治理"，它保证了学校自治和学术自由的国际视野，但也允许成员国高等教育的发展有些随意，没有相对统一的步伐，并具有不同层次和不同方向的高等教育发展。这给高等教育的国际交流与合作带来了诸多障碍，减缓了世界范围内高等教育国际化进程，在一定程度上不利于解决国家间的教育纠纷。

4.工具性和价值性相融合

《教育：财富蕴藏其中》一书指出，单纯追求经济发展和生产力提高的教育模式必将走向死胡同，教育的目的不应仅仅是提供经济世界所需要的人才，教育不应把人培养成经济的工具，而应把它们作为发展的目的 [1]。第二次世界大战结束后，联合国教科文组织通过全球高等教育合作，谋求各国政治、经济、文化的恢复，以达到世界和平的目的。1973—1975 年爆发战后最严重的一次全球经济危机，同时第三世界独立国家不断增加，为了满足发展中国家对高等人才的需求、度过财政危机，联合国教科文组织实施了一系列高等教育活动。冷战的结束和 20 世纪 90 年代知识型社会的出现，使人们更加理性地看待高等教育的功能。教育的经济功能与教育对人类发展的功用是不可分割的，全球公民教育的概念从人类生存和发展的角度来看待高等教育的主要功能，打破了教育工具理性与价值理性对立的困境。

教科文组织不仅能够正确看待教育的经济功能，而且更加注重人自身的发展，把教育对经济的促进作用与提高人的自我效能要求结合起来，体现经济发展的目的，以及跨境高等教育的工具理性和价值理性的相互融合。

1　国际21世纪教育委员会.教育：财富蕴藏其中[M].联合国教科文组织总部中文科，译.北京：教育科学出版社，1996：43.

（四）联合国教科文组织与跨境高等教育经验与启示

中国是联合国教科文组织的创始会员国之一，也是UNESCO重要的合作伙伴。在过去的30年里，中国非常关注联合国教科文组织在教育方面所提出的各种理念。有学者指出，"联合国教科文组织提出的'可持续发展'和'以人民为中心的发展'理念得到了广大发展中国家的认同，对中国树立科学发展观具有一定的价值"[1]。

1.借鉴创新跨境高等教育理念

1965年，联合国教科文组织在法国巴黎召开"国际成人教育大会"，提出了"终身学习""终身教育"的理念，通过中国教育决策者、领导者接受、传播和修订，逐渐成为中国的教育方针。1993年，中共中央、国务院印发《中国教育改革和发展纲要》，该文件首次提出"终身教育"的概念；1995年由全国人大通过并实施的《教育法》在其第十一条中更明确地规定："使公民接受适当形式的政治、经济、文化、科学、技术、业务教育和终身教育并且为公民接受终身教育创造条件。"[2]这说明中国教育中"终身教育"和"终身学习"理念受到联合国教科文组织的影响。将"终身学习"纳入教育基本国策，对我国高等教育终身学习的发展和高等教育学习型社会的建设也产生了重大影响。

此外，1992年，联合国教科文组织在日内瓦召开国际教育大会第43届会议，首次正式提出"跨文化教育"这一概念，并通过《教育对教育发展的贡献》对跨文化教育进行系统的阐释。随着20世纪90年代初"跨文化教育"理论在全球的兴起，我国于1995年成立中国跨文化交际研究会，致力于跨文化教育、跨文化（媒体／组织）交际、跨文化商务交际与企业管理、全球化研究等多个领域的研究[3]。近年来，人们对跨文化教育有了明确的关注，对跨文化教育研究的需求也在不断增长，我国处于从对各种跨文化理论引介向本土拓展创新的过渡阶段。

自1971年中国恢复在联合国教科文组织的合法席位以来，联合国教科文组织通过国际会议和公约向中国引入了"终身学习""高等教育合作"和"高等教育质量保障"等理念，帮助中国完善高等教育法律制度，创新高等教育理念。这对高等教育欠发达的中国来说意义重大。

2.完善跨境高等教育质量保障

教育质量是高等教育发展的生命线，是培养人才的重要保证。因此，高等

1　谢喆平.中国与联合国教科文组织的关系演进——关于国际组织对成员国影响的实证研究[J].太平洋学报，2010，（2）：28-40.
2　吴遵民，国卉男，赵华.我国终身教育政策的回顾与分析[J].教育发展研究，2012，32（17）：53-58.
3　黄志成，韩友耿.跨文化教育：一个新的重要研究领域[J].比较教育研究，2013（9）：1-6.

教育质量问题一直是国际上关注的焦点。联合国教科文组织是第一个推动和促进跨境高等教育学习成果认证的国际组织，关于正式和非正式学习认证的许多解释均在《教育：财富在哪里》《学会生活》等报告和国际会议文件中得以体现。自20世纪60年代开始，各国逐渐开始重视跨境教育的学习结果认证。

中国对跨境高等教育学习结果认证始于1980年，但是到2000年，对这一主题的关注才陡然上升。《中华人民共和国中外合作办学条例》（以下简称《条例》）自2003年9月1日起施行。为保证《条例》的贯彻实施，2004年出台了《中华人民共和国中外合作办学条例实施办法》，对条例的有关规定进行了补充和完善，进一步为中外合作办学质量保障提供依据和政策指导。此外，教育部还出台了《关于进一步规范中外合作办学秩序的通知》《关于审查中外合作办学机构和项目的通知》等一系列规范性文件[1]。这一系列文件加强了对高校跨境教育质量的监管，规范了办学秩序，提高了办学质量。2016年，中国发布《关于新时期提高教育对外开放水平的若干意见》，提出要"提高教育质量保证"，推动亚太地区双边、多边学位互认，支持联合国教科文组织建立全球学位互认机制[2]，这也是UNESCO所倡导的"高等教育合作及高等教育质量保障"等全球高等教育治理理念对中国高等教育的影响反应。

3. 交流优质高等教育资源

与国外进行高等教育交流合作的过程，也是提高本国高等教育水平的重要契机。我国高校正积极吸引国外高等教育资源，希望提升自己的声誉、专业学术水平、研发能力和学生培养效果。海外大学也在积极与内地大学合作，但主要目的是扩大海外生源，提高办学收益。这显然不完全符合我国进一步引进优质高等教育资源的目标。因此，在与海外优质高等教育资源洽谈合作的同时，应重点关注合作的目标和目的以及合作的实施方式。联合国教科文组织和欧洲委员会2001年制定的《跨国教育服务良好行为规范》、2004年联合制定的《跨境高等教育质量保障纲要》都为学校跨境教育质量保障提供了良好的建议和指导。重点是要严格引进标准，加强与世界知名大学和研究机构的合作，实现互利共赢。在引进过程中，要引进国外先进教材、课程，并共同开发利用，使学生接受的教育和训练在内容上得到保证；引进他国教师，培育跨文化、高素质的中外师资队伍，为高水平的国际化办学提供保障；接纳优质创新的管理理念，从而推动我国高等教育发展。

1　梁燕. 论我国中外合作办学质量保障体系建设[D]. 北京：对外经济贸易大学，2006.
2　中国政府网. 中共中央办公厅、国务院办公厅印发《关于做好新时期教育对外开放工作的若干意见》[EB/OL].（2016-04-29）[2022-02-10].

在全球化的浪潮中,各国高等教育的发展与高等教育的全球化已经密不可分,且全球高等教育治理离不开国际组织所制定的行动指南。联合国教科文组织是世界上最具影响力的国际教育组织,中国迫切需要以联合国教科文组织为平台,推动高等教育国际合作,共享全球高等教育信息,以增强中国高等教育的开放性。

二、经合组织与跨境高等教育

(一)历史发展

经合组织(Organization for Economic Co-operation and Development,OECD)指"经济合作与发展组织",是由 38 个市场经济国家组成的政府间国际经济组织,旨在共同应对全球化带来的经济、社会和政府治理等方面的挑战,并把握全球化带来的机遇。该组织成立于 1961 年,目前成员国总数有 38 个。OECD 在跨境高等教育的发展可分为三个阶段: 20 世纪 50—70 年代、20 世纪 70—90 年代、20 世纪 90 年代至今。

1. 萌芽阶段(1950—1970 年)

20 世纪 50—70 年代是经合组织介入教育事务的萌芽阶段。20 世纪 50 年代在经合组织正式成立之前,面对来自美国和苏联的竞争,为提高欧洲国家科技水平,欧洲经合组织内部建立了专门的机构和机制处理教育问题并就扩招跨境高等教育的学生以及科技人员的数量提供了相应的分析。[1]20 世纪 60 年代是整个经合组织地区高等教育快速发展的十年,经合组织将重点放在高等教育的管理、扩张和经济问题上,将高等教育的人力资源规划和教育投资结合起来。1970 年 6 月,经合组织召开了"教育增长政策会议",会议强调了经合组织参与教育事务的重要性,并提出建立教育委员会专门负责教育领域的跨境交流与合作事务[2]。1970年秋,经合组织成立了教育委员会,主要负责处理教育增长和发展的前景和政策,涉及教育资源分配和有效管理问题,以实现社会经济目标。[3]教育委员会的成立使得经合组织的教育政策得到了社会的承认。20 世纪 70 年代的 10 年间,经合组织涉足跨境高等教育事务不断增多,包括教育机会平等、教育经费、教育质量以及终身学习等议题[4]。

---

1 EIDE, KJELL. 30 years of educational collaboration in the OECD[EB/OL]. (1990-03-30) [2022-06-21].
2 丁瑞常. 从"国际教育政策论坛"到"全球教育治理参与者"——经合组织在教育领域的角色流变[J]. 教育学报, 2020, 16(5): 87-96.
3 PAPADOPOULOS G S. Education 1960-1990: the OECD Perspective[M]. Paris: OECD Publishing, 1994: 61-62.
4 丁瑞常. 从"国际教育政策论坛"到"全球教育治理参与者"——经合组织在教育领域的角色流变[J]. 教育学报, 2020, 16(5): 87-96.

2.发展阶段（1970—1990 年）

20 世纪 70—90 年代是经合组织介入教育事务的发展阶段。20 世纪 70 年代末和 80 年代的全球经济状况主要受到石油冲击和随之而来的衰退影响。经合组织在教育方面的工作更加强调职业教育和培训教育与劳动力市场的相关性，以及对跨境高等教育资金的审查。20 世纪 80 年代，美国与法国要求经合组织开展国际比较性质的教育产出指标统计，并通过在投入、产出数据之间建立联系，衡量各国教育系统的效能效率[1]。1992 年 9 月，为回应美国和法国的要求，OECD 首次出版了年刊《教育概览：经合组织数据》（*Education at a Glance：OECD Indicators*），这一出版物现已成为学术界、社会所接纳和引证的重要教育指标来源并对制定国际学生评估方案产生了重要的影响。国际教育指标体系与评估方案的建立也推动了经合组织发挥跨境高等教育治理职能[2]。

3.繁荣阶段（1990 年至今）

20 世纪 90 年代至今是经合组织介入教育事务的繁荣阶段。20 世纪 90 年代，OECD 受"新自由主义"的影响，成为最早提倡新公共管理理念的国际组织之一。这体现在教育领域，经合组织开始成为实施国际教育指标的统计和国际教育测评的先锋。2000 年，OECD 首次发起了三年一轮的 PISA（The Program for International Student Assessment），即国际学生测评项目。随后又相继发起了 AHELO（高等教育学习成果评价）、PIAAC（国际成人能力评价目标）、TALIS（国际教与学调查）等国际教育测评项目。这些项目为 OECD 更深入地涉足跨境高等教育打下了坚实的基础[3]。2002 年，OECD 成立独立的教育司（Directorate for Education），主要依据理事会的安排和相关委员会的任命，并通过收集、分析、整理相关的数据形成具体的提案。教育司的成立使教育在经合组织的重要性得到了进一步的提高[4]。

21 世纪的头十年，高等教育的国际化和贸易是经合组织教育司的工作重点。学生、教师和雇员日益增加的国际流动性以及新形式的跨境教育要求采取国际政策共同管理的方法，因此，跨境教育对国家和地方教育当局的监管能力提出了挑战，同时跨境高等教育在教育质量保障、获取途径、成本和能力建设方面给输出

1　HEYNEMAN S P. Presidential address：quantity，quality and source[J]. Comparative Education Review，1993，37（4）：375.
2　YELLAND R. The Role of the OECD in the Development of Higher Education in a Globalized World[M]// International encyclopedia of education，2010：584-589.
3　HEYNEMAN S P. Presidential address：quantity，quality and source[J]. Comparative Education Review，1993，37（4）：375.
4　OECD. Annual Report 2003[EB/OL]. （2003-04-29）[2022-06-21].

国和接受国带来了机遇和挑战。尤其是在一些教育已经成为重要的经济和商业利益来源的国家。面对日益激化的跨境高等教育问题，经合组织的教育研究和创新中心（The Center for Educational Research and Innovation，CERI）通过 2002 年、2003 年和 2004 年的三次教育服务贸易国际论坛，将教育和经济联系在一起，会议讨论了教育的经济化趋势给跨境教育带来的机遇和挑战。它的两个出版物即《国际化与高等教育的贸易》（*Internationalization and Trade in Higher Education*）和《高等教育的质量与认证：跨境的挑战》（*Quality and Recognition in Higher Education：The Cross-border Challenge*）分析了跨境高等教育的政策以及跨境高等教育所面临的主要趋势和挑战。

2005 年，联合国教科文组织和经合组织根据成员国的利益，在政策议程上增加了跨境教育，他们与主要的教育利益相关方一起制定了《跨境高等教育质量指导方针》。方针中明晰了跨境教育的定义，即教师、学生、项目、机构或提供者以及课程材料跨越国家司法管辖区的高等教育，跨境教育包括公立或私立、非营利或营利性提供者的高等教育。它的范围广泛，包括从面对面教学的各种形式到学生出国旅行和国外校园使用等一系列技术以及远程学习。此外，教科文组织和经合组织联合制定了《跨境高等教育质量指导方针》，改变了当前跨境高等教育术语使用混乱的现象[1]。经合组织的国际教育指标，尤其是以国际学生为代表的测评项目，为提高本国跨境高等教育质量和开展教育问责提供了具有实践意义的依据[2]。2017 年的联合国大会正式将经合组织的国际学生测评项目、国际成人能力评价目标（PIAAC）等纳入了教育可持续发展目标的全球指标中[3]。

综上所述，经合组织对促进跨境高等教育的发展作出了巨大的贡献，作为世界上最重要的国际组织之一，经合组织是高等教育国际化的重要推动者，尤其是在跨境高等教育领域，是跨境高等教育的重要平台。

（二）制度安排

跨境教育的制度安排主要从《跨境高等教育质量保证》、国际学生流动、高等教育机构管理（IMHE）三个方面叙述。

1.《跨境高等教育质量保证》

2005 年 10 月，联合国教科文组织与经合组织发布了《跨境高等教育质量保证》

---

1 KNIGHT J. Higher education crossing borders：programs and providers on the move[M]//Higher Education in a Global Society. Cheltenham：Edward Elgar Publishing，2010：42-69.
2 丁瑞常. 经合组织国际教育指标的演变及其全球教育治理功能[J]. 清华大学教育研究，2019，40（5）：69-74+90.
3 UNESCO Institute for Statistics. Quick guide to education indicators for SDG 4[EB/OL].（2018-07-01）[2022-06-21].

（Guidelines for Quality Provision in Cross-Border Higher Education）文件，文件主要涉及跨境高等教育的指导原则。不同国家的高等教育管理机构迥异，《跨境高等教育质量保证》面向跨境高等教育的六个方面，为各国政府、高等教育机构、学生、质量保证和认证机构，以及专业机构，提供了一系列的指导原则[1]。

（1）面向各国政府的指导原则

一是制定公正、公开的跨境高等教育办学制度，鼓励办学者开展跨境高等教育项目，并为他们发放办学许可证。二是制定可靠的跨境高等教育质量保障和认证制度。三是协调国内外负责保障和认证跨境高等教育的相关机构，提供有关跨境高等教育的注册、登记、申办许可证、质量保障、学历认定、学费、办学机构资金、简介等准确、有效的信息。四是参与制定和更新教科文组织的有关学历互认的协议并建立有关协议所规定的国家信息中心。五是制定双边或多边认证协议，推进跨境高等教育的学历互认。六是参与国际组织发起的有关跨境高等教育的会议，全面了解国际跨境教育现状。

（2）面向高等教育机构的指导原则

一是确保跨境高等教育开办的课程与学生在本国接受的课程质量相同，并考虑到文化和语言的差异。二是重视教师和工作环境在跨境高等教育中的地位，包括所有的跨境高等教育办学机构和联合国教科文组织发布的有关高等教育工作的建议。三是修改与完善当前的跨境高等教育质量管理内部机制，保障学历互认制度并且保证各种办学机构提供的国际项目信息是准确、有效、易得到的。四是开展跨境高等教育（包括网络教育）要遵守对方国家的高等教育质量保障和认证制度。五是参与国际组织范围内的校际合作网络，发展和保持有关网络和合作伙伴关系，推动学历认证。六是在必要时可参考联合国教科文组织和欧洲委员会的《跨境高等教育办学规范》等文件。七是向国民提供准确、可靠、完整、易获取的国际高等教育项目信息。八是保证办学机构及其项目经费的透明性。

（3）面向学生的指导原则

第一，参与、发展、监督跨境高等教育办学的各种活动，如项目的制定、信息的更新。第二，了解跨境高等教育的指导原则并积极参与指导原则的实施，获取准确可靠的跨境高等教育的信息，积极参与促进有质量保障的办学活动。第三，鼓励学生报名参加跨境高等教育的各种课程，请教相关问题。可以与学生、高等教育机构、质量保障机构制定相关的问题清单。

---

1 Organisation for Economic Co-operation and Development. Guidelines for quality provision in cross-border higher education[EB/OL].（2005-03-20）[2022-06-22].

（4）面向质量保障和认证机构的指导原则

第一，保障跨境高等教育办学机构各种模式的跨境办学活动，重视评估的指导原则，确保各项过程都公正、公开。第二，维护现有的国际教育网络，在无网络地区建立新的地区网络。加强网络建设有利于信息交换、知识传播，也便于办学机构的监督和申报制度。第三，加强国内外相关办学机构之间的合作，提高各国之间不同质量保障和资质制度的相互理解。第四，提供准确、有效的质量评估标准、程序和保障机制对学生、办学机构的影响及评估结果。第五，实施相关的跨境高等教育办学的国际文件（《跨境高等教育办学规范》）。第六，在信任和理解的基础上，与其他机构达成学历互认协议，建立内部保障制度，并定期外部评估。第七，采用国际同行评审小组评估程序，开展联合评估项目。

（5）面对学术认证机构的指导原则

第一，维护现有的国际教育网络，在无网络地区建立新的地区网络。加强网络建设有利于信息交换、知识传播；增加对跨境高等教育发展趋势和挑战的了解，提高专业评估人员的评估技能。第二，加强与质量保障和资质认定机构的合作以及进行跨境合作，以便于展开评估学历质量是否达标的工作。第三，加强与有关部门的联系，共享信息技术。第四，解决劳动市场相关学历认证的问题，向国际学生和企业提供相关专业认证的必要信息。第五，采用教科文组织与欧洲委员会共同制定的《关于评估外国学历的标准和程序的建议》，增强大众对认证程序的信任度。第六，提供清楚、准确的跨境高等教育办学以及学历评估标准等信息。

（6）面对职业机构的指导原则

第一，建立可供国际学生利用的学历认证的信息交流渠道，帮助他们获得学历的专业认证。第二，保持国内外跨境高等教育职业机构、办学机构、质量保障、资质认定机构与学生认定机构之间的联系。第三，制定和实施有助于课程和学历对比的评估标准和程序，以便于学历互认。第四，定期发布各国之间学历互认的协议，使国际社会及时了解相关信息。

2. 国际学生流动

出国留学已成为大学生重要的文化差异体验，从 1998 年到 2018 年，跨境高等教育学生的数量平均每年增长 4.8%，但增长最快的是在非经合组织国家的国际学生[1]。随着国际学生数量的增长，国际学生流动成为跨境高等教育领域关注的重要问题。

---

1 OECD. Education at a Glance 2020：OECD Indicators[EB/OL].（2020-09-08）[2021-06-22].

学生流动是一个国家重要的收入来源，并对其经济和创新产生重要影响。受过跨境高等教育的学生更容易融入高等劳动力市场，为创新和经济表现作出贡献。学生流动模式和国际学生流动分布在世界各地，流动路径深深植根于历史模式。确定国际学生流动的影响因素是制定相关政策的依据。影响国际学生流动的因素包括国家教育水平的差距、经济因素、非经济因素、个人因素等。国家教育水平的差异，如原籍国缺乏教育设施和目的地国教育机构的声望等。经济因素包括东道国更好的经济、汇率。非经济因素影响，如本国和东道国之间的政治稳定或文化和宗教的相似性[1]。个人因素包括个人对国外教学的感知质量和东道国机构的感知价值[2]。

国际流动学生的首选目的地包括大量排名靠前的高等教育机构。大学排名的广泛传播，使得学生越来越意识到高等教育系统之间的质量差异。大学吸引国际学生的能力已经成为评估学校绩效和质量的标准之一，为了推进高等教育国际化，多个国家将国际学生的流入作为国家对大学投入方案的指标。在芬兰，高等教育国际化及其质量和措施是高等教育机构筹资的因素之一[3]。爱沙尼亚和挪威也将外国或国际学生的比例作为分配高等教育经费投入的指标[4]。为了促进学生流动，大多数国家制定了流动资助政策，以支持学生向内、向外或返回的流动。但这些政策最受益的人群是博士生和早期研究人员，例如博士后等。合理的学费问题是跨境高等教育政策中最受争议的话题之一，但为国际学生设定更高的学费争议较少，国际学生的学费是高等教育机构的重要收入来源。在美国、英国，公立大学的国际学生支付的学费是本国学生的两倍，相比之下，一些国家可能会通过降低或取消费用来促进一个区域内的国际流动。

3.高等教育机构管理项目

高等教育机构管理项目（Institution Management in Higher Education，IMHE）是主导经合组织高等教育机构治理和管理的项目，在秘书处管理下独立运行。该项目主要是通过研究、培训及信息交流，提升高等教育机构管理的专业性，促进专业的管理方式传播。IMHE项目涉及高等教育机构战略管理、高等教育优质教学项目支持、大学研究管理以及质量管理、国际化管理项目、高等教育学习效果评估可行性研究和高等教育国际化战略等[5]。IMHE由200多个资助成员出资，包括高等教育机构、协会和政府部门等，旨在为成员国提供关于高等教育治理和机

1　UNESCO. COVID-19 Educational Disruption and Response[EB/OL]. （2020-03-24）[2020-05-13].

2　ABBOTT A, SILLES M. Determinants of international student migration [J]. The World Economy, 2016, 39（5）: 621-635.

3　European Commission National Policies Platform. Higher Education Funding in Finland[EB/OL]. [2020-06-22].

4　OECD. Benchmarking Higher Education System Performance[EB/OL]. （2019-06-11）[2020-06-22].

5　龙玫. 经合组织高等教育政策研究[D]. 上海：华东师范大学，2017：68.

构战略问题的分析和建议。IMHE 自 1969 年创立以来，从最初对管理信息工具和自身能力建设的关注已经扩大到政府、学术界和市场的层面。IMHE 本质上是一个协作网络，成员机构在各种会议上，讨论当前跨境高等教育的相关问题。它的研究活动得到了经合组织专家和外部顾问的支持并由成员代表组成的理事会在经合组织的领导下制定解决方案。IMHE 通常同时运行三到四个项目，来解决跨境高等教育机构管理的问题。IMHE 通过出版《高等教育管理与政策》期刊为成员国提供了全面的信息成果，帮助他们展望未来、制定战略决策。该期刊面向高等教育行政人员和管理人员，涵盖质量保证、人力资源、资金和国际化等问题。IMHE 近年来讨论的主题包括高等教育中的人力资源管理、高等教育机构的公共关系和管理委员会的作用、跨境高等教育。当前 IMHE 的主要焦点是研究跨境高等教育创新的解决方案，以提高高等教育机构对区域发展的贡献[1]。

OECD 于 2007 年 9 月出版了《高等教育和地区：全球竞争与本地参与》（*Higher Education and Regions：Globally Competitive，Locally Engaged*）一书，旨在支持和促进高等教育与区域发展的政策创新。OECD 将审查高等教育对社区发展在教育、研究和社区服务方面的贡献，以深刻评估其对地方商业创新、区域人力资源开发以及高等教育对社区、文化和环境发展的贡献。OECD 研究高等教育服务的动力，研究信息来源，审查高等教育与区域间合作能力的措施[2]。

该书建议高等教育机构可以通过以下方式积极促进区域合作：

教育：建立"学习型社会"，为该地区提供必要的人力资源，以消除以往"知识来源"的角色。

研究：建立"学习型区域"，寻找其他外部研究伙伴，以弥补网络的不足。研究主要聚焦于区域经济发展，并推动教育朝此类方向发展。

社区服务：提供成人终身教育和终生教育，提高国人素养。

国际交流：大学作为吸引全球利益相关者参与区域教育的桥梁，将区域和当地企业带向区域以外的网络，吸引外国投资。

（三）发展特点

在过去 40 年里，经合组织为世界高等教育发展作出了重要贡献。经合组织与政策制定者、机构领导人和研究人员合作，就跨境高等教育对社会经济发展的贡献等重要问题进行了有效分析。研究成果的共享促进了跨境高等教育的发展。

1 YELLAND R. The Role of the OECD in the Development of Higher Education in a Globalized World[M]// International encyclopedia of education，2010：584—589.
2 周巧玲. 构筑高等教育与区域发展的合作体系——"OECD/IMHE 支持高等教育机构对区域发展的贡献"项目评述[J]. 全球教育展望，2008（7）：50—54.

经合组织领导下的跨境高等教育最突出发展特点包括：强调跨境高等教育促进个人和社会的发展，强调教育产出与教育质量，强调教育的经济功能。

1. 强调促进个人和社会发展

教育是一种培养人的社会活动，不仅要满足人的发展需要，还要满足社会发展的需要。经合组织跨境高等教育工作具有明确的政策导向性，旨在促进个人和社会发展。经合组织从 1960 年起重视通过高等教育国际化促进经济增长，到 1970 年通过跨境高等教育来解决较老的资本主义国家面临的失业和国内经济增长减慢的问题，再到 21 世纪的强调个人发展、可持续经济增长、社会融合以及社会发展的作用，其中经合组织着重强调了教育的经济功能与帮助成员国和伙伴实现国民高质量终身教育的目的[1]。经合组织将知识经济和发展等主题联系起来，使教育与国家发展的现实需求相结合。经合组织侧重于关注教育在人类发展和社会凝聚力中的作用，强调教育对经济发展的影响。经合组织下跨境高等教育政策的概念将工具性与人文性相结合，这种理念下的教育政策将产生全球性影响，影响成员国、非成员国以及区域的教育政策制定和改革方向，从而影响全球教育发展趋势，实现全球教育治理。

经合组织下的跨境高等教育重视教育促进社会发展方面的作用。教育通过提高人们的生产能力和劳动素养，帮助劳动者形成适应现代经济发展的观点态度、行业习惯来提高劳动生产率，从而促进对社会经济的发展。教育还可以通过选拔、培养国家管理人才，促进社会的稳定与发展。

2. 强调教育质量与教育公平

经合组织的跨境高等教育政策强调教育质量和教育公平，以追求卓越为基本价值观，反映了教育的经济功能和人力资本理论的理念。

经合组织对跨境高等教育质量的强调包括教学质量、学生质量、学习效率、研究质量等。经合组织发布的《跨境高等教育质量保证》文件是围绕着跨境高等教育质量保障这一主题展开的，其中"质量"（quality）一词就出现了 83 次[2]。经合经济教育政策测评体系主要关注建立统一的教育质量与标准、提高学术研究与设施的质量、改善师生条件、建立有效的治理与管理制度、保障教学质量与教学标准、提高办学机构的教育质量等[3]。经合组织认为跨境高等教育提高了劳动力质量，促进了社会经济增长。跨境高等教育政策背后反映出经合组织对教育的

1　武凯. 经合组织教育政策价值取向研究[D]. 上海：上海师范大学，2018.
2　武凯. 经合组织教育政策价值取向研究[D]. 上海：上海师范大学，2018.
3　龙玫. 经合组织高等教育政策研究[D]. 上海：华东师范大学，2017.

经济功能的重视以及人力资本理论的思想。人力资本理论充分肯定人力资本在推动现代经济增长方面所起到的作用。经济学家将人力资本投资看作类似金融资本等其他物质资本投资，投资前要考虑该投资的回报、风险等。总体上讲，人力资本投资的收益率一般大于物质资本投资的收益率，在当今知识经济时代背景下更是如此。因此，社会大众对接受教育并由此获得更高收入的需求更加强烈。各国希望通过改善人力资本结构，提升人力资本存量，从而在国际竞争中获得优势。

经合组织下的跨境高等教育重视教育公平，主要体现在对学生能力的定位上。经合组织在国别评论系列文件中提及，高等教育入学与机会平等是主张，能力是人才选拔的最重要标准，依照这个标准的选拔才可称作公平，违背这个标准的选拔便是不够平等。经合组织主张在高等教育阶段要实行更公平的资源分配，让学生在更平等的基础上彰显自身能力。

3. 强调教育的经济功能

经合组织是一个服务于市场经济国家的、以经济职能为主要工作的国际组织，资本主义意识形态强烈。新自由主义是最能体现资本主义精神的理论派别之一，随着经济全球化的不断发展，其影响力已从经济领域扩散到政治、社会、文化等各个领域。[1] 新自由主义主张市场化、自由化、私有化和全球化，新自由主义国家的基本职能之一就是为资本的扩张提供一个良好的政治经济环境。教育因被视为提高人力资本存量、促进国家经济发展、赢得国际竞争优势的重要手段而获得重视。经合组织的教育政策是与经济、社会、环境等其他部门的政策相关联的，这使教育在社会中的作用得到更全面的认识。

经合组织下的跨境高等教育重视教育的经济功能，认为教育通过提高人们的生产能力和劳动素养，帮助劳动者形成适应现代经济发展的观点态度、行业习惯来提高劳动生产率，从而促进对社会经济的发展。在经合组织的教育政策评议系列文件中，经济术语出现的频次远远高于其他术语，并将教育与经济学相关的术语如市场、经济、投资、供应、需求、企业相结合[2]。在《重新界定高等教育》一书中，经合组织将"顾客"（client）作为研究的主基调，也坦率指出它"在某些领域是有争议的，是对消费社会的不当让步，未能承认知识的独立性与批判质疑"[3]。这些体现了教育功能的经济化倾向。

1　高和荣. 揭开新自由主义的意识形态面纱[J]. 政治学研究，2011（3）：86-92.
2　龙玫. 经合组织高等教育政策研究[D]. 上海：华东师范大学，2017.
3　OECD. Redefining Tertiary Education [M]. Paris：OECD，1998：15.

（四）经合组织与跨境高等教育经验启示

经合组织下的跨境高等教育制度及其价值取向对我国跨境高等教育的发展有着一定的借鉴作用，主要包括三方面：国际组织与国家应积极合作，共同促进跨境高等教育治理；利用跨境高等教育促进国家经济、文化的发展；正视教育问题，追求教育质量与教育公平。

1.全面合作，共同促进跨境高等教育治理

经合组织在当今国际高等教育领域的影响力，突出表现在其推进国际交流与合作、发展全民教育行动、开展国际性教育测评方面的作用。作为一个国际组织，经合组织在收集国际比较数据、传播办学理念的国际交流和制定国际准则方面有着独特的地位。随着高等教育多样化和国际化，这种作为收集数据和分享理念的国际传播者的角色变得越来越重要。经合组织提供的关于高等教育系统绩效的国际比较统计数据和指标，为政策制定者制定可持续的、战略性的指导方针提供了相关依据。经合组织下的 AHELO、PIAAC、TALIS 等国际高等教育测评项目为各国提供了评价标准和借鉴参考的教育数据，同时使得经合组织在全球教育的治理中发挥主导作用，从而逐步确立其在跨境高等教育治理中的合法化地位。对各个国家来说，政策创新是教育改革与知识创新的重要方面。国际组织又可以视为国家对外关系与对外政策的延伸，是一种必须善加利用的国际资源和国际交往工具。新时代要求我们要学会超越民族国家的视野去看教育政策的制定以推动本国甚至世界教育的发展。各国可以参考国际组织在跨境高等教育治理领域的政策优先点，建设符合本国具体国情的教育系统和政策体系，共同推进跨境高等教育治理的发展。换言之，国际组织与国家应积极合作，共同促进跨境高等教育治理[1]。

2.高等教育的国家性功用

社会发展包括经济、教育、政治、文化等方面，跨境高等教育能促进经济、文化的发展，从而促进社会的发展。跨境高等教育对于教育进口国和教育出口国同样重要，它能帮助新兴国家、发展中国家和经济转型国家在高等教育领域加强能力建设和满足国内高等教育入学机会的要求，最终促进高等教育的发展。学生流动是一个国家重要的收入来源，并对其经济和创新产生影响。为了促进学生流动，国家可以制定流动资助政策，以支持学生向内、向外或返回的流动。受过跨境高等教育的学生更容易融入高等劳动力市场，为创新和经济表现作出贡献。学生流动和学者流动有利于国际网络的建设、国际交流、各国文化的传播，从而

1　王铁军.全球治理机构与跨国公民社会[M].上海：上海人民出版社，2011：32.

促进文化的发展。国际高等教育项目的开展和学生的流动不仅让本国文化传播出去，也让外国的优秀文化传入国内，从而促进国际社会文化的多元性与包容性。国家应制定公正、公开的跨境高等教育办学制度，鼓励办学者开展跨境高等教育项目，参与国际组织发起的有关跨境高等教育的会议，全面了解国际跨境教育现状来促进跨境高等教育的发展。

3.追求教育质量与教育公平

质量与公平是教育的价值追求，然而教育的不平衡发展是跨境高等教育的突出问题。发达国家和地区不仅在经济资源上相较于发展中国家和地区具有领先优势，在知识经济时代下，更为丰富的知识资源间接扩大了不同国家、地区和群体之间的经济差距。国际竞争现已成为一场以知识、人才和发展为核心的全竞赛。发达国家利用知识资源优势，率先完成以知识经济为主导的经济生产方式的转变，其产业结构、资源配置方式也更为优越。而经合组织成员国之间的教育发展也不均衡。整体来看，北美、欧洲地区的经合组织成员国比其他地区的成员国在知识经济和教育发展水平上更为优秀[1]。

为缩小教育资源差距，国家应加大对跨境高等教育的投入，鼓励办学者开展跨境高等教育项目。国家可以制定可靠的跨境高等教育质量保障和认证制度以提高教育质量；协调国内外负责保障和认证跨境高等教育的相关机构；提供有关跨境高等教育的注册、登记、申办许可证、质量保障、学历认定、学费、办学机构资金、简介等准确、有效的信息；制订双边或多边认证协议，推进跨境高等教育的学历互认来保障跨境高等教育的教育质量与教育公平。

三、WTO 与跨境高等教育

（一）历史发展

1.WTO 与教育服务贸易

WTO 即世界贸易组织，前身是 1947 年 10 月 30 日签订的关税与贸易总协定，直到 1995 年，世界贸易组织才正式开始运作。1996 年，世界贸易组织正式取代关贸总协定临时机构成为独立于联合国的永久性国际组织。截至 2020 年，WTO 拥有的成员国数量由创立之初的 99 位增至 164 位。WTO 由其成员国政府共同管理，由所有成员协商一致做出决定。部长级会议是 WTO 的最高决策层。它通常

1　武凯.经合组织教育政策价值取向研究[D].上海：上海师范大学，2018.

每两年将 WTO 的所有成员聚集在一起召开一次会议。

WTO 于 1994 年 4 月正式通过《服务贸易总协定》（*General Agreement on Trade in Services*，GATS，以下简称《协定》），GATS 是 WTO 协定的一个构成部分，集中关注教育服务贸易中和教育相关的知识产权、银行服务等方面的服务流动。国家和教育服务机构一旦对该协定做出承诺，就要遵守 WTO 的相关规定。

《协定》中确立了 12 类世界通行的服务贸易，其中，教育服务贸易位列第五，该协定于 1995 年正式实施。《协定》几乎涵盖了所有可能的国际服务供应方式，并创造了一个基于规则的、透明的和可预测的环境，各类服务贸易可以在其中运营。它还为 WTO 成员提供了国与国之间现有的稳定的贸易条件的可能性，从而保护市场参与者免受经济代价高昂的政策逆转，并为监测和共享服务贸易政策知识提供了场所。根据贸易条件模型，贸易协定可用于避免国际贸易中出现不合作和低效率的情况[1]。

《协定》的出台代表着服务贸易朝着创建开放和安全的全球政策框架迈出的重要一步。它带来的不仅是全球贸易的重大扩张，而且是运输、物流和信息技术到金融、医疗保健和教育方面的贸易、发展和经济增长的重要推动因素。WTO 2019 年度报告显示，2017 年服务贸易的实际价值为 133.3 万亿美元，自 2005 年以来每年平均增长率为 5.4%，其中教育服务贸易部门占比由 2005 年的 0.5% 增长为 0.8%，虽然占比较少但其价值正在持续增长中。并且随着数字媒体与技术的不断提高，在未来，WTO 将积极推进与更新数字化相关技术，将新技术运用于各类服务贸易中，全球在线课程市场预计将从 2018 年的 39 亿美元增长到 2023 年的 208 亿美元，年增长率为 40.1%[2]。数字化技术的创造性发展，将会不断缩减世界贸易服务的成本，包括跨境高等教育成本，可以促进高等教育贸易服务向发展中国家进口与出口，对跨境高等教育的发展具有潜在的积极影响力。

WTO 在《协定》中对教育服务贸易的定义为除了由本国政府全额资助的教育教学活动之外，国与国之间出于经济目的（具有商业性质、收取学费）而进行的教育服务的输入与输出活动，均属于教育服务贸易范畴。该协定中涉及的教育服务贸易可能触及国家教育主权问题、学术自治问题、机构决策问题和国家高等教育政策问题等，所以对于《协定》的作用力，学者有不同见解。Larsen K、

1　BAGWELL K.，STAIGER R W. An Economic Theory of GATT[J]. American Economic Review，1999，89（1）：215-248.

2　Docebo. Elearning market trends and forecast 2017—2021[EB/OL]. （2016-12-21）[2021-08-30].

Martin JP 和 Morris R 认为，《服务贸易总协定》赋予 WTO 成员政府选择贸易承诺部门和确定服务提供方式的权利，他们也可以自由选择服务贸易承诺的具体内容[1]。Wagner P 则表明 WTO 可能破坏发展中国家追求高等教育投资以回报社会做出的努力[2]。因此截至 2020 年，仅有不足三分之一的 WTO 成员对 GATS 协定中的教育贸易服务做出承诺，而做出承诺的国家以发达经济体为主。但必须指出，反对或保留将高等教育纳入 GATS 协定并不等于反对跨境高等教育。世界各国已经普遍认识到跨境教育的好处及其为国家提供优质高等教育服务的潜力[3]。

2.WTO 框架下澳、美、中跨境高等教育发展

（1）WTO 与澳大利亚跨境高等教育发展

澳大利亚在 1995 年加入 WTO，是最早一批对 GATS 做出承诺的成员国之一。澳大利亚对《协定》做出的高等教育服务贸易承诺减让表的主要内容为：

其一，澳大利亚对于高等教育服务贸易在对跨境交付、境外消费、商业存在的市场准入上均未作限制，对自然人流动在市场准入上作一定范围或有预设条件的限制；

其二，对跨境交付与境外消费在国民待遇上未作限制，对商业存在在国民待遇上不做承诺，对自然人流动在国民待遇上作一定范围或有预设条件的限制。

澳大利亚的高等教育被政府视为重要出口产业，其教育出口已成为澳大利亚第三大出口产业。在 WTO 协定下，澳大利亚与美国、新加坡等多个国家签订了自由贸易协定，同时也与德国、印度、法国等国进行了教育服务贸易方面的谈判并签订了协定，而这些贸易协定与教育服务协定给澳大利亚跨境高等教育提供了广阔的市场与发展机会。由此，无论是在吸引国际学生到澳大利亚，还是在向其他国家跨国输送人才方面，澳大利亚都具备良好竞争力。

澳大利亚政府在向境外开拓高等教育市场的同时，不断完善国际教育立法，逐步构建完整的高等教育高效引入与引出的质量保障机制，用以约束高等教育服务机构和保障境内外学生的合法权益。澳大利亚政府于 2000 年颁布了《海外学生服务法案》，法案规定：向海外学生提供的教育服务必须要加入学费保障计划。如果提供给海外留学生的教育服务在实施过程中出现了违约问题，学生可向海外学生服务保障基金提出索赔。此外，还有后续颁布的《留学生教育服务年审收费法》《澳大利亚教育培训供给者联邦行为规范》以及《澳大利亚高等教育服务审

1　LARSEN K, MARTIN J P, MORRIS R. Trade in Educational Services: Trends and Emerging Issues[J]. World Economy, 2002（6）: 849-868.
2　WAGNER P. Higher Education in an Era of Globalization: what is at Stake?[M]// Globalization and Higher Education. Honolulu: University of Hawai'i Press, 2003: 7-23.
3　ALTBACH P. GATS Redux: The WTO Returns to Center Stage[J]. International Higher Education, 2004（37）.

批的联邦议定书》等具体的规范跨境教育服务的专项法律。

此外，澳大利亚政府积极组建专门团队为其高等教育服务质量保驾护航。2000年，澳大利亚政府成立了非盈利的第三方组织"澳大利亚大学质量保证署"，其愿景在于希望通过对教育服务机构进行独立的第三方外部审计，通过外部评估进一步保证澳大利亚的高等教育质量。2011年，澳大利亚政府成立了高等教育质量标准署，旨在对澳大利亚的大学与入境高等教育服务机构进行质量考察与行为监督。该署在2014年出台的战略计划中主张，通过精简与完善境内所有高等教育机构的教育安排、服务机构的注册、教育课程的评审等内容，期望对境内所有高等教育的发展贡献力量。2018年，澳大利亚理事会提交并支持实施《2025年国际教育国家战略》，该战略言明澳大利亚在未来将致力于通过技术手段与不断提高跨境高等教育质量，为入境留学生提供更好的教育服务，寻求建立一流的跨境高等教育体系和澳大利亚跨境高等教育的新发展。2020年，澳大利亚教育部部长丹·特汉（Dan Tehan）议员宣布成立全球声誉工作组，由国际教育委员会领导。该工作组的成立旨在制订澳大利亚在该行业声誉受损或面临重大外部风险时的应对措施，并努力为跨境教育打造一个强大的、有凝聚力的国家品牌。

澳大利亚跨境教育占据世界领先地位。每年有数十万学生被吸引到澳大利亚，其教学和研究遍布世界各地，为各级学生提供高质量的教育。澳大利亚的高等教育系统由169所高等教育机构组成，其中有43所吸引跨境学生、研究人员和学者的大学[1]。据澳大利亚政府教育与培训部门2021年发布的留学数据显示，受疫情影响：截至2021年3月，申请在澳大利亚留学的国际学生人数达551763人次，相比2020年下降了17%，其中57%（316441）申请了本科教育。2019年申请到澳大利亚留学的国际学生总人数达952271人次，创下澳大利亚留学申请总人数新高[2]。

（2）WTO与美国跨境高等教育发展

美国是最早加入WTO和签署《协定》的少数国家之一，其在教育服务贸易上做出的承诺积极而又开放。其承诺情况如下：

其一，在市场准入方面，对跨境交付、境外消费与商业存在均无任何限制；对自然人流动除水平承诺外不做其他特殊承诺。

其二，在国民待遇方面，不管是跨境交付、境外消费还是商业存在与自然人流动上都作了特殊承诺，即成人教育与其他教育的助学金和奖学金局限于美国公

---

1 Australia Government：National Strategy for International Education 2025 [EB/OL].（2016-04-30）[2021-06-02].
2 Australia Government：International student data [EB/OL]. [2021-06-02].

民与部分特定州所在居民，以及在某些特定情况下，主要是在某些特定州的某些机构或者美国的特定辖区之内适用。

由此可见，美国在教育服务贸易方面是受益国，在教育服务贸易开放性上较高，在市场准入上几乎无限制。但在国民待遇上只作水平承诺，此外的许多内容都不给予承诺，在这些限制中，只允许特定州的居民和本国公民才能够获得奖学金和助学金。

为扩展美国跨境高等教育的未来发展之路，美国先后出台了《美国新闻与教育交流法》《国际教育法》等一系列法律，用规章法规的方式将跨境高等教育的要求加以固化。2015 年，美国有 34 个州制定了开展跨境教育的指导性章程，参议院通过了《健康、服务和教育机会法案的修正案》，其中涉及跨境高等教育的主要内容包括：①将高校的竞争纳入世界市场；②加强政校合作，分担院校在招收境外学生方面的压力。除此之外，面对疫情带来的留学率下降趋势，美国国务院采取行动，宣布取消对部分来自中国等七个国家的赴美留学生、学者的入境限制，吸引更多境外学生赴美学习。

跨境高等教育是美国推动国家发展的有力工具，具体表现为：经济收益、人才流入以及国际竞争力提升。在经济收益上，跨境教育是构成美国经济的重要产业之一，美国商务部的数据显示，2018 年跨境（入境）学生为美国经济贡献了 447 亿美元，比 2017 年增长了 5.5%。在人才流入上，根据 2019 年在美留学生报告显示，跨境在美国接受高等教育的学生占美国高等教育总人口的 5.5%[1]。Chuang 和 Ho（2016 年）报告称，在哈佛大学和麻省理工学院在线课程设施上学习的学生中有 71% 来自美国境外地区[2]。美国移民与海关执法局发布了《2020 年在美留学生报告》，该报告显示：2020 年美国境内共有约 125 万跨境学生，其中就读本科和硕士研究生的达 88 万余人，亚洲国家是美国的最大生源国[3]。在国际竞争力上，美国的大学具有明显的优势，其中最优秀的为哈佛大学、斯坦福大学、加州大学伯克利分校等。就排名全世界的前两百所大学而言，有超过三分之一的高校是美国的大学。[4] 所以在整个跨境教育市场中，美国的高等教育服务具有高竞争力。

---

1 US Immigration and Customs Enforcement. 2019 SEVIS by the Numbers Report[EB/OL]. （2019-09-03）[2021-06-01].
2 CHUANG I, HO A. HarvardX and MITx: Four years of open online courses-fall 2012-Summer 2016[J]. SSRN Electronic Journal，2016.
3 US Immigration and Customs Enforcement. 2020 SEVIS by the Numbers Report[EB/OL]. （2020-03-19）[2021-06-03].
4 荣丽敏. 中美澳高等教育服务贸易比较研究[D]. 长春：东北师范大学，2019.

（3）WTO 与中国跨境高等教育发展

中国自 2001 年加入 WTO，并对《服务贸易总协定》作出部分承诺。除 12 类贸易服务均需要遵守的公共承诺外，与高等教育相关的特殊承诺的基本内容可以概括为：

其一，在承诺的项目上，在初等、中等、高等、成人教育及其他教育 5 个教育服务部门上做出开放承诺，不开放义务教育与特殊教育部门（警察、政治党校等）；

其二，在教育服务方式上，对跨境支付方式下的市场准入和国民待遇均未作承诺，可以理解为境外的教育机构不能在其境内直接招收中国学生，也不能通过跨境交付的方式，使中国学生通过在国内支付学费、国内学习的方式获得境外教育机构授予的教育资格证书；

其三，对境外消费方式下的市场准入和国民待遇没有限制，即不限制我国学生出境与其他 WTO 成员学生入境接受教育服务；

其四，在教育服务的商业存在方面，在市场准入上允许中外合作办学，并允许外方获得多数拥有权，但对国民待遇未作承诺；

其五，在自然人流动方面，在市场准入与国民待遇方面，要求具备一定资格的境外个人教育服务提供者入境提供教育服务，且必须受中国学校或其他教育机构的邀请或聘用，对其资格的要求是：必须具有学士及以上学位，具有相应的专业职称或证书，具有 2 年专业工作经验。

除以上承诺外，还有与教育服务有关的例外条例：在市场准入和国民待遇承诺方面，中国保留了对外资企业从事相关业务的审批权，在教育服务方面，政府将依据中国专门法规，对承诺的中外合作办学进行审批与管理，同时，对其他教育服务进行管理。

自入世以来，我国进出口贸易额不断增长，有关数据显示，中国 2017 年出口贸易额在发展中国家中占比 8.2%，进口贸易额占比 11.8%，相比 2005 年，分别增长了 4.9% 与 6%。2020 年我国经济总量首次突破 100 万亿元，人均国民收入持续增长[1]。我国在跨境贸易上的不断突破与经济总量的不断提升为跨境高等教育的发展提供了坚实的经济后盾与动力输出。并且，中国积极响应 WTO 的号召并践行在教育服务贸易上做出的承诺，积极组织专门人员对 WTO 的种种规则与《协定》进行了细致的研究，并成立专门工作小组，制定与完善有关教育服务

1 　央视网.2020年中国GDP首次突破100万亿元（2021-01-18）[2021-09-19].

贸易的法规规章制度。首先，在《协定》的框架下，先后颁布了《中外合作办学条例》《中外合作办学实施办法》《来华留学生高等教育质量规范（试行）》《高等学校赴境外办学暂行管理办法》等法规，并制定了《来华留学生高等教育质量规范》《高等学校接收留学生管理规定》《国家中长期教育改革和发展规划纲要（2010—2020年）》《关于中国政府奖学金的管理规定》《中外合作举办教育考试暂行规定》等有关跨境教育的规定。面对疫情，中国发布了关于"平安留学"的通知：因疫情在国内上网课的留学生，国外文凭可认证，通过此应对举措以支持学生跨境学习。随着中国跨境教育法律制度体系的不断完善，以此为跨境学生提供更优质的高等教育服务，助力中国跨境高等教育制度保障体系的完善。其次，中国也针对中外合作办学准入审批制度进行改革，在上海试行理工农医类学科专业"双一流"建设高校中外合作办学项目备案制，在全国六省（市）试点实施部省联合审批制，致力于打造高质量的高校中外合作办校项目，提升跨境高等教育质量。最后，2020年教育部发布《教育部等八部门关于加快和扩大新时代教育对外开放的意见》指出中国在未来会继续加大中外合作办校的力度，改进高校境外办学，改革学校外事审批政策，持续推进涉及出国留学生、来华留学生、外国专家和外籍教师的改革[1]。

正由于中国有关跨境教育规章制度体系的不断完善与构建，不断提升跨境高等教育服务质量，越来越多的境外学生选择中国教育机构继续深造。据资料显示，来华留学生总人数从2004年的11万增长至2015年的397000余人，接受跨境学生入境学习的高校、科研机构由2004年的420所增长至2015年的811所[2,3]。教育部国际合作与交流司司长刘锦表示，2016年至2019年，我国出国留学人数有251.8万人，目前，国内本科以上中外合作办学在读学生已超过30万人。近五年来，教育部共审批和备案中外合作办学机构和项目580个，其中本科以上的有356个。陈宝生表示，截至2016年，中国与法、德、意、荷、葡等19个欧盟成员国签署了高等教育学历学位互认协议[4]。截至2020年底，本科以上的中外合作办学机构和项目累计达1230个[5]。由此看来，中国吸引跨境留学生的人数逐年增长，接受跨境学生入境接受教育服务的高等教育机构逐渐增多，中国已成为世界上最大的

1　中华人民共和国教育部.教育部等八部门全面部署加快和扩大新时代教育对外开放[EB/OL].（2020-06-18）[2021-06-03].
2　中华人民共和国教育部.2004年来华留学生数量又创历史新高[EB/OL].（2005-05-20）[2021-06-04].
3　中华人民共和国教育部.2015年全国来华留学生数据发布[EB/OL].（2016-04-14）[2021-06-04].
4　叶雨婷.推动中欧学分互认扩大学生交流规模[EB/OL].（2016-10-12）[2021-06-04].
5　中华人民共和国教育部.教育2020收官系列新闻发布会第六场：介绍"十三五"期间教育对外开放工作情况[EB/OL].（2020-12-22）[2021-06-05].

跨境教育资源国家。

WTO 对跨境高等教育发展的积极作用力是肯定性的，但部分国家认为教育服务是否能贸易化还有待商榷，一旦个别国家同意签署，协议可以强制实施。开放的高等教育市场，可能对边缘国家的教育自主权、政策决策与文化取向等产生威胁。但这并不意味着这些国家反对跨境高等教育的发展，人们已经普遍认识到跨境教育发展的重要性和不可逆性，并积极利用 WTO 带来的交流便利性推动跨境高等教育发展。总体而言，WTO 通过加强国际合作与交流、推进国际贸易发展，为世界各国跨境高等教育的发展提供了广阔的市场、坚实的政策保障与经济动力。

3.WTO 与跨境高等教育制度发展

WTO 发布的最具有纲领性的跨境教育的国际公约就是《服务贸易总协定》（以下简称《协定》）。《协定》对于跨境服务贸易的相关规定沿用了 WTO 的基本目标和原则，例如透明性原则、最惠国待遇原则等以及这些原则的例外条件，是 WTO 成员必须遵守的公共行为规范，是各成员国之间贸易交流与合作的基础。在项目上，跨境教育服务贸易可划分为初等教育服务、中等教育服务、高等教育服务、成人教育服务与其他教育服务五类。《协定》的特殊性在于灵活的协商制度，WTO 成员可以自由选择作出市场准入和国家待遇承诺的服务部门与提供方式，而且可以决定承诺的具体内容。

（1）《协定》中规定的跨境服务贸易原则

非歧视原则是 WTO 一切行为的前提规范，是保证各成员国之间平等沟通的基础。非歧视原则主要包括国民待遇与最惠国待遇两个原则，在教育部门，最惠国待遇就是指各成员国在优惠待遇或者贸易限制上，应一致看待其他成员国。同样，无差别对待境内和境外提供的教育服务。国民待遇由各成员国自行决定承诺的具体内容，形成"具体承诺一览表"发布明示，承诺一经作出就必须履行。而最惠国待遇是 WTO 成员国都要遵守的普遍性义务，不需要明示的承诺。

公平竞争原则在跨境教育中表现为 WTO 各成员国不得通过各种不公平的贸易手段补贴本国出口的教育服务，引发不公平的国际竞争。该原则致力于打造一个稳定、安全的跨境教育贸易竞争环境。

稳定性原则是指 WTO 各成员国应保持其做出的跨境教育服务贸易承诺的稳定性，不随意更改或违背承诺。在跨境教育服务市场，政府的随意性行政是阻碍市场发展的关键因素。特别是成员国在市场准入方面做出的承诺减让表，承诺国不得违反。在教育领域具体是指：教育服务提供者数量、教育服务贸易交易总量、业务总量、自然人流动人数、商业存在中的外资持股比例等。

透明性原则是指 WTO 各成员国应及时公布其拟定或准备拟定的影响国际贸易市场的相关政策，并主张成员国成立国家咨询机构以供其他国家查阅和获取信息。该原则具体在跨境教育领域，意味着各成员国制定的对国际教育服务贸易产生影响的法律、政策在其生效前应予以公布。此外，在制定或修改教育服务贸易领域的法律、政策时，应立即或至少每年一次通知国际服务贸易理事会。根据《协定》的规定，各成员国应履行透明度义务，防止发生破坏跨境教育服务市场稳定的事件。

发展中国家是 WTO 的重要组成部分，为争取与维护发展中国家的进一步发展，《协定》中第四条提出发展中国家更多参与原则，为发展中国家的服务贸易发展提供机遇。该原则具体包括放宽发展中国家的市场准入限制、给予发展中国家更多优惠待遇、为发展中国家的发展提供援助。

（2）《协定》中规定跨境服务贸易形式

跨境交付（Cross-border Supply）即 A 国成员在境内向非 A 国成员且在 A 国境外提供消费服务。此方式主要依靠现代信息技术、网络授课等形式实现，强调服务的提供者与服务的消费者分别身处于不同国家，服务本身发生了跨境移动。在教育领域特指 A 成员国在境内以远程教育、线上教育等数字化形式向其他境外成员提供的教育服务。

境外消费（Consumption Abroad）即在 A 国成员境内向任何非 A 国成员但在 A 国境内提供消费服务。此方式强调服务消费者需与服务提供者身处同一国家，服务生产者不移动。在教育领域特指 A 国成员到其他国家的学校或机构享受教育服务如留学、游学、交换、进修等长期或短期行为。

商业存在（Commercial Presence）即 A 国成员在非 A 国境内通过商业实体向他国成员提供服务。此方式强调服务提供者需跨越国界到服务消费者国家建立商业实体，并提供服务。在教育领域特指 A 国学校或机构于境外办校或设立境外分支机构，为该国教育消费者提供服务。

自然人流动（Movement of Natural Persons）即 A 国的自然人进入非 A 国境内提供服务。此方式强调服务提供者为自然人，服务提供方式为被其他国家聘用，服务随着自然人进行跨境移动。在教育领域特指 A 国成员接受他国教育聘用，到聘用国进行有关教育教学工作。

在《协定》作用下，曾经相对受保护和去商品化的教育部门正在被自由化，并逐渐转变为价值数十亿美元的产业，以发达国家为代表的跨境高等教育迅速发展，特别是美国、欧盟、日本、新西兰和澳大利亚，而这些国家和地区也是对教育服务贸易做出较大开放力度承诺的成员。服务贸易的承诺可分为水平承诺与特殊承诺。水平承诺即 12 类服务贸易都需遵守，特殊承诺即具体部门制定的特殊承诺。具体到教育部门特殊承诺有三种类型：没有限制（None）、不做承诺（Unbound）、除水平承诺外不做承诺（Unbound except as indicated in the horizontal section）。签订教育贸易服务的成员国对四种贸易服务方式必须做出市场准入的限制、规定和条件与国民待遇的条件与资格两方面的承诺，特殊承诺需标注清晰。

（二）发展特点

1. 跨境高等教育服务贸易化

WTO 将教育服务纳入 12 类国际流通的服务贸易之中，教育服务被认为是国际服务贸易的重要组成部分，高等教育进出口额对国家经济发展起着重要的作用。根据 WTO《服务贸易总协定》的规定，教育服务贸易指除由各国政府全额资助的教学活动外，凡收取学费、带有商业性质的教学活动。主要包括跨境支付、商业存在、境外消费和自然人流动 4 种方式。商业存在即支持教育机构以服务贸易产业的形式出口或进口，鼓励各国优秀的高等教育机构、集团在他国建立分校、子公司或与他国合作办校；允许他国于本国境内设置教育培训机构、教育咨询机构等产业。跨境教育机构可以以提供教育服务的方式吸引留学生，并通过收取学费、住宿费、报名费等费用获取直接效益。跨境高等教育服务的贸易化、产业化是市场经济作用下形成的产物，跨境高等教育已经发展成为规模巨大的产业[1]。

2. 跨境高等教育服务贸易发展迅速

自 WTO 成立以来，跨境教育服务贸易发展迅速，贸易额直线上升。据资料显示，2016 年英国通过国际学生收入和英语培训等方式获取的教育出口收入接近 200 亿英镑，比 2010 年增长了 26%，其中，高等教育收入占总收入的 67%，约 134 亿英镑，跨国教育收入约 19 亿英镑[2]。其次，还表现为跨境留学生人数与跨国合作项目等的持续上升。境外消费即出国留学、培训等方式是跨境高等教育发展的主要形式。以中国留学生为例，从 2008 年到 2017 年，赴加拿大留学的中国学生从 4.3 万人增长至 14.1 万人，增长高达 226%。并且，美国、澳大利亚、日本、韩国等国家接收我国留学生的人数也逐年增加。除此之外，截至 2020 年，

1　刘红梅，姚秀丽，夏兴芹，等. 高等教育服务贸易研究综述——基于2005—2020年文献[J]. 阿坝师范学院学报，2020，37（3）：93-99.
2　中国服务贸易指南网. 数据显示英国教育出口收入近200亿英镑 [EB/OL].（2019-01-25）[2021-06-05].

与我国合作的本科以上中外教育交流项目累计达到 1230 个，是我国加入 WTO 以来取得的巨大进步。

3.跨境高等教育服务贸易发展不平衡

目前，跨境高等教育服务市场的分布呈现出不平衡的态势。首先，全球 95% 的留学生就读于美、英、法、德等八大工业国，形成跨境高等教育留学生市场由发达经济体垄断的局面，其中英语国家占据跨境高等教育贸易市场的绝对份额。以中国为例，自加入 WTO 以来，超九成的留学生选择赴美、英、澳等十国留学，其中赴英语国家的学生占 77.91%。其次，跨境高等教育贸易逆差加剧，表现为发展中国家的教育服务贸易出口远超进口，具体体现为出境留学生人数与入境留学生人数的不对等。目前全球排名前 100 的高校中有 80% 以上分布在北美、西欧和亚太发达地区，学生为追求更好的教育服务、更优质的教育资源选择向这些发达国家流动，发达国家通过大量接受外国留学生创造了大量的境外收入，但发展中国家由于自身教育服务优势不明显而难以吸引留学生，导致缺乏相应的外汇收入，这进一步加深了跨境高等教育服务市场的分布不均。

（三）WTO 与跨境高等教育经验启示

1.教育资源的双向流动

（1）引进优质境外教育资源，提升高等教育质量

加入 WTO 有利于我国引入境外优质的教育人力资源。我国在教育服务贸易协定中做出的关于自然人流动的承诺中规定了受我国教育机构聘用的自然人的学历条件与社会性条件，即须获得学士学位、具备职业资格证书与两年工作经验。截至2020年，中国境内教育机构的外籍教师数量由 2004 年的 1.49 万人上升至 6.71 万人。外籍教师、学者的引入利于激发我国教育教学工作的活力，推进国内外教师交流，推动我国教育体系内部人力资源的多元化构成，为促进教育国际化发展提供动力。

加入 WTO 利于我国高等教育机构供给的多样化与选择的多样性。首先，中外合作办校是我国境内跨境教育合作的主要方式，截至 2020 年底，我国本科以上的中外合作办学机构和项目累计达 1230 个 [1]。其次，加入 WTO 进一步推动我国高校的专业设置、课程设置与人才培养模式调整。在专业设置上引入生物技术、计算机科学、非通用语等专业推动人才培养的多样性，为我国高等教育的消费者提供更多选择权；在课程设置上参考并引进结合我国实际情况的国外优质课程结

1 中华人民共和国教育部.教育2020收官系列新闻发布会第六场：介绍"十三五"期间教育对外开放工作情况[EB/OL].（2020-12-22）[2021-06-05].

构，以提高我国人才培养质量；在人才培养模式上，加入 WTO 后，国内外企业相互流动，跨国公司对人才需求产生结构性变化，表现在对高素质人才的需求增加，推动了我国教育人才培养模式的积极调整。

（2）推进高等教育对外开放，提升高等教育国际竞争力

教育部国际合作与交流司司长刘锦表示，长期以来，中国致力于推动形成全方位、多层次、宽领域的教育对外开放格局，深化同世界各国的教育合作与交流。加入 WTO 以来，我国教育事业整体发展水平实现质的飞跃，中国的教育合作伙伴已遍布全球。第一，截至 2020 年，中国与 188 个国家和地区、46 个重要国际组织建立了教育合作与交流关系，并与 54 个国家签署了高等教育学历学位互认协议[1]。第二，我国一直鼓励双向留学，并不断提高双向留学质量。在出国留学上，我国一直是全球最大的留学生生源地，是美国、英国、澳大利亚等国家接收的留学生的主要组成部分。孙霄兵统计发现，2000 年中国的出国留学生人数仅为不到 4 万人，但我国加入 WTO 之后，仅一年时间，出国留学的人数就增长至 10 万人[2]。

在来华留学方面，中国政府通过设立专项奖学金、出台相关留学生管理政策、打造中国留学品牌等举措，来华留学生比例逐年提高，从 2010 年的 40.5% 提高到 2019 年的 54.6%，据教育部官网数据显示，2018 年有 10% 的国外学生在中国留学，我国已经成为世界第三、亚洲第一留学目的地国[3]。跨境合作与交流、国际合作项目、海内外留学生等数量与质量的不断提升，均体现了我国高等教育的对外开放程度正不断加深，是我国高等教育在国际市场中实力的展现，利于进一步推动我国高等教育走向国际市场。

2. 挑战与机遇并存

（1）教育市场竞争加剧

加入 WTO 对我国教育最大的挑战表现在中国教育市场存在极大的潜在市场价值，尤其是高等教育阶段存在教育机构供给与人民需求数量与质量上的矛盾，尤其体现在优质教育资源的获取机会上。中国的教育市场与教育资源还未完全开放。中国入世并签署教育服务贸易承诺，意味着中国教育这块巨大的市场将会更加吸引境外教育机构、组织与企业来抢占，这种教育市场的竞争集中体现在对优秀生源的争夺上，生源的数量与质量将会直接影响一所学校的办学水平与竞争力。

1 程铭劼. 教育部国际合作与交流司司长刘锦：中国现有外籍教师已达 6.71万人[EB/OL]. （2020-09-05）[2021-06-05].
2 孙霄兵. 加入WTO二十年来中国教育对外开放的发展[J]. 国家教育行政学院学报，2021（1）：31-39+50.
3 方怡君. 中国成留学第三大目的地国预计明年来华留学生达50万[EB/OL]. （2019-12-11）[2021-06-07].

因此，高校必须要有清晰的认知，只有不断发展与学习，提高教育教学质量，才能够在教育国际竞争中占领优势。

（2）优秀人才流动加剧

加入 WTO 后对我国高等教育的挑战还表现在人力资源竞争上。一是优秀教师、学者、管理人才、研发人才等的流失。加入 WTO 打开了我国的教育服务市场，意味着我国的教师、学者等优秀人才有被其他国家教育机构、组织以高薪和优厚条件聘用的可能，进而争夺我国的优秀人才。二是优质生源的流失。欧美等国家和地区的高等教育在世界教育市场中具有良好竞争力，世界排名前两百名的大学多来自于欧美等发达国家，不管是教育资源还是教育质量上，对我国学生都有着极大吸引力。从 2000 年到 2019 年，我国出国留学人数年均增加约 16%，我国一直是全球最大的留学生生源地[1]。但每年赴中国留学的学生、访问的学者远不及出境人数，教育服务贸易出口总额与进口总额也存在较大差距，虽然差距在逐渐缩小，但不可否认，这种教育服务贸易逆差将在我国跨境高等教育服务贸易中长久存在。

（3）对外教育法律体系的不完善

中国加入 WTO 意味着中国教育市场的对外开放力度加大，这也一度对中国教育法律体系、教育服务贸易政策的完整性与应对性提出要求。但目前似乎还缺少对接 WTO 教育服务贸易的四大途径的法律规则，我国仅针对教育服务贸易提供方式中的中外合作明确了相关规定，但除此之外的其他形式的教育服务贸易法规还存在空缺现象。并且到目前为止，中国跨境教育服务贸易发展尚且缺少纲领性文件，各地级政府也没有直接的关于发展国际教育服务贸易的政策扶助和总体规划[2]。这些问题均反映出中国在跨境教育服务贸易中的缺陷，以及在发展跨境教育中法律制度的不完善，这都是我国未来跨境教育发展中不可忽视的问题。

3. 启示

总体而言，自 2001 年中国加入 WTO 以来，我国加大了对优质教育资源的引进，与多国达成合作关系；教育服务质量有所提升，在国际教育市场的竞争力得以增强，教育服务贸易的进出口总额得到提升；构建了相对完整的对外教育法律体系，教育双向开放政策得到了完善优化。但我们也应认识到，我国的跨境高等教育还存在短板，主要表现为：其一，跨境高等教育服务贸易进出口不均衡，在留学生人数上我国每年有大量学生流入境外其他学校，而境外赴华留学的学生

1　孙霄兵. 加入WTO二十年来中国教育对外开放的发展[J]. 国家教育行政学院学报，2021：31-39+50.
2　张琤玙. "一带一路"背景下我国高等教育服务贸易的发展现状及启示[J]. 对外经贸实务，2019（4）：80-83.

数量则相对较少，出口远超进口，存在贸易逆差，而这正是造成我国优质人才流失的原因之一；其二，高等教育学历互认国家较少，截至 2020 年，仅有 54 个国家与地区与中国签订高等教育学历互认协议，占全世界 233 个国家和地区的 23.2%；其三，跨境教育服务贸易的法律法规不够完善，我国仅针对教育服务贸易提供方式中的中外合作制定了相关规定，但除此之外的其他形式的教育服务贸易的法规还存在空缺现象。

因此，要进一步推进我国跨境高等教育发展。首先，必须从提高我国高等教育服务质量与供给能力入手，构建高等教育服务理念与应对策略，不断提高我国高校办学水平与加快教育供给侧结构性改革，预防人才外流与贸易逆差的持续出现，提高我国在国际市场中的教育竞争力。其次，在保证高校办学质量与人才培养质量的基础上不断提升我国学历学位的国际认可度，抓住"一带一路"契机与更多国家与地区达成双边、多边合作关系，进一步完善对外开放政策的同时推进双向留学服务，与更多国家和地区达成高等教育学历互认协议。最后，根据中国跨境教育发展实际，完善基于 WTO 服务贸易形式的跨境高等教育法律体系，使我国的跨境教育法律法规能够对接 WTO 服务贸易的四种方式，为提高我国跨境高等教育在国际竞争中的优势保驾护航。

第八章　中国跨境高等教育发展

一、中国跨境高等教育的制度发展

（一）中国跨境高等教育起步阶段（1949 年以前）

1. 制度环境

我国跨境教育的发展最早可追溯于隋唐时期，当时为了稳固和兴盛疆土，派遣使者去往各国游历，与之交流学习，如玄奘西行。与此同时，各国也会遣使节团前来觐见当朝的皇帝，如鉴真东渡。而我国跨境高等教育的发展要从清朝开始算起，鸦片战争以后，不同国家为了殖民扩张和传播教义，派遣大量基督教传教士涌入中国，开办教会学校传教。19 世纪六七十年代，教会学校迅速发展，多个国家的传教士集中在沿海城市等地创办教会学校。最初的教会学校多附设于教堂，规模小，大部分只相当于小学程度。到了 19 世纪末期，教会学校迅速发展，1877 年第一次基督传教士大会后各教会学校加强了联系，由此诞生了教会大学，教会大学中来自各国的传教士会定期进行宣讲，传播各国较为先进的文化知识以供学生学习。著名的教会学校有上海圣约翰大学、东吴大学、岭南大学、金陵大学。此外，清政府也派遣了国内学生去欧洲国家留学学习，学习的主要内容有海外实业、科技等领域的先进技术，以期来挽救即将衰败的清王朝。但这一时期的留学教育只是由一部分有识之士提出和管理的，清政府并没有制定相关的政策来约束和规定。因此，这一时期，国内跨境高等教育制度还未真正开始发展。

2. 制度内容

随着教会学校开展范围的扩大，传教士逐渐认识到教育组织对传教的重要作用，于是教会教育有了更进一步的发展。1877 年第一次传教大会由在华传教士组织召开，会议上在华传教士通过一致讨论，决定设立一个联合组织——学校教科书委员会。这是近代第一个在华基督教教会的联合组织，后改组为"中华教育会"，该组织的成立使得之前只是单纯负责编译教科书的教会教育组织机构扩展为能够处理一般教育问题的机构。"中华教育会"逐渐发展为基督教在华教会教育的总指挥部，上到教育实施政策，下到教育实施问题，从宏观到微观无一不受其管理。到1890年，教会教育已全面完成制度化的过程[1]。然而教会大学一开始就是西方列强为了侵略扩张领土在中国境内创办的隶属于国外的学校，由境外办学者控制和管理，中国没有自主权，因此还不能属于完全意义上的跨境高等教育。

3. 制度特征

制度的发展总是受到社会环境的影响。1949年以前，救亡图存是跨境教育得以发展的根本原因，然而这种先见的想法仅存在于少部分有识之士中，国家（清政府）并未意识到跨境教育的重要性，因而也没有出台正规的制度来规划其发展，根深蒂固的夜郎自大思想制约着整个国家（清政府）的发展，而对于殖民国家制定的强权政策也只能被迫接受。

（二）中国跨境高等教育发展阶段（1949—2001年）

1. 制度环境

中华人民共和国成立以后，为尽快提升综合国力，中国逐步走上计划经济体制的轨道，建立国营企业和社会主义公有制，经济体制的改革带来了教育体制的改变。由国家公派本国留学生去往当时发展较好的社会主义国家留学是这一时期跨境教育实现的主要形式。一批学生按照规定前往苏联，学习借鉴别国建设社会主义国家过程中运用的方法和积累的经验，其中最重要的是学习和掌握先进技术，尤其是重工业方面的技术。但由于当时的跨境高等教育仍然受到国家严格的控制，存在的限制较多，因此这一时期跨境教育的实现形式还是较为单一。保障公派出国学习的留学生的质量是这一时期制度管理的重点。

自改革开放以来，由邓小平同志提出的"教育要面向现代化、面向世界、面向未来"的教育思想奠定了这一时期我国跨境高等教育发展的基调。高等教育逐渐全面走向对外开放的道路。个人自愿留学是这一时期跨境教育的主要实现形式，仅有少部分高校开启了合作办学的行动，但规模较小，形式单一，尚处于起步阶段。因此在合作办学方面没有出台具体的政策法规，管理制度的建设局限于个人留学方面。

1985年全国教育工作会议中强调了教育对经济改革的作用，明确指出了经济体制的改革需要大量人才资源的输入，劳动者素质的提高与国家经济实力的发展密不可分。

邓小平同志在南方谈话中提到："科学技术是第一生产力，经济发展得快一

1　陈建华. 从"中华教育会"透视晚清基督教的教会教育[J]. 华东师范大学学报（教育科学版），2006（2）：77-87.

点，必须依靠科技和教育。"由此可以看出教育的地位越来越被国家重视，在这之后，中国跨境教育方面也迎来了发展的黄金时期，越来越多的高校意识到国际化的重要性，对外寻求合作，但因为当时中国国际地位并不是很高，导致接受合作办学的大部分都是国外三四流的学校，他们的目的是占据市场份额，增加经济收入，因此这一阶段跨境高等教育质量较差，合作办学乱象丛生。

2.制度内容

《关于 1953 年选拔留苏预备生的指示》指出：选派留苏学生是直接向苏联学习，培养高级专门人才的最有效的方法，对祖国建设有着极其重大的作用。为了使留苏预备生的选拔更加规范，还制定了《1953 年留苏预备生选拔办法》，其中详细规定了留苏预备生所必须具备的政治条件、学历条件、年龄条件等。教育部还出台了《关于 1954 年由高等学校选拔赴苏联和各人民民主国家留学的联合通知》等一系列规章制度来规范留学生的质量[1]。

1982 年，重新修订的《中华人民共和国宪法》中明确规定：国家鼓励集体经济组织、国家企事业组织和其他社会力量依照法律规定举办各种教育事业。此项规定打破了单一的政府办学体制，允许社会各界力量参与教育事业，丰富了办学的主体。这一规定为中外合作办学奠定了宪法基础。1984 年 12 月 26 日，国务院出台了《国务院关于自费出国的暂行规定》，该规定表明：在政治上，国家对待自费和公费的出国留学人员是一视同仁的。积极支持和关心自费出国留学人员，鼓励他们早日学成回国，从而服务于我国社会主义现代化建设的宏伟事业是各级政府和基层单位的职责所在[2]。这一规定不仅对出国留学生应当具备的条件作出了明确规范，同时还对留学回国的学生管理工作作出了规定，是当时制度内容发展的一个很大突破。

1986 年 12 月原国家教委批转发布了《国家教育委员会关于出国留学人员工作的若干规定》，分别从指导原则、组织管理，以及公派出国留学人员的选派、从事国外"博士后"研究或实习、公派出国留学人员回国休假及其配偶出国探亲和自费出国留学等方面规范了出国留学工作，并且废除了之前发布的与之相抵触的规定[3]。这一时期制度内容的重点在于规范出国留学管理，尤其是公派留学人员。这一规定首次提出了从事国外"博士后"研究或实习人员的管理问题。

1993 年，原国家教委发布了《关于境外机构的个人来华合作办学问题的通

1　吴霓.中国人留学史话[M].北京：中国国际广播出版社，2009：1-204.
2　国务院.关于自费出国留学的暂行规定[J].中华人民共和国国务院公报，1985（2）：19-21.
3　国家教育委员会.关于出国留学人员工作的若干暂行规定[J].中华人民共和国国务院报，1987（14）：504-511.

知》，该通知共 16 条，其中对合作办学的意义、原则、范围、类别、主体等都作出了相应的规定，但此规定并非正式出台的法规，而是为解决当时各地来华合作办学工作时需要有一定的规范，在请示国务院领导同意后，紧急发出的急需明确的原则问题。1995 年，原国家教委发布《中外合作办学暂行规定》，该规定共五章，四十三条，从设置、运行、监督三个方面较为全面地规范了开展中外合作办学工作的流程[1]。1996 年，国务院学位办公室发布了《关于加强中外合作办学活动中学位授予管理的通知》，作为《中外合作办学暂行规定》的重要补充，该通知共有七条，此通知的出台标志着中国的中外合作办学工作进入了依法办学、依法管理的轨道。

3. 制度特征

1949 年中华人民共和国成立以后，教会大学的退出宣告我国殖民式的跨境高等教育阶段结束。在此阶段，我国跨境高等教育制度从内容上开始不断丰富，跨境高等教育的形式主要以单一的教育输入形式——跨境留学来实现。随着出国留学人员逐年增加，国家出台了一些相应的管理规定来规范出国留学管理，但政府方面相应的法律法规较少，在此阶段的早期，跨境高等教育制度仍然存在一些限制性，国家对其发展只是从政治上给予支持的态度，实际开展层面并未作出详细的规划。1978 年邓小平同志改革开放政策的提出使得教育事业全面对外开放，到了 20 世纪 80 年代中后期我国与美、日、德、法、加拿大等国的教育机构进行了首次合作办学的尝试，制度发展迈入了中外合作办学的新领域，制度内容的重点不再局限于出国留学工作。邓小平同志南方谈话之后，国内越来越多的高校意识到教育国际化合作的重要性，纷纷寻求与外国院校进行合作办学，我国跨境高等教育的发展迎来了黄金时期，但这一时期同样也是乱象丛生的时期，针对出现的各种劣质跨境办学问题，原国家教委出台了一系列质量监管方面的政策规定来严加管理。这一时期我国中外合作办学已经完全走上了依法办学和管理的轨道。

（三）中国跨境高等教育规范化阶段（2001—2010 年）

1. 制度环境

2001 年，中国正式加入世界贸易组织，积极主动地扩大对外经济交往，深度融入世界经济。随着国际化的发展，教育也不断对外开放，教育服务贸易即跨境教育成为国际贸易中一个重要的领域。2003 年"第二届教育服务贸易论坛"上，学者们开始使用"跨境教育"一词代替过于商业化的"教育服务贸易"以来，跨

1　原国家教委. 中外合作办学暂行规定[J]. 新法规月刊，1995（7）：32–35.

境教育一词开始被广泛关注和使用。全球化概念的出现，使得世界各国开始关注国际化教育，尤其是跨境高等教育，中国也不例外。2005年联合国教科文组织和欧洲经济合作与发展组织在教科文组织总部召开新闻发布会，此会标志着历时两年多拟定的"保证跨境高等教育质量指导准则"正式开始应用。中国人民大学黄卫平教授作为我国代表参加了这一准则的起草工作。在此国际准则的影响下，中国也出台了一系列相应的政策法规。2009年教育部印发2009年教育工作要点，提出了2009年教育工作总体要求：全面贯彻党的十七大和十七届三中全会精神，以邓小平理论和"三个代表"重要思想为指导，深入贯彻落实科学发展观，全面贯彻党的教育方针，继续解放思想，坚持改革开放，谋划发展，提高质量，促进公平，加强管理，办好人民满意的教育，努力建设人力资源强国。

2. 制度内容

中国加入WTO以后，在国际化的影响下将教育不断对外开放，主要形式为中外合作办学。因此，针对中外合作办学工作过程中出现的一系列问题，2002年国家教育部颁布了《中外合作境外办学暂行管理办法》，共十二条。首先，该办法指出境外办学过程中应当着重开展具有比较优势且具有国家特色的高等教育，同时要充分考虑所在国家或地区的实际需求和发展特点。其次，该办法第八条中详尽规定了高等学校申请境外办学过程中需要报送的材料和流程[1]。

2003年国务院颁布了《中华人民共和国中外合作办学条例》，该条例是根据《中华人民共和国教育法》《中华人民共和国职业教育法》和《中华人民共和国民办教育促进法》制定的，共八章，六十四条。这一条例相比1995年《中外合作办学暂行规定》来说，从组织与管理、教育与教学、资产与财务、变更与终止方面更加全面地对中外合作办学工作做出了规范。更重要的是，该条例明确了合作办学过程中相关人员的法律责任。这标志着我国第一部跨境高等教育的国家行政法规的产生，对跨境高等教育行为活动做出了法律规范。2004年教育部颁布了《中华人民共和国中外合作办学条例实施办法》，该办法的出台进一步明确和落实了《合作办学条例》，并对质量管理方面做出了更具体的要求，其中管理与监督层面对教师与管理人员的聘用、学历与学位证书、收费等方面列出了共15条内容。该办法出台后，原中华人民共和国国家教育委员会1995年1月26日发布的《中外合作办学暂行规定》同时废止。

2007年，教育部发出《关于进一步规范中外合作办学秩序的通知》。该通

---

1 中华人民共和国教育部. 中华人民共和国教育部令第15号 [EB/OL].（2002-12-31）[2020-2-19].

知的出台解决了中外合作办学中存在的一些突出问题，例如某些地方和学校违背跨境高等教育的公益性原则，不顾办学质量而一味追求经济利益；更有个别地区和学校在引进国外教育资源时，不仔细核查和检验其质量，随意引进并在低成本学科中重复办学等。该通知共有八条，其中前两条是对高校跨境合作办学中的思想方面的规定；第三至五条对中外合作办学中的具体实施工作作出了规范；第六条和第七条论述了质量监管的内容，第七条明确指出教育部将采取相关措施加强跨境高等教育中合作办学项目的行政监管工作。其中推进"两个平台"（中外合作办学监管工作信息平台、中外合作办学颁发证书认证工作平台）和"两个机制"（中外合作办学质量评估机制、中外合作办学执法和处罚机制）的建设是重点[1]。

2009 年，教育部工作要点第九条指出要深入推进改革开放，进一步提高教育管理水平。主要是对包括区域性教育交流合作平台的构建、出国留学工作机制的完善、来华留学教育质量的提高、与其他国家和地区学位学历互认、完善跨境教育质量保障机制等方面的内容进行了详细可行的规划。由此可见，这一时期的跨境教育，尤其是跨境高等教育方面的发展已经成为教育工作的重点和核心要义。

3. 制度特征——规模扩大，加强监管

自中国加入 WTO 以来，教育服务贸易成为跨境贸易中不可或缺的一部分，因此，加强跨境高等教育的质量监管，完善跨境高等教育质量的相关法律法规体系成为发展跨境教育的题中之义。这一时期的制度规定更加明确具体，对于完善跨境高等教育的质量监管体系列出了具体细则要求。层层审核，严格把关，防止劣质教育资源的大量涌入。规定每一层级的管理部门都应加强对跨境高等教育质量的日常监管，并对种种不负责的监管行为作出了明确的惩罚规定。

改革开放 40 多年来，我国跨境高等教育总体上呈现较好的发展态势，规模不断扩大，形式和内涵不断丰富，质量也在稳步提升。

（四）中国跨境高等教育治理阶段（2010 年至今）

1. 制度环境

根据国家统计局数据显示，2010 年我国 GDP 相比 2000 年增长了 301.13%，这表明我国逐步从经济大国迈入经济强国的行列[2]。经济的发展离不开人才的积累，随着经济全球化程度的日益加深，教育国际化趋势也在快速发展。2010 年 5 月 30 日至 6 月 4 日，中国代表团参加了美国国际教育者协会年会，代表团在教

1　教育部. 关于进一步规范中外合作办学秩序的通知[J]. 中华人民共和国教育部公报，2007（6）：47-48.
2　中华人民共和国国家统计局. 中国统计年鉴[M]. 北京：中国统计出版社，2013：98.

育展上设立"学在中国"展区并举办了"中国高等教育机构的发展与合作模式探究"研讨会。

国家主席习近平在 2013 年提出要建设"新丝绸之路经济带"和"21 世纪海上丝绸之路"的合作倡议，即"一带一路"。该倡议借用古代丝绸之路的历史名称，秉承包容开放的区域合作精神，在世界多极化发展的潮流中，致力于打造一条能够使沿线国家多元、自主、可持续发展的贸易交往通道。依靠双多边机制，借助既有的、行之有效的区域合作平台，共同建立一个政治互信、经济融合、文化包容的利益共同体、命运共同体和责任共同体。

2011 年 11 月 25 日，联合国教科文组织《亚太地区承认高等教育学历、文凭和学位地区公约》缔约国大会在日本东京召开。我国时任教育部副部长杜玉波出席大会并发言。杜玉波在发言中指出，全世界各个国家和地区都在持续不断地加大高等教育的国际化进程，人员的跨境流动、国际化课程的开展、跨境高等教育服务等已成为跨境高等教育发展的重要趋势。从世界范围来看，亚太地区是教育发展最迅速、最活跃、成果最显著的地区，各国之间学历、文凭和学位的相互承认与认证有利于文化与科研人才的交流、推动高等教育学术跨国、消除教育服务贸易的技术壁垒等。因此，当前亚太地区各国跨境高等教育发展最紧迫的任务就是制订出一个共同的学历、文凭和学位认可的行动框架，促进亚太地区跨境高等教育的可持续发展。

2020 年全球遭受新冠疫情的影响，各国留学生只能通过跨境远程教育的方式进行学习。教育部留学服务中心规定，对于受疫情影响、被迫选择通过在线方式修读部分或者全部课程的留学人员，在满足国（境）外高校规定的学位授予条件后，其所获得的学位可以获得正常认证。

2. 制度内容

2010 年，国家颁布了《国家中长期教育改革和发展规划纲要（2010—2020 年）》（以下简称《纲要》），这一《纲要》的制定为跨境高等教育指明了方向。虽然自 1978 年改革开放以来，我国教育取得了一定的成就，却仍然无法满足当时社会的需求，因此教育改革的任务无比迫切，基于此背景，此《纲要》得以出台。《纲要》关注的焦点为高等教育，明确了高等教育对学生发展的重要价值，并指出了当前高等教育的主要任务是提升质量，具体可以通过人才、科研和社会服务能力三个方面来实施。人才培养机制的改革中提到要多样化培养人才，例如校企合作、学校与科研机构合作、高等教育跨境等方式，构建一个体系开放、互联互通、资源丰富的人才培养体制[1]。

在"一带一路"倡议下，中国与俄罗斯、东盟等多个国家和组织之间都开展了跨境高等教育的合作。2015年，国内的复旦大学、四川大学、兰州大学联合俄罗斯、韩国等8个"一带一路"沿线国家和地区的47所高校联合发布了《敦煌共识》，地区和国家之间制定和签署了一系列政策法规，共同成立了"一带一路"高校联盟。该联盟的成立推动了这些大学与地区之间在教育、科技等领域的全面交流与合作。该联盟的终极目标是探索跨国培养与跨境流动的人才培养新机制，培养具有国际视野的高素质人才。

2011年11月26日，时任教育部副部长杜玉波代表中国签署了《亚太地区承认高等教育资历公约》（以下简称《公约》）。该《公约》给出了一个合作框架，并指出在该合作框架下，共同承认一个高等教育资历有利于人员的跨境流动。为了完善这一合作框架，该《公约》分别从自立评估、高等教育入学资格承认以及具体实施方面给出了详尽的规范，这对我国跨境高等教育合作的发展，尤其是与各国的资历互认方面有着十分深远的影响。[2]

在新冠疫情的影响下，国际高等教育面临着各方面的挑战，其中以留学生学历学位认证问题最为突出。针对这一问题，我国教育部当即出台了相关的政策文件对此问题作出了规定。明确表示凡是因受到新冠疫情的影响，无法去往留学国家或地区，而只能通过跨境远程教育进行学习的学生，毕业时可以正常申请国（境）外学历学位的认证，其所学的网上课程不会影响其学历学位的认证。并且，一切申请程序和要求仍按原标准执行。此外，海外留学人员回国就业、创业等方面可以咨询教育部留学服务中心来获得帮助和服务[3]。

3.制度特征——关注诉求，多元发展

这一时期跨境高等教育制度的产生有赖于多元主体的诉求，而不仅仅只是关注国家层面经济或政治等的利益需求，高等教育中教师、学生以及其他利益相关者的诉求逐步得到重视，社会各方面共同促进制度完善。制度的发展需要考虑参与到跨境高等教育中的学生、教师或相关人员的需求和体验，满足他们的需要才能促进跨境高等教育市场的可持续发展。同时，世界各国对中国跨境教育的需求也从出国留学转向人文交流、科研合作等多元化的形式上。这表明，中国跨境高等教育的发展得到了国内外的普遍认可和接受。

1　顾明远. 学习和解读《国家中长期教育改革和发展规划纲要（2010—2020）》[J]. 高等教育研究，2010，31（7）：1-6.
2　教育部. 我国签署亚太地区承认高等教育资历公约[J]. 云南教育（视界综合版），2011（11）：4.
3　周岳峰. 新冠肺炎疫情给高等教育国际化带来的影响[J]. 世界教育信息，2020，33（5）：13-15.

二、中国跨境高等教育的质量发展

高等教育是培养高学历、高水平人才的重要教育阶段，它为社会的发展提供人力资源。在经济全球化和高等教育大众化的背景之下，世界各国之间的联系日益紧密，跨境高等教育作为跨越国家管辖边界进行的教育供给活动已成为高等教育发展的客观趋势，也成为各国颇为关注的发展主题。一方面，通过开展高质量的跨境高等教育活动吸引海外留学生前往本国能够为国家实现经济创收；另一方面，世界上的高水平院校进行跨境教育活动不仅能够为学校赢得国际声誉，还能够提高本国的国际竞争力。质量发展问题是关乎跨境高等教育发展的重中之重，只有质量问题得到保证，跨境高等教育才能实现可持续发展。跨境高等教育主要有跨境人员流动、跨境项目流动以及跨境合作办学等形式[1]，因此下面将从人员流动、合作办学及境外办学等方面对中国跨境高等教育发展的质量现状进行阐述。

（一）人员流动

跨境教育中的学生流动可以分为中国作为生源国输出的留学生人数和中国作为留学目的地输入的留学生人数。中国是世界上最大的发展中国家，随着改革开放后的飞速发展，中国已成为世界最大留学生生源国，同时也是亚洲最大留学目的国和亚太区域研究生教育中心。

1. 中国是世界最大留学生生源国

中国作为世界上最大留学生生源地影响着国际留学态势。中国在改革开放后大力发展祖国的各项事业，国家经济持续保持高速增长，目前已成为世界第二大经济体。中国人民的生活水平得到显著改善，且教育的发展取得长足进步，越来越多的家庭和学生选择出国留学来获得更优质的教育资源。根据教育部数据显示，2015 年中国出国留学人数为 52.37 万人，到 2019 年人数上涨为 70.35 万人，比四年前增长近 20 万人。如图 8.1 所示，我国 2015—2019 年的出国留学人数持续增加，到 2019 年已突破 70 万人，但增速逐渐放缓，2018 年和 2019 年的增长率均在 10% 以下。根据图 8.2 可知，2015—2019 年中国留学生回国人数也在逐年上涨，累计留学回国人数超过出国留学总人数的一半。从 1978 年我国实行改革开放以来，到 2019 年为止，中国各类出国留学人员总计达 656.06 万人，其中 165.62 万人正在国外进行相关阶段的学习和研究，490.44 万人已完成学业，423.17 万人在完成学业后选择回国发展，占已完成学业群体的 86.28%[2]。针对如此庞大的归国

1　张民选，李亚东. 中外合作办学认证体系的构建与运作[M]. 北京：高等教育出版社，2010：56.
2　曹建. 教育部2019年度出国留学人员情况统计[EB/OL].（2020-12-14）[2022-05-06].

留学生群体，国家也出台了相关优惠政策帮助归国留学生落户以及创业，根据具体条件和标准的满足情况，留学生可以获得资金方面的无偿资助或者创业园区办公室免费使用权等国家支持。

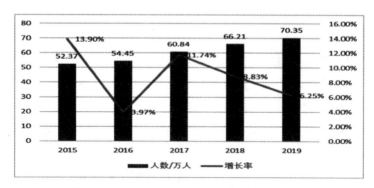

图 8.1　2015—2019 年中国出国留学生人数变化

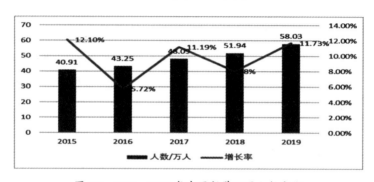

图 8.2　2015—2019 年中国留学回国人数变化

　　随着跨境教育的发展，全球国际学生的人数与日俱增。截至 2019 年，中国已是美国、加拿大、英国、澳大利亚等英语国家的最大留学生生源国，也是日本、韩国、新加坡等汉语文化圈国家的最大留学生来源国。据统计，中国留学生数量占美国、加拿大两国留学生总人数的比例均超过 30%，2019 年留学韩国的中国学生占韩国留学生总数的 62%[1]。2018—2019 学年，中国赴美读本科、研究生及其他非学历课程以及进行 OPT（选择性实践训练）项目的人数为 369548 人，较上一学年人数增加了 1.7%。从留学教育阶段来看，中国留学生去美国进行本科学习的人数最多，相较 2019 年增长了 0.2%，进行研究生课程学习的人数较上一年增长了 2%。2019—2020 学年，中国赴美留学生总计 372532 人，进行研究生

1　罗庄教育.中国留学发展报告2019[EB/OL].（2019-12-19）[2022-05-06].

学习的留学人数增长了 3%[1]。《2020 加拿大留学报告》显示，2019 年约有 14.14 万中国学生留学加拿大，占加拿大全部国际留学生的 22.1%，前往加拿大的中国留学生人数从 2009 年的 5.04 万人增长至 2019 年的 14.14 万人，增长率高达 181%。

2."一带一路"背景下来华留学教育的发展

（1）来华留学人数逐年攀升，留学生结构改善

中国在改革开放后迎来了新的发展契机，不仅国民经济得到发展，国际竞争力有所提高，而且中国的教育事业也得到了足够的重视，吸引了一大批海外留学生，亚洲国家是来华留学生的主要生源地。据教育部数据显示，2016 年中国接受学历教育的外国留学生总计 209966 人，占来华生总数的 47.42%，硕士和博士研究生共计 63867 人，比 2015 年增加了 19.22%。2018 年共有 492185 名外国留学人员来华学习，增长比例为 0.62%，接受学历教育的外国留学生占来华生总数的 52.44%，同比增加 6.86%，硕士和博士研究生共计 85062 人，比 2017 年增加了 12.28%。北京市、上海市、江苏省是来华留学生数量最多的三个省市。可知，来华留学生人数逐年攀升，其增速逐渐放缓，同时学历生比例不断扩大，2016 和 2018 年来华留学生中硕士和博士研究生人数的增长比率均超过 10%。2000—2010 年，历年来华留学生中学历生的数量都小于非学历生，而截至 2018 年，接受学历教育的外国留学生占来华生总数的比例突破 50%，属于高层次教育的硕士和博士生人数也达到 85062 人，留学生结构不断改进。

（2）"一带一路"沿线国家留学生成为一大亮点

2013 年，国家主席习近平提出建设"一带一路"的合作倡议，来华留学教育是"一带一路"倡议下重要的建设项目之一[2]。为了达成和平发展的目标，我国与"一带一路"沿线国家积极进行多方面的交流合作，教育活动是其中一个重要的方面，"一带一路"沿线国家前往中国的留学生人数也在不断增加。2010 年"一带一路"沿线国家来华留学生总数为 98964 人，占全球来华留学生的 37%。2016 年，"一带一路"沿线 64 国的在华留学生共 207746 人，同比增幅达 13.6%，高于各国平均增速。2019 年"一带一路"沿线国家来华留学生占比达到 54.1%。同年来华留学生总数达 39.76 万人，约占世界国际留学生总数的 8%。"一带一路"倡议为中国与东盟的教育交流提供了新的机遇，据教育部统计，2018 年来华留

1　美国国际教育协会.美国门户开放报告2020[EB/OL].（2020−11−16）[2022−03−05].
2　邹佳怡，汤熙."一带一路"背景下来华留学教育发展探析[J].科学大众（科学教育），2020（2020−11−16）[2022−03−05]（2）：152.

学排在前 15 位的国家中有 5 个是东盟国家，分别是泰国、印度尼西亚、老挝、越南、马来西亚[1]。

（3）国家对来华留学教育的重视

我国对来华留学工作围绕外交大局，服务教育对外开放，坚持"扩大规模，优化结构，规范管理，保证质量"方针，培养了一大批知华友华的国际人才。党的十八大以来，我国建立了较为完善的来华留学招生、教学、管理、服务和就业的法规政策体系，形成了较为完善的政策链条，提升了来华留学的吸引力。为服务国家战略，针对来华留学生的中国政府奖学金也向周边国家和"一带一路"沿线国家倾斜。享受 2016 年中国政府奖学金的 49022 名学生中，获"一带一路"沿线国家奖学金的学生占比 61%。为配合"一带一路"倡议，我国每年共向沿线国家提供一万个新生名额，2017 年新设"丝绸之路"中国政府奖学金，每年资助沿线国家留学生来华学习或研修，推进共建"一带一路"教育行动[2]。

（二）合作办学

中外合作办学是指外国法人组织、个人以及有关国际组织同中国具有法人资格的教育机构及其他社会组织，在中国境内合作举办以中国公民为主要对象的教育机构，实施教育、教学的活动。中外合作办学能够引进发达国家优质的教育资源，提高国内的教育水平使之与国际接轨，并推进我国的教育现代化进程，因此我国积极引导中外合作办学持续健康发展[3]。

1. 对合作办学项目进行评估考察，强化退出机制

我国重视中外合作办学的健康发展，积极建设和重点推进"两个平台"和"两个机制"的建设，以此规范中外合作办学的秩序，提高办学质量。所谓的"两个平台"，一是指教育部中外合作办学监管工作信息平台，该平台旨在对中外合作办学的各项工作情况进行及时的上报和公示，平台上的信息实时更新，这样一个信息平台可以使我国的中外合作办学项目及其推进情况一目了然，方便管理和追责；二是中外合作办学颁发证书认证工作平台，可以让学历学位证书的认证工作更加方便。"两个机制"，一是中外合作办学质量评估机制，中外合作办学机构的质量参差不齐，不能因为是中外合作而放宽对其质量方面的要求，加强质量评估才不至于让一些教育质量低的合作办学机构浑水摸鱼；二是中外合作办学执法和处罚机制，这一机制的建立和实行能够对资质不全或涉及违规违法的合作办学

1　张东．"一带一路"上的教育共商与共赢[EB/OL]．（2019-07-13）[2022-03-05]．

2　教育部国际合作与交流司．中国成为世界最大的留学输出国和亚洲最大留学目的国[EB/OL]．（2017-03-01）[2022-03-05]．

3　林金辉．中外合作办学中引进优质教育资源问题研究[J]．教育研究，2012，33（10）：34-38+68.

机构进行处罚，各级管理部门的职责可以更加明确，同时也可以强化办学单位的相关责任。

对中外合作办学机构的评估考察主要包括两个方面[1]。一方面，合作办学机构要根据标准进行自我评估，自我评估是合作办学机构或项目在规定的时间内，按照相关评估指标进行比对，并对评估结果进行如实记录和整理总结，最后提交数据信息，资料存档备查；另一方面是相关部门对中外合作办学机构进行抽查评估，抽查评估是在自我评估的基础上进行的，评估的方式是专家会议或者通讯评议，教育部和地方主管部门依据初评结果对表现良好的机构进行奖励，对出现问题或违规情况的机构进行惩罚并提出改进意见。教育部网站上的信息显示，2013年中外合作办学项目，参评的机构和项目合格率达到了83%，有条件合格率为14%，不合格率为3%[2]。基本反映了中外合作办学的实际情况，即有关办学单位响应国家的政策要求，看到了中外合作办学的前景，积极引进优质教育资源，在合作的基础之上提高教育质量和水平，满足人民群众多样化的教育需求。

退出机制也是保障中外合作办学质量建设和健康发展的重要举措。在中外合作办学领域建立退出机制，停办不合要求的项目和机构，一方面能够保证中外合作办学的质量，提高办学的水平，提升中外合作办学的信誉度，这样中外合作办学项目更能受到青睐；另一方面，实行退出机制能够让中外合作办学机构和项目本身有所敬畏，自觉加强自身建设，充分发挥中外合作办学对高等教育发展的示范引领作用。

2.合作办学项目质量

我国希望通过中外合作办学的方式引进国外高水平教育资源，进一步丰富国内高等教育资源供给。根据表8.1的数据显示，2018—2020年上半年教育部新批准举办的中外合作办学项目共有164个，从办学层次上来看，新发展的中外合作办学项目以本科层次为主，占总数的83%；硕士和博士项目比例偏低，硕士研究生层次的中外合作办学项目共有25个，只占总数的15.2%，而博士研究生层次的中外合作办学项目数仅占总数的1.8%。

1 李梅，赵璐.多元共治下中外合作办学机构的质量保障体系——以西交利物浦大学为例[J].大学教育科学，2019（2）：114-121.
2 李冰洁.2013年中外合作办学评估工作已完成[EB/OL].（2014-03-18）[2022-03-05].

表8.1 2018—2020 上半年教育部批准中外合作办学项目统计表

年份	本科项目数量及比例		硕士项目数量及比例		博士项目数量及比例		总计
2018 上半年	17	77.3%	5	22.7%	0	0	22
2018 下半年	29	80.6%	6	16.6%	1	2.8%	36
2019 上半年	28	93.3%	2	6.7%	0	0	30
2019 下半年	35	79.5%	7	16%	2	4.5%	44
2020 上半年	27	84.4%	5	15.6%	0	0	32
总计	136	83%	25	15.2%	3	1.8%	164

目前，国内本科以上中外合作办学在读学生已超过 30 万人，我国已成为世界一流大学的重要合作方。同时国家在中外合作办学层次结构调整方面已经做出很大努力，截至 2020 年底，现有中外合作办学机构和项目 2332 个，其中本科以上层次的有 1230 个。

从地区分布来看，2018—2020 上半年教育部新批准中外合作办学项目的区域数量和比例分布如表8.2所示，可知近三年中外合作办学项目中，东部数量最多，占比最大，其中外合作办学项目数量占总数的 50% 左右；中部地区其次，与东部地区相比存在一定差距，西部地区的项目数量最少。从地区分布来看，我国东部地区处于开放前沿，经济发达，高校数量多，与国外高校合作机会大，带动了该地区中外合作办学项目的发展。而我国西部地区，由于地理位置等因素的限制，经济稍落后于东部和中部地区，高校数量较少，合作办学项目的数量远不及其他地区。国家应该对西部地区给予政策上的支持，努力调整中外合作办学区域布局不均衡的现状。

从高校情况来看，2013 全国举办中外合作办学项目和机构的高校有 577 所，占全国高校总数的 21%。"985 工程""211 工程"高水平大学有 79 所，举办项目占项目总数的 16%。普通本科和高职院校举办中外合作办学项目的有 498 所，举办项目占项目总数的 84%。这些院校通过合作办学提升实力的积极性高，已成为中外合作办学的主力[1]。在 2018—2020 年上半年教育部新批准的中外合作办学项目中，"985""211"高校举办的项目数量如表8.3 所示，可知"985""211"高校举办的合作办学项目占总数的比例在逐渐下降，地方普通高校和高职院校已成为中外合作办学发展的主力。到 2020 年底，有 400 余所高职院校与国外办学

---

1 中外合作办学监管工作信息平台. 教育规划纲要实施三年来中外合作办学发展情况[EB/OL]. （2013-09-05）[2022-03-05].

机构开展合作办学，并成立了在海外独立举办的第一所高职院校——"中国—赞比亚职业技术学院"。

表8.2 2018—2020上半年教育部批准中外合作办学项目区域数量和比例分布

年份	东部数量及比例		中部数量及比例		西部数量及比例	
2018年上半年	11	50%	10	45.5%	1	4.5%
2018年下半年	18	50%	8	22.2%	10	27.8%
2019年上半年	14	46.7%	10	33.3%	5	16.7%
2019年下半年	22	50%	11	25%	9	20.5%
2020年上半年	18	56.2%	10	31.3%	4	12.5%
合计	83	51.6%	49	30.4%	29	18.0%

表8.3 2018—2020上半年"985""211"高校举办中外合作办学项目情况

	2018年	2019年	2020上半年
"985""211"高校数量	15	17	4
"985""211"高校比例	25.9%	23%	12.5%

从资源引进来看，大批中外合作办学项目在学科建设、师资力量、就业机会等方面都为学生提供了更好的条件。如西交利物浦大学的建筑系本科和研究生课程分别获得英国皇家建筑师学会第一阶段和第二阶段认证，是开设该专业的同类大学中首个获此认证的中国大学。上海纽约大学一方面引进了美国纽约大学多个优势课程，例如数学、数字媒体等，还合作开发出新专业课程，编写了新教材供学生学习。中国政法大学中欧法学院结合中外双方学科特色，为我国法学教育事业的发展以及探索中外合作培养"中西贯通的法律人才"摸索出了宝贵的办学经验。

3. 国家政策的支持

2003年中共中央、国务院颁布了《中外合作办学条例》，国家鼓励引进外国优质教育资源的中外合作办学。2010年中共中央、国务院印发《国家中长期教育改革和发展规划纲要（2010—2020年）》，鼓励各级各类学校开展多种形式的国际交流和合作，办好若干所示范性中外合作学校和一批中外合作办学项目。

党的十八大以来，我国不断加大奖学金投入。首先奖学金覆盖规模进一步扩大，覆盖学生人数更多。2016年，共有来自183个国家的49022名学生享受中国政府奖学金在华学习，占在华生总数的11%，相比2012年增加了70%。其次，正如前文所提到的，我国的留学生结构还有待优化，因此我国利用奖学金吸引高层次人才，引领来华留学向高层次、高质量发展。2016 年奖学金生中，硕博研究生比例高达 69%，比 2012 年占比增加了 12 个百分点。中国政府奖学金杠杆作用持续显现，奖学金向周边国家和"一带一路"沿线国家倾斜，成为国家战略人才和人脉储备的重要渠道。2016 年获奖学金人数排名前 10 位的国家依次为：巴基斯坦、蒙古国、俄罗斯、越南、泰国、美国、老挝、韩国、哈萨克斯坦和尼泊尔，"一带一路"沿线国家获奖学金的学生占比 61%，比 2012 年提高了 8.4%[1]。

（三）境外办学

跨境高等教育包括"引进来"和"走出去"两个方面。目前，我国对教育"引进来"与"走出去"分类管理，前者属于中外合作办学范畴，后者属于境外办学范畴，但是二者本质上都同属教育的对外交流与合作[2]。当前，我国高校境外办学正处于起步阶段。

1. 境外办学规模较小

从项目数量来看，截至 2018 年 9 月，全国共有 21 个省份的 84 所高校开展境外办学，共有境外办学机构和项目 128 个，涉及亚洲、欧洲、美洲、大洋洲的 48 个国家及地区[3]。一方面，近年来我国的综合国力不断提升，这为我国高校积极开展境外办学活动提供了资源支撑，还赢得了更加友好和谐的外部环境；另一方面，我国重视教育事业的发展，我国的诸多高校也在不断加强学科建设，在与其他国家高校的竞争中逐渐崭露锋芒，得到其他国家的认可。因此高校对于响应国家政策开展境外办学的积极性高涨，参与境外办学的高校数量不断增加，且"走出去"的范围更大，涉及的国家和地区更多。

对比中外合作办学项目的发展，境外办学还有很大的发展空间。截至 2020 年底，现有中外合作办学机构和项目 2332 个，而我国的境外办学项目和机构却不足 200 个，二者之间的差距较大。从招生规模来看，老挝苏州大学首批本科毕业生仅有 22 人，大部分境外办学机构和项目的学生规模从几十人到几百人不等，规模偏小。而中外合作办学中，截至 2020 年 5 月，西交利物浦大学有 17000 多名本科生和研究生，其他办学机构的学生规模多在 1000 人以上，办学项目的学生一般也有几百人。由此可见，与中外合作办学相比，我国高校境外办学规模较小且发展速度缓慢。

1　曹建华. 教育部强化"一带一路"沿线国家留学工作[EB/OL].（2017-03-06）[2022-03-05].
2　林金辉, 刘志平. 高等教育中外合作办学"走出去"发展战略探新[J]. 教育研究, 2008（1）43-47.
3　李淑艳. 我国高校境外办学：特点、问题与推进策略[J]. 高校教育管理, 2019, 13（1）：98-103+124.

2.境外高校的发展情况

目前我国高校境外办学主要有设立境外分校、合作设立机构（学院）、开展项目合作、设立培训中心四种方式。我国高校在境外开设的分校共有五个。老挝苏州大学是中国于2011年7月在海外创办的第一所高等学府，学校获得了中国和老挝两国政府的批准。老挝苏州大学的设立迈出了中国高等教育"走出去"的第一步，但学校的规模偏小，在教育层次上缺乏研究生教育，在专业设置上只有四个专业。2013年马来西亚政府正式邀请厦门大学到马来西亚创办分校，厦门大学马来西亚分校是我国第一所在海外设立的中国知名大学分校，是厦门大学的海外直属校区，由厦门大学全资所有。分校包括本科生、硕士、博士三个教育层次，招生专业也更多。同济大学佛罗伦萨校区是中国大学在意大利落户的第一个海外校区。同济大学着力发展其优势专业，展示中国艺术设计和建筑学科水平成就。北京大学汇丰商学院牛津校区是中国大学第一次在欧洲独立建设、自主管理的实体办学机构。温州大学意大利分校阿雷佐校区是中国高校在意大利的首个分校。

2015年纽约州立大学奥尔巴尼分校跨境教育研究团队的统计数据显示，世界上共有32个大学海外分校输出国，75个输入国，运行中的大学海外分校合计230所；其中，拥有海外分校较多的依次为美国（81个）、英国（37个）、俄罗斯（20个）、澳大利亚（15个）[1]。

我国一直将教育摆在优先发展的战略地位，这使得我国的教育事业蓬勃发展，取得了不小的进步，但与发达国家相比，我们国家高等教育的优势并不突出，能在国际上享有盛誉的高校数量也屈指可数，这在一定程度上影响了我国跨境办学的发展。同时，境外办学尚处于摸索发展阶段，许多高校对于出国办学没底，对国家鼓励教育走出国门、走向世界的政策不够了解，因此对于跨境办学的积极性并不高。据统计，在入选我国首批42所一流大学建设高校中，仅有10所高校开展境外办学，占境外办学高校总数的11.9%；所设办学机构和项目共计12个，占境外办学机构和项目总数的9.3%。

教育质量是教育的底线，人才是民族复兴的希望，而高质量的教育是国家培养创新人才的基础。跨境高等教育还涉及到教育"走出去"的战略，其品质还关系到国家的声誉和地位。因此，我国应该采取切实可行的措施提高跨境高等教育的质量。

---

1 李淑艳.我国高校境外办学：特点、问题与推进策略[J].高校教育管理，2019，13（1）：98-103+124.

三、中国跨境高等教育的能力发展

2003 年 11 月由联合国教科文组织、经济合作与发展组织和挪威教育部共同举办的第二届教育服务贸易论坛开始用"跨境教育"概念替代"教育服务贸易",最大程度避免"教育服务贸易"可能引起的争议。[1] 各国普遍承认,教育跨境提供,尤其是高等教育跨境提供,不仅以多种形式存在且飞速发展,而且任何一个国家不再可能是本国教育唯一的提供者,教育尤其是高等教育的发展与政策也不再是教育自身所能左右的。

跨境高等教育是指在教师、课程、机构跨越国家管辖边境情况下开展的高等教育。联合国教科文组织(UNESCO)和经济合作与发展组织(OECD)在《跨境高等教育提供质量指南》中重申了简·奈特对跨境教育的定义,并补充认为"跨境教育包括高等教育的公立或私立部门、营利或非营利院校,它涵盖了广泛的模式,从面授(学生旅居海外或者设立海外院校)到远程学习(在线学习)等(2005)。我国跨境高等教育通过赴外留学、来华深造、中外合作办学、境外办学等形式加强教育间的交流与合作。依据跨越边境的主体,将其划分为三种类型:①人员跨境流动——以教育为目的的人员的跨境,主要是学生跨境学习以及教师跨境学习;②项目跨境流动——教育项目的跨境,如跨境教育合作项目,通过网络提供的学习项目和向外国机构出售或特许教育培训课程等;③教育机构跨境流动——教育机构或教育项目到境外办学或投资。[2]

从本义上来说,"能力发展"与"能力建设"是同义词。对于中国来说,跨境教育是通过实施教育加强国家能力建设的目的得以实现的重要政策工具。"能力建设"就是促进能力的发展。能力发展就是要通过提供相应的技巧和方法,使人们能够发展和提高自身的能力。对于不同的主体来说,其具体含义差别会比较大:对"个人"而言的"能力发展"和对一个教育"机构"乃至一个"国家"而言的"能力发展",是在完全不同的层面上展开的。而即便是在同一层面上展开,其具体含义也会因所言对象的个别差异而表现出不同。如对个人而言的"能力发展"对不同个体来说其含义就不会完全一致,对机构而言的"能力发展"也会因机构性质的不同(如单纯的教育机构和专门的研究机构)而相去甚远,对国家而言的"能力发展建设"更会因各个国家当前的状况及预期实现的目标而大相径庭。

能力发展是具有多层次多层面的发展途径,各层面的能力发展相互影响、相

1　高云. 发展中国家能力建设与跨境高等教育研究[J]. 高等农业教育, 2006 (7): 17-20.
2　陆丹. 剖析我国跨境教育的发展[J]. 云南财经大学学报(社会科学版), 2010, 25 (2): 137-140.

互依赖，同时又具有相对独立的发展政策。因此，这里采用博尔格（Bolger，2000）所划分的五个层面来分析我国跨境高等教育的能力发展（图8.3）：个人层面、组织层面、部门/网络层面、社会层面、全球范围。

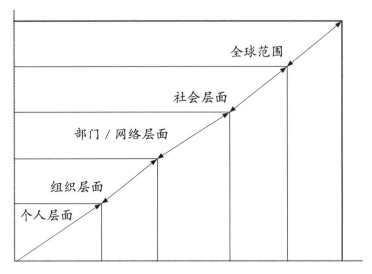

图8.3　能力发展：一个多层次的概念框架

（一）从个人层面看待能力发展

从个人层面来看，能力发展是指个人通过正规的教育或其他学习途径获得技术的过程。尽管技术和知识可以在各种不同环境中获得，但是教育系统在这方面发挥着最为重要的作用。在跨境高等教育中，涉及个人层面的能力发展主要有学生跨境学习以及教师跨境学习，包括来华深造和赴外留学。一般的实现方式既有面对面的学习（学生去国外上学和将校园设在国外），也有远程学习（在线学习，网络课程等）。近年来，在经济全球化的背景下，学生以及教师的跨境学习日趋频繁，包括中小学生国内外交换学习，教师教学经验理念培训等。

1. 个人跨境发展现状：来华深造和赴外留学

1978年邓小平同志作出关于扩大派遣留学生的指示，拉开了我国对外开放事业的序幕。20世纪90年代以来，我国政府提出"支持留学，鼓励回国，来去自由"的留学方针，标志着中国的出国留学政策逐步完善，出国留学事业得到了迅猛发展。2008年12月，教育部召开工作座谈会提出，"解放思想，改革创新，是出国留学不断向前推进的强大动力……要努力营造既有利于出国留学，又有利于留学回国的良好环境。"2020年12月7日开幕的国际人工智能与教育会议上，教育部部长陈宝生也明确表示了"鼓励出国留学"。

首先，我国来华留学生数量20年来一直保持稳步增长。据教育部数据显示，2015年来华留学生较2014年增长了5.46%，其中学历生人数占在华生总数的比例为46.47%，研究生占在华生总数的比例为13.47%。2016年接受学历教育的外国留学生占来华生总数的47.42%，硕博研究生比2015年增加19.22%。2017年共有48.92万名外国留学生在我国高等院校学习，规模增速连续两年保持在10%以上，其中学历生24.15万人，占总数的49.38%，同比增长15.04%。2018年，我国来自全国31个省（区、市）的1004所高校，共接收了来自196个国家和地区的492185名外国留学人员。截至2018年，接受学历教育的外国留学生在来华生总数的比例突破50%，属于高层次教育的硕士和博士生人数也达到了85062人。目前，我国已成为世界第三、亚洲第一留学目的地国。由此可得，近五年来华留学生人数逐年攀升，增速逐渐放缓，同时学历生比例不断扩大，高等教育人数逐渐增多，留学生结构不断改进。

其次，随着我国经济持续发展，尤其是对外向型人才需要的快速增加，我国出国留学人数也一直呈增长的趋势。2018年我国出国留学生达到66.21万人，与2017年相比增加了5.37万人，增长了8.83%，其中国家公派3.02万人，单位公派3.56万人，自费留学59.63万人；各类留学回国人员总数为51.94万人，与2017年相比人数增加了3.85万人，增长了8.00%，其中国家公派2.53万人，单位公派2.65万人，自费留学46.76万人。2019年我国出国留学人员总数为70.35万人，较上一年度增加了4.14万人，增长了6.25%，各类留学回国人员总数为58.03万人，较上一年度增加了6.09万人，增长了11.73%。据统计，1978—2019年，各类出国留学人员累计达656.06万人，其中165.62万人正在国外进行相关阶段的学习或研究；490.44万人已完成学业，423.17万人在完成学业后选择回国发展，占已完成学业群体的86.28%。从支持留学、鼓励回国、全力支持留学归国人才创业创新，这些方面都无一不体现出我国对教育事业，尤其是出国留学这一层面的大力支持。

2.个人能力发展：支持跨境学习，培养高层次国际化人才

跨境高等教育一个最明显的指标就是国际学生在全球范围内的跨境流动，与国家经济文化的发展和教育的支持有密切联系。随着国家之间的经济文化联系越来越紧密，相互交错，各国人民也意识到学习其他国家文化的可能性，以及离境学习的益处。高等教育增长的根本动因在于社会和个体，特别是发展中国家，越来越意识到高等教育能够带来的经济收益。中国作为人口大国的代表，积极回应着高等教育国际化的跨境流动。

随着我国对外开放程度的不断提高，国家对个人来华和赴外留学也在加大支持。当前出国留学的方式主要有自费留学和公费留学，但从历年的数据来看，自费留学仍是主流。近年来，随着公费留学门槛逐渐提高，竞争日趋激烈，且更多家庭有能力并愿意对孩子进行教育投资，越来越多的人选择自费留学。而原教育部国际合作与交流司司长曹国兴曾表示，自费出国留学人员也是国家的宝贵财富，教育部已经采取措施为他们提供服务：一是国内各省区市教育主管部门配合公安部门为自费出国留学人员提供服务；二是加强留学中介管理，最大限度保证自费留学人员选好学校；三是教育部在 38 个国家驻外使（领）馆设立了 55 个教育处（组），他们将加强对自费出国留学人员的管理和服务。[1] 因此，从 2003 年开始，教育部设立了"国家优秀自费留学生奖学金"。该奖学金首先在美、日、英、法、德等国家试点，试点阶段奖励 100 人，目前在继续扩大。由于中国教育体系仍处于发展和完善阶段，且全球化发展下出国学习和生活经历仍然具有一定的竞争力和吸引力等原因，中国学生对于国际化优质高等教育的需求并未发生根本性改变，出国留学仍是重要的发展方向，留学大众化发展的趋势更加明显。[2]

对于中国来说，当前来华留学生生源国覆盖范围很稳定，"一带一路"沿线的国家成为来华留学发力点。[3]2019 年留学生生源国家和地区数与 2019 年的 203 个相比基本持平。前 10 位生源国格局稳中有变，依次为韩国、美国、泰国、印度、俄罗斯、巴基斯坦、日本、哈萨克斯坦、印度尼西亚和法国，其中印度、巴基斯坦和哈萨克斯坦同比增长均超过 10%。来自亚洲和非洲的生源较上一年分别有 6.5% 和 19.47% 的增幅。同时，我国对来华留学生们给予十分优越的条件：对亚非拉等国的来华留学生给予高额奖学金；留学生的住宿条件较好；许多高校甚至营造出留学生高人一等的环境。因此，我国教育部现已提出"来华留学已经进入了提质增效阶段"方针，在接下来会严格规范国际学生的国籍身份和报考资格的审查，严格把控高等院校招收国际学生的生源质量。目前，来华留学生的增长在放慢脚步。

（二）从组织层面看待能力发展

从组织层面来看，能力发展主要集中在组织机构建设、资源获得、机构运行过程的有效性，以及现存组织结构中，为追求高效率高质量而进行的管理过程的有效性。就教育领域来说，能力发展便是促进本国教育机构和组织的发展，如设

1　刘万永. 中国留学生自费人数超越公费[EB/OL].（2004-02-07）[2022-03-05].
2　李慧钰.《中国留学发展报告（2020—2021）》蓝皮书发布[J]. 留学，2021（6）：15-16.
3　中华人民共和国教育部."十三五"时期来华留学生结构不断优化 [EB/OL].（2020-12-22）[2022-03-05].

立大学。通过获取更多的资源，以及对这些资源的有效利用，来加强本国教育机构的能力建设。在跨境教育中主要为中外合作办学的质量与发展，这是新时期推动我国教育走出去、扩大人文交流、共建"一带一路"的重要环节。

1.教育机构发展现状：中外合作办学

按照《中华人民共和国中外合作办学条例》的规定，中外合作办学通常是指外国教育机构同中国教育机构在中国境内合作举办的以中国公民为主要招生对象的教育机构。[1] 中外合作办学外方合作者主要来自那些积极倡导教育服务贸易、经济发达、科技及教育先进的国家，主要有澳大利亚、美国、加拿大、新加坡、英国、法国、日本、荷兰、比利时、新西兰等国和我国港、澳、台地区。其中73.3%来自澳大利亚、英国、加拿大、美国和新西兰，来自澳大利亚的合作项目超过四分之一。中国教育涉外办学有十几种基本形式，中外合作办学是唯一以高于部门规章的国务院法规规范的办学形式，是中国教育对外交流合作的最深层次，也是最深入的表现形式。中外合作办学实行"行政审批制"，教育部对依法批准设立或举办的机构和项目分别颁发机构"办学许可证"或"项目批准书"。[2]

在合作办学的专业上设计的学科主要是应用文科，其中经济管理类占有很大比例。本科层次中外合作办学项目中，管理学占37%、工学（主要指计算机应用）占25%、经济学占11%。专科层次中外合作办学项目中，财经占42%、电子信息占23%、旅游占8%。这种状况正是我国社会经济的快速发展和经济全球化的影响在中外合作办学领域中的自然体现。

"十三五"期间，教育部共审批和备案中外合作办学机构和项目580个（独立法人机构7个、非独立法人机构84个、项目489个），其中本科以上356个。截至2016年，我国高校境外办学机构有5个，办学项目数量有98个，分布在14个国家和地区，另有474所孔子学院以及孔子课堂，有35所国内高校赴境外开展办学活动。截至2018年，10所具有法人资格的本科及以上高等教育中外合作办学机构在校国际学生1940人，来自全球70多个国家和地区，80%以上是攻读学位。截至2020年底，现有中外合作办学机构和项目2332个，其中本科以上的有1230个，例如电子科技大学英澳"2+2"和"1+3"本科项目。目前，高等教育中外合作办学涉及经济学、法学、教育学、文学、历史学、理学、工学、农学、医学、管理学、艺术学等11个学科门类200多个专业，合作对象涉及36个

1　力明霞，陈淑珍，薛蓉蓉.跨境高等教育模式与中外合作办学创新实践研究[J].山西大同大学学报（社会科学版），2014，28（6）：89-91.
2　张舒，凌鹤.中外合作办学政策变迁历程、演进逻辑与发展理路[J].上海师范大学学报（哲学社会科学版），2022，51（3）：119-125.

国家和地区、800多所外方高校和700多所中方高校。由此可见，我国高校在利用中外合作办学实现"引进来"的同时，也将"走出去"提上日程，加快跨境教育的步伐。

2.教育机构的能力发展：扩大开放，从"引进来"到"走出去"

我国中外合作办学已经经历了从摸索到快速发展再到规范管理三个阶段，现在正处于由粗放型发展到质量型发展的过渡。作为跨国高等教育在中国实践形式和中国高等教育国际化的重要载体，中外合作办学是在经济全球化与高等教育国际化大背景的驱动下产生和发展起来的。我国跨境合作办学主要有三种类别：①外国教会机构在中国境内独立办学（没有与中国境内的教育机构合作，始终保持独立性）；②中国在境外办学（如莫斯科中山大学和中法大学海外部）；③中外大学联合办学（主要以建立中外校际合作研究机构来体现，其设立和运作都是由合作双方制订规则）。[1]

为适应我国加入世界贸易组织新形势的要求，加强对各类教育涉外活动的管理，依法保护中外教育服务提供者和我国公民的合法权益，教育部于2002年在国际合作与交流司设立了教育涉外监管处，专门监管自费出国留学中介服务、外籍人员子女学校、中外合作办学、中外合作举办教育考试和举办国际教育展览等活动，已逐步建立了健康有序的教育涉外秩序。针对中外合作办学中出现的产业化倾向以及在招生、录取、质量管理、颁发证书等方面存在的问题，教育部于2006年、2007年先后发布规范性文件《教育部关于当前中外合作办学若干问题的意见》（教外综〔2006〕15号）、《教育部关于进一步规范中外合作办学秩序的通知》（教外综〔2007〕14号），重申中外合作办学引进优质教育资源和坚持公益性原则的政策导向，严把审批关，强调规范办学、依法管理。

"十四五"规划期间，更加强调由"引进来"向"走出去"的转变。这是中国适应与接轨国际通用话语体系、参与全球教育治理、彰显中国教育影响力和重要软实力的重要变化。对教育领域而言，除了师生出国留学和孔子学院等国际人文交流项目的持续发展，未来"走出去"的力度和范围应更大、更广。在《中国教育现代化2035》中，相对于"引进来"，对"走出去"的着墨更多，未来15年的重要任务和方向集中体现在"一带一路"教育行动、建设中外高级别人文交流机制、孔子学院和孔子课堂特色发展、建设中国特色海外国际学校、职业院校海外建设"鲁班工坊"、参与全球教育治理、推进与国际组织及专业机构交流合

1　兰军.近现代中外高等教育跨境合作办学的历史考察[J].高校教育管理，2010，4（3）：87-92.

作以及加强对外教育援助工作等方面。[1]

当前我国主要致力于三种模式的发展：①引进（师资）模式与输出（生源）模式；②直接招生模式与间接招生模式；③短期培养模式与中长期培养模式。[2]与传统大学教育相比，中外合作办学有着不可比拟的特点与优势，不仅增加了学生接受高等教育的机会，而且使教育输入和输出机构能够互相比照，以此来提升教学和课程的质量，推动教育教学改革，促进学科专业建设。中国高等教育学会中外合作办学研究分会理事长林金辉指出，近年来，中国中外合作办学已取得了重要成就，顶层设计日臻完善，质量效益继续提升，专家队伍不断扩大。当前，中国正在加快和扩大教育对外开放，中外合作办学面临新的发展形势，必须主动适应。我国要继续完善一套能够提升学术质量，保证体系完整性的公开透明的章程，为政府、高等教育机构或高等教育提供者、学生组织、质量保障和认证机构、学术互认机构、职业机构的行动提供指导方针，实现有效管理。[3]

（三）从部门/网络层面看待能力发展

从部门/网络层面来看，能力发展在于各部门之间的协调性，以及提高各部门政策的一致性。各教育部门之间，能力发展的目标有：加强国内各区域之间跨境高等教育的平衡与协调发展、加强覆盖各种高等学术领域的各学术机构之间的联系、加强跨境职业教育机构与正规教育机构之间等的类别联系。通过国内、国家之间的跨境学术合作与交流，更能够加强本国整体的知识能力建设，促进知识含量的增长。

1.部门层面的发展现状：国内地区间的协调与国际的合作交流

随着对外开放政策的不断落实，我国对于教育的重视程度与日俱增。在经济全球化以及人类命运共同体背景下，我国提出区域高等教育、高等教育国际化、走中国特色合作办学等，其中最主要的就是我国高等教育国际化。20世纪80年代末以来，区域高等教育以国际化办学指标、国际化人才培养培训项目、国际文化交流与合作等为主要内容，不断深化国际化人才培养质量，着力打造全方位、多层次、宽领域的高等教育对外开放格局。自2015年"双一流"国家战略提出以来，高等教育国际化成为国家层面的战略方向，并为各高校推动国际化发展提供了指引与契机。加拿大学者简·奈特将高等教育国际化定义为"将国际、跨文化或全球层面的意识纳入高等教育的目的、功能和培养方式的过程"[4]。该定义从过程

---

1 潘奇."十四五"期间中国教育对外开放：提质增效与路径创新[J].教育发展研究，2020，40（23）：43-49.
2 兰军.近现代中外高等教育跨境合作办学的历史考察[J].高校教育管理，2010，4（3）：87-92.
3 张九洲，房慧.跨境高等教育：现状、内涵与发展趋势[J].大理学院学报，2015，14（9）：91-95.
4 薛博文.高等教育国际化概念比较与价值取向分析[J].黑龙江高教研究，2021，39（4）：1-5.

的角度阐述了高等教育国际化的价值内涵，指出国际化实质上就是以国际化的视野和行为融合入高等教育机构的各项职能。

目前我国跨境教育的主要区域在北上广几个经济发达地区，主要发展方向为东部。中外合作办学机构和项目主要集中在东部地区（共 11 个省级行政区），占总量的 62%，中部地区（共 8 个省级行政区）占总量的 31%，西部地区（共 12 个省级行政区）占 7%。同时，我国也鼓励对云南、广西及周边国家进行跨境教育中的民族文化交融研究。由此可以看出，我国高等教育国际化正在从精英教育到大众教育再到普及教育，尽量使每个地区都享受到国际前沿的教育，走教育国际化的道路。

除了均衡国内跨境高等教育的区域分布，在国际上，中国投入更多精力在来华留学生问题上。2017 年，中国拿出了 33 亿元资助其中的 6 万名左右外国留学生，另外约 43 万名外国留学生给中国带来了 350 亿～400 亿元的教育收入。[1] 数据显示，中国政府奖学金吸引力不断提升，引领来华留学向高层次、高质量发展。2017 年共有来自 180 个国家的 5.86 万名中国政府奖学金生在华学习，占总数的 11.97%。其中学历生 5.16 万人，占奖学金生总数的 88.02%，硕博研究生合计 4.08 万人，占奖学金生总数的 69.57%，比 2016 年增长了 20.06%。并且，来华留学生的学科分布更加合理，学习文科类专业的学生数量仍排名首位，占总人数的 48.45%；学习工科、管理、理科、艺术、农学的学生数量增长明显，同比增长均超过 20%。此外，2017 年来华留学生中，自费生达 43.06 万人，占总数的 88.03%。

迄今为止，我国与世界上 200 多个国家和地区建立了合作与交流的关系，设立了若干个双边教育高层工作磋商机制和双边及区域性教育合作与交流平台，签署并尚在执行的教育合作协议达 2010 多个，正在实施的政府间合作的教育项目共有 90 余项。此外，我国与 60 多个国家和地区签订了学历学位互认的协议。与联合国教科文组织、联合国儿童基金会、开发计划署、世界银行等多个重要的国际组织建立了教育合作与交流的关系，开展了大量的合作项目。

2.部门的能力发展：保持部门与组织间的协调，促进整体高质量发展

我国关注跨境高等教育的部门和组织主要有教育部国际合作与交流司、中国高等教育学会中外合作办学研究分会、中国教育国际交流协会、跨境教育研究中心等。在我国，教育部以及高等教育部门（包括其研究部门）在能力发展战略中

1　李剑平.2020年世界各国和地区来华留学生人数将突破50万[EB/OL].（2018-11-22）[2022-03-05].

发挥着特殊的作用。国家的研究人员和学者可以对决策者提出的若干可选择的政策措施进行分析研究，预测其可能花费的成本及所得利润，分析政策的可行性并得出可行性报告，从而帮助决策者制定国家发展战略。

2010 年，国家教育部颁布了《国家中长期教育改革和发展规划纲要（2010—2020 年）》，对教育发展总体战略研究、高等教育发展战略研究、教育公平与协调发展研究、教育改革与制度创新研究、教育发展保障条件与机制研究等十个专题进行分析和探讨，以期为跨境高等教育指明方向。近年来，跨境高等教育的发展更加注重通过监管体系评估和控制质量，旨在摆脱"野鸡大学""骗子大学"的骂名。通过高校自主监督，法律法规的严格控制以及社会机构的督促，中外合作办学监管工作信息平台的试运行及开通，很大程度上保障了跨境教育的质量。

2015 年，由中国教育国际交流协会主办的"跨境教育质量保障国际研讨会"上，中国教育国际交流协会与英国高等教育质量保障机构（QAA）签署了《中外跨境教育质量保障合作共识》，双方将通过分享信息，使质量保障机构和教育机构获得更多的关于中外跨境教育的信息；通过联合评审等方式提高质量保障工作效率；通过开展联合研究、举办研讨会、实地培训等方式，加强质量保障机构的能力建设。[1]

2019 年，中国高等教育学会发布了《高等学校境外办学指南（试行）（2019 年版）》。此次发布，主要由于两方面的原因：一是高等学校境外办学实践迫切需要专业化的指导。据不完全统计，高校在境外设立和举办的办学机构和项目共 128 个，覆盖 21 个省、自治区、直辖市的 84 所高校。高校境外办学的规模虽然有限，但随着我国教育对外开放的步伐进一步加快，高校境外办学活动日益增多，希望得到专业化指导的呼声日益强烈。二是高等学校境外办学"放管服"改革迫切需要机制化的创新。要引导高校境外办学健康有序发展、规避各类办学风险、探索通过中介组织强化政策服务的有效途径，为中国高等教育学会发挥行业协会作用提供了难得的历史机遇。[2]

由此可见，在国家带领下，通过我国各个部门之间的良好协作，给跨境教育带来了劲猛的发展势头，使我国跨境高等教育向着高质量方向发展。在扩大教育的对外开放与交流中，既要学习和借鉴西方发达国家先进的科学文化和经验，又要保持本民族文化的特色，发展适应本国国情的教育。我国各部门要着眼于加强教育服务贸易的发展对接，创新合作方式，深化合作领域，建立和培育多样化伙伴关系，不断取得更多更务实的合作成果，使广大学生、广大教育工作者共同享

1　张文凌. 中国已成世界最大跨境教育资源国家[EB/OL].（2015–05–13）[2022–03–05].
2　熊旭. 中国高等教育学会就《高等学校境外办学指南》答记者问[EB/OL].（2019–09–27）.

有教育对外开放与交流的成果。[1]

（四）从社会层面看待能力发展

社会层面指的是社会习俗、习惯、价值观、规章制度、政权、政策等。那么，在这一层面的能力发展，便是促进这几方面的进一步健全和建设。在这一层面中，性别差异、种族歧视、腐败、缺乏安全性等现象都会限制社会发展，而政策与经济环境的稳定则会促进社会发展。能力发展则是通过各种政策措施努力转变那些阻碍社会发展的态度和价值观。在教育领域，要正确看待跨境教育的发展趋势，对出国和回国要有正确认识，切勿单纯崇洋媚外，单一角度进行批判。

1. 社会发展现状：留学和归国人数改变，留学性别和结构存在差异

我国学生出国留学现象与我国特定的社会、政治、经济、文化和历史背景是息息相关的。改革开放政策和高等教育国际化、市场化、大众化的理念为学生出国留学营造了有利环境，单一的教育模式与人才多元化发展需求的矛盾使得更多家庭不想挤破"高考"的独木桥，同时，经济的快速发展也促进了人们生活水平的日益提高，使得追求跨境高等教育成为可能。[2]因此，在这一国内社会背景下，海外留学的诸多优势也吸引着众多中国的学子选择出国留学，以获得良好的个人发展，体验不同的国家文化，成为具有国际视野与能力的世界公民。

但最近几年，我国出国留学的人数增长明显开始变缓。2018年度出国留学人数增加了5.37万人，增长了8.83%。相比2017年11.74%的增长率，增长速度有所放缓。中国留学监理服务网创始人胡本未分析，一是大家对于出国留学更加理性，"镀金"思想在淡化。二是近年来随着国际学校数量逐渐增多，提供给家长的选择也更加多元。越来越多家长会选择在国内接受国际教育，这在某种程度上导致低龄留学增长变缓，整体留学增长速度降低。[3]留学人员归国方面，2017年，我国出国留学人数达60.84万人，回国留学人数为48.09万人；2018年度我国出国留学人员总数为66.21万人，留学人员回国总数为51.94万人，增长了8.00%。由此可以看出，近年来，留学回国与出国留学人数"逆差"逐渐缩小。未来留学回国人数还可能继续增加。国外的就业压力、政策限制等，以及中国的发展机遇，让越来越多的海外学子选择回国。

同时，在跨境教育中还存在一定的留学类型、性别等的差异。以2014年数据为例，中国出国留学人员总数约46万人，其中自费留学42万余人。在这次调查

1　周满生. 坚定不移地扩大教育对外开放与交流[J]. 教育与教学研究，2020，34（12）：1-2.
2　洪柳. 高等教育国际化背景下我国出国留学现状及分析[J]. 河北师范大学学报（教育科学版），2013，15（2）：29-33.
3　中华人民共和国教育部. 2018年度我国出国留学人员情况统计[EB/OL].（2019-03-27）[2022-03-05].

中，在自费出国留学生中，几乎每个热门留学国家的中国学生都是女生比男生多。以美国为例，男生占 49%，女生占 51%；留英学生中，男生占 37%，女生高达 63%；另外，加拿大和澳大利亚也略同，都是女生占比多于男生。调查数据还显示，在所有出国留学的准留学生中，大部分还是出国读硕士，占总人数的 44%，紧随其后的是读本科，占比 32%，出国读博士的人数占 8%，中学及以下的小留学生增长迅速，占据了 16% 的比例。在年龄构成方面，"90 后"是主体，其中"90 后"到"94 后"占 37%，"95 后"占了 25%，"80 后"占 35%，"80 前"仅占 3%。

根据最新发布的《2020 年中国留学白皮书》，美国依然是中国留学生选择最多的国家，但优势已不再明显，该留学生群体占比 43%。而倾向英国的留学生群体占比在 2019 年大幅上升，占比 41%，大有赶超美国的趋势。与此同时，倾向选择中国香港、德国、日本的群体也逐年上升；澳大利亚、加拿大也依然占据主流留学目的国的第三位和第四位。对比 2015 年，硕士留学依旧是主体。在本科及以上意向留学人群中，来自国内普通高校和国内私立/三本高校的群体占比达 59%，较 2015 年增长了 7%，成为绝对主流的群体。[1] 整体来看，留学目的地的选择多元化趋势仍在持续，寻求优质的高等教育仍是出国留学的主要目的。

2.社会中的能力发展：顺应留学和归国趋势，达成共赢的社会共识

跨境高等教育在中国教育的发展史上扮演着重要的地位，成为继公办教育和民办教育之外的第三种教育方式。中外办学、来华留学、出国留学已经成为中国跨境教育的"三驾马车"。目前，低龄留学有上升趋势，部分家长选择低龄留学，让孩子在国外读高中，甚至初中、小学。近些年，有媒体报道，英国私校的国际学生占在校学生总数的四成以上，其中大部分的海外寄宿学生来自中国，在全部 28910 名海外学生中占 44%。我们要正视大趋势下的跨境教育发展，接纳知识多元化，顺应教育国际化的发展。

从 1978 年到 2018 年底，各类出国留学人员累计达 585.71 万人。在 2019 年一整年中，各类出国留学人员数达到 70.35 万人，其中 12.23 万人正在国外进行相关阶段的学习和研究，58.03 万人在完成学业后选择回国发展。根据智联招聘的统计数据显示，2020 年在国内求职的"海归"人数暴增 33.9%，增幅远高于 2019 年（5.3%）、2018 年（4.3%）的同比增幅。智联招聘关于"为何选择回国发展"的调研显示，56.8% 的人选择"国内疫情管控更好"。

归国就业已成为大势，留学归国人员已成为我国人才市场备受关注的群体。

---

1 新东方.中国留学白皮书[EB/OL].（2020-05-12）[2022-03-05].

选择毕业后立刻归国就业的人群占比呈持续上升的趋势。一方面是与国内相比，国外就业市场已趋近饱和，使得更多意向人群打算毕业后马上回国工作；另一方面，越来越多的意向留学群体留学的目的本身就是在国内就业增加竞争力。"不了解国内当前对'海归'人才的政策"和"不了解国内当前就业市场"是目前留学生回国的一些顾虑。所以我国还有很多工作要做，要切实地做好留学生回国的配套工作。

（五）从全球范围看待能力发展

一个国家的能力发展还需要考虑全球范围，也就是国家发展所处的国际化环境。这就关系到一系列的多边协议、国际法律等。从这一层面来看，能力发展是促进本国更多地参与多边组织、多边协议，并且充分地利用它们的优势。自20世纪70年代起，我国教育开始"走出去"，提出和参与了一系列教育国际化的活动，探索开展境外合作办学、联合科研等。伴随着我国综合国力的日益增强和教育国际化不断地深入和拓展，我国教育发展在继续做好"引进来"的同时，"走出去"的步伐也开始加快，院校开展跨境教育的积极性也在显著提高。

1."一带一路"倡议下的跨境教育发展

"一带一路"中较为突出的一条就是人才匮乏问题，解决这一现实难题，就迫切需要大力发展跨境高等教育，为共建"一带一路"提供强有力的人才支撑。《"一带一路"大数据报告（2018）》显示，截至2018年，由兰州大学发起的"一带一路"高校联盟已有170多个高校成员，国家间高等教育合作的使命与内涵不断得到丰富和发展。[1]我国跨境高等教育走的是以人才培养和资源交流为基础的双向车道发展模式。目前，双向留学与双向办学均呈现数量增加、规模扩大的特点。2012年至2017年，"一带一路"沿线国家中来华留学生数量增长了1.23倍，其中增速最快的韩国、泰国、印度等国增幅均值超过20%。来华留学的吸引力与我国综合实力进一步匹配。改革开放40余年来，我国高等教育的规模和质量有了大幅提升，已经具备较强的国际化人才培养能力。随着"一带一路"建设不断深入，沿线国家来华留学生规模将持续扩大。

但目前，我国跨境高等教育的发展仍处于"输出"大于"引入"的逆差状态，我国与沿线国家在办学范围和学历层次上也存在巨大的合作空间。同时，我国在双向办学领域还需重点解决总体数量不足、学科专业种类单一、国际化师资队伍短缺等问题。"一带一路"沿线国家参与建设的办学项目和机构虽然涉及专科、

---

1 新华社."一带一路"高校联盟生态文明主题论坛在兰州举办[EB/OL].（2018-09-26）[2022-05-25].

本科、硕士和博士 4 个层次，但研究生层次的项目非常少，共有 16 个项目，仅占总项目数的 13.8%，这与"一带一路"建设需要大量高层次创新型、复合型人才的需求存在巨大差距。

在今后的跨境教育发展中，要制定跨境高等教育中长期发展规划，进行科学合理布局，引领教育开放和跨境高等教育的发展，倡导汇集"一带一路"沿线国家和全球优质教育资源，为共建"一带一路"培养国际化人才；成立"一带一路"跨境高等教育合作联盟，参照国际组织通行模式，将有关国家纳入统一的框架协议，搭建跨境高等教育国际会商平台，不断畅通沟通、交流与协商机制；积极建立国际化人才培养基本标准，推进跨区域、跨院校学分互通互认，同时在学位标准、专业认证等方面加强合作，建立国际公认、可比较的跨境高等教育质量标准，构建具有鲜明特色的跨境办学评价体系。

2."十四五"新规划下的跨境高等教育新发展

我国教育对外开放事业取得的巨大成就，很大程度上取决于我国长期以来对外开放的自觉性和主动性。进入新时代，在教育开放国际生态环境变化和国家对外开放的新要求、新形势下，党和国家对我国教育事业对外开放的全局进行重新部署，明确了新阶段的主要方向和重点任务。2019 年中共中央办公厅、国务院办公厅印发的《加快推进教育现代化实施方案（2018—2022 年）》，将"推进共建一带一路，教育行动"列入本届政府推动教育事业改革发展的九大任务之一。因此，"十四五"期间重点布局了建设"一带一路"教育资源信息服务综合平台、建立国际科教合作交流平台、加强中外体育艺术等人文交流、优化孔子学院区域布局和加大汉语国际教育工作力度等重要任务。教育部相关负责人表示，我国正处于"两个一百年"奋斗目标的历史交汇期，对高等教育的需求比以往任何时候都更加迫切，对科学知识和卓越人才的渴求比以往任何时候都更加强烈。[1]

"十四五"期间，"双一流"高校将进一步通过创新发展，提升高等教育解决"卡脖子"问题的能力。"双一流"建设主要分为三大阶段，分别以 2020 年、2030 年和 21 世纪中叶为时间点，并以五年一轮推进，目前我国处于第一阶段的启动期。同济大学副教授张端鸿认为，各级各类高校都要通过科教融合、产教融合等途径，构建创新、协调、开放的高等教育体系。要紧扣助推高校"双一流"建设，全面提升高校创新能力，在危机中育新机、于变局中开新局，推动跨境教

1　中国高等教育学会中外合作办学研究中心.聚焦高质量发展！第十一届全国中外合作办学年会12月16日隆重举行[EB/OL].（2020-12-17）[2022-06-05].

育的高质量发展。[1]

可以看出，在"十四五"期间，面对新的外部生态环境，我国教育对外开放事业借鉴国际先进经验，加大开放模式创新力度，不断寻找新的开放路径。同时，我国为破解当前对外开放"质量不高、效能较低"的核心问题，在不断加强法律政策体系建设，围绕"提质增效"目标进行了相应的布局调整和改革推动。主要有以下几个方面的体现：

首先，我国将继续增加制度供给，营造良好的教育对外开放环境。从国际经验看，政府在跨境教育交流合作中发挥着越来越重要的作用，一方面通过法律法规和制度建设，营造良好的教育对外开放环境；另一方面在合理引进与有效利用优质教育资源过程中发挥更大的宏观调控和引导作用。其次，聚焦紧缺人才培养，不断优化教育对外开放布局。"十四五"期间，我国教育对外开放要更好地服务人才培养的核心任务，在专业、层次、区域布局等方面进行相应调整。一是优先鼓励研究生教育中外合作办学机构和独立法人资格的中外合作办学机构发展，二是专业引进要和我国紧缺人才培养结合起来，三是扶持中西部地区发展高水平的中外合作办学，四是积极推动学校赴海外地区独立办学。再者，立足提质增效，多维度保障中外合作办学质量。未来，我国教育对外开放要以"高质量发展"为引导，注重优质教育资源的引进和办学模式的创新。最后，打造中国特色"教育开放特区"，探索教育服务贸易新路。在安全、规范的前提下，应充分利用好国外和国内两种资源，发挥好市场的力量，通过跨境教育产业化运作，进一步加大我国教育领域的开放力度。

四、中国跨境高等教育的远景发展

自1978年以来，我国跨境高等教育不断扩张，不仅在数量上得到很大的发展，相应的法治建设也不断完善。2001年中国加入世界贸易组织后，对跨境高等教育的质量提出了更高的要求。当前，我国跨境高等教育正面向更高的质量工程建设继续发展。

（一）构建具有中国特色的跨境高等教育发展体系

跨境高等教育是高等教育的重要组成部分，在教育国际化潮流的影响下，发展跨境高等教育已成为我国社会发展的时代诉求。我国跨境高等教育的发展是在

1 杨飒，晋浩天."十四五"：高等教育立足当下更将引领未来[EB/OL].（2020-11-22）[2022-06-05].

政府各级教育主管部门的领导和组织下展开的，主体较为单一。随着全球化进程的加快，这种模式已经无法满足跨境高等教育多元利益主体的需求，在很大程度上抑制了社会和高校对我国跨境高等教育建设工作的积极性，忽略了市场和国际组织在跨境高等教育中的治理力量。因此构建以政府监管为基础，推动各方协同治理，形成"多点多线"运行机制的中国特色跨境高等教育发展体系是提高我国跨境高等教育质量、促进教育公平、实现各种发展正效益的关键。

1.政府：强化统筹管理

政府是我国跨境高等教育发展中的直接指挥者。政府可以以国家公共事务管理者的身份直接规划、领导和参与本国跨境高等教育的发展；同时，政府也可以采取税收、签证、奖学金、就业等方面的政策和制度以间接性的行政手段干预跨境高等教育的发展。为缓和"政府主导"的跨境高等教育实施模式与社会各利益主体需求的矛盾，在未来的发展中，政府应明确在跨境高等教育发展领域的角色定位，切实转变职能，强化统筹管理。一是成立相关协调和推广机构，切实保障我国跨境高等教育的国际化交流合作与宣传。目前，我国跨境高等教育的宣传以及协调工作主要依靠各高校自行解决，多数高校由于资金短缺和无相应组织的支持，在国际推广方面并不具有影响力，因此政府成立相关协调和推广机构是吸引国外人才来华留学或任教，提高我国跨境高等教育质量的重要手段。二是完善和更新法律法规和政策制度，为跨境高等教育的发展清除道路阻碍。我国跨境高等教育的政策主要涉及出国留学、来华留学、中外合作办学以及对外交流与合作四个方面，这些政策在特定时期发挥了各自不同的政策效应。但政策赶不上实际情况的变化会成为影响政策有效性的障碍，因此，根据社会发展和实际需求不断更新和完善政策和制度是保障我国跨境高等教育持续发展的关键基础。此外，尽管我国对中外合作办学涉及的各方面都制定了具体细则和规范，但多项政策未能够起到应有的支撑作用。每项政策的效用难以有效融合，导致中外合作办学处于四分五裂之中，出现生源质量没有保障、社会认知度不高、学位不被用人单位认可、培养出的学生难以适应就业需求等现实问题。因此政府应根据现实需求弥补跨境高等教育政策设计过程中的不足，有效促进国际化战略与体系结构的完善。除此之外，我国高等教育国际化过程中如何建立出国留学人才的引进机制，如何提高留学生的教育质量、水平和层次，如何探索中外合作办学的共同规律，如何加强与世界学术界的合作和交流等，都需要政府做好相应的政策设计和制度安排。三是积极参与跨境高等教育活动，为大学建立海外分校、合作办学、引进优秀资源等提供资金和土地支持，扩大我国国际教育的影响力。

2.高校：完善学校内部治理结构

随着经济全球化和高校自主权的不断扩大，积极开展贸易性质的跨境高等教育活动不仅是高校提高教学科研质量的重要手段，也是很多高校的重要收入来源，因此，很多高校将国际化纳入到整个办学过程之中，成为实施跨境高等教育的主体。目前，我国高校内部治理还存在以下问题，一是国际化办学理念未深入加强。虽然我国各高校国际化程度在不断提升，但仍有不少学校只把提升国际化办学水平的理念停留在口号上或文件上，而并没有切实将其作为学校重要发展战略目标，更没有将其纳入日常的教学、科研活动中。有些高校在校级层面非常重视国际化办学，但下属学院的领导、教师和学生却尚未树立正确的国际化理念，不愿主动参与学校国际化战略的落实工作。有些学院虽然开展一些国际交流活动，但很多时候都是被动完成学校下达的国际化办学任务，缺乏主动走出去交流和开展国际化办学的积极性、主动性。二是师资队伍国际化程度不高。我国内地大部分高校都缺乏能适应学校国际化发展需要的高水平师资队伍，有些高校虽然通过聘请外籍教师、引进海外留学人才等方式来提高师资队伍国际化程度，但相对来说，聘请的外籍教师或具有海外经历的教师人数占全校教师总数的比例不高，总体教师队伍结构国际化程度较低，大大制约了我国高校国际化程度的提升。三是人才培养国际化程度较低。在培养层次上，很多发达国家高校的留学生教育已发展到以研究生为主，以本科生、进修生为辅，而我国高校留学生教育目前大都以本科生教育为主、以研究生教育为辅；在专业分布上，由于我国目前高等教育发展水平与发达国家高等教育发展水平尚有较大差距，很多外国留学生来华学习的原因都是被中国的文化魅力吸引，他们在国内高校学习的学科领域分布面较窄，其中，尤以语言生占的比例最高。而在发达国家高校，外国留学生学习的专业广泛分布在各学科领域。在留学生数量上，目前，我国大部分高校的外国留学生占所有学生总数比率较低，与国际著名大学存在不小的差距。

因此我国高校应在立足自身发展战略和发展任务的基础上，完善内部治理，积极投入到我国跨境高等教育发展体系建设进程中，提升自我监督管理的能力，尤其针对跨境高等教育的项目规模、财务状况、培养方案、教学计划、教学资源、师资力量等进行全方位的监督管理。

3.社会：有序引导社会参与跨境高等教育的治理

跨境高等教育的发展与社会的发展息息相关，社会需求影响着跨境高等教育的发展方向与规模。目前，我国仍是政府"主导"的跨境高等教育实施模式，因此跨境高等教育在社会层面尚未引起关注，社会各界人士及相关社会组织参与学校跨境高等教育的积极性较低。为明确我国跨境高等教育的运行方向，人才培养目标、教学环境和资源配置等，我国应从社会层面出发，通过颁布政策及资金资助等方式动员社会各界人士，吸纳民间智慧与力量，鼓励各类中介机构、新闻媒体以及由政府授权组建的跨境高等教育行业协会、质量评估机构等第三方部门共同参与跨境高等教育的建设与发展，以促进我国跨境高等教育的外部监督与管理工作的落实与发展。

4.市场：合理运用市场机制

市场是跨境高等教育发展中一只隐形的调控之手。20世纪80年代后，高等教育市场化、教育服务贸易商品化等理念在世界高等教育界逐渐兴盛，获取巨额经济收益成为一些发达国家跨境高等教育发展的重要价值取向；包括我国在内的新兴经济体国家经济产业结构的调整呼唤着高质量的高等教育，在自身能力供给不足的情况下，转而运用重金获取海外优质高等教育资源，而跨境高等教育的输出国则自然受市场机制作用在全球进行教育输出。由此市场成为驱动跨境高等教育发展的主要因素。市场之于跨境高等教育的发展是一把双刃剑，市场机制的有效发挥可以促进跨境高等教育资源的合理流动和分配，但过度发挥也会影响跨境高等教育质量，乃至于损伤一国的教育公平和加剧知识资源在全球不同国家和地区的分布失衡。因此不应让市场逻辑充斥领导跨境高等教育的发展，我国应加强监管，合理运用市场机制。

5.国际组织：借助国际组织力量，推动跨境高等教育发展

在跨境高等教育领域内，国际组织的作用日益显著。具有重要影响力的有联合国教科文组织、经济合作与发展组织等，国际组织对跨境高等教育发展作用的发挥主要通过学位跨国互认、发布指导性意见、制定质量标准与指南、开展科学研究并发布研究报告、举办国际交流与合作活动等途径实现，[1] 他们对提高跨境高等教育资源信息透明度、跨境高等教育质量保障、跨境高等教育交流与合作及研究等均起到不同程度的积极作用，已经成为继民族国家政府和市场机制外，第三方影响跨境高等教育发展的重要力量。面对全球范围内复杂形势

---

1 林金辉.新时代的中外合作办学[M].厦门：厦门大学出版社，2019：205.

的挑战，顺应国际发展潮流，扩大中国教育在全球的影响力，我国可以从以下两方面着手：一是积极寻求诸如联合国教科文组织和经济合作与发展组织等国际组织的支持，以此助力我国跨境高等教育的快速发展，进一步推广中国教育；二是借助"一带一路"国际合作高峰论坛、上海合作组织、亚太经合组织、中非合作论坛等现有双边和多边区域性合作平台，积极推动区域性教育交流与合作，强化学者和学术机构之间的国际联系，夯实民心相通的认知基础，为我国跨境高等教育发展保驾护航。

（二）健全质量保障机制

跨境高等教育的质量保障问题为大多数政府人员和研究者所关注。在经济全球化和大学国际化不断深化的背景下，由于跨境高等教育参与办学的利益主体多元，利益诉求差异较大，从而导致对其质量保障的认识、需求及要求相去甚远，跨境高等教育质量保障问题日益突出。一方面单方或单一质量保障机构的评估与认证难以同时满足输出国和输入国诸多利益相关方的需求和要求，对于身处至少两种不同教育制度环境中的跨境教育实践来说，可能会存在标准的冲突，导致一国教育质量保障规则体系在跨境教育输入和输出的某一方甚至两个方面都会遇到适用问题。另一方面，仅靠输出国和输入国某一方或单一质量保障机构的力量，难以保障所有类型和层次的跨境高等教育质量。这些都会对现有的质量保障规则带来新的挑战。因此我国必须从国情出发，着眼于世界跨境高等教育发展的趋势，构建由输出国和输入国共同合作的外部质量保障体系，加强国家和地区或国家联盟的合作，并结合跨境高等教育的特征、现状及发展规律，健全质量保障机制。

1.构建由输出国和输入国共同合作的外部质量保障体系

构建由输出国和输入国共同合作的外部质量保障体系是我国跨境高等教育发展的时代诉求。目前，输出方和输入方的合作停留在以交流、共享信息为主的初级阶段，双方应该积极寻求在此基础上的实质性活动，比如共建、共享跨境学位项目数据库，共同开发和完善质量保障的标准，共同培养承担跨境学位项目质量保障的后备人才，共同参与各自的质量保障活动，乃至共同设计和开展质量保障活动。合作重点应该是双方携手提供公开透明的信息。公开的信息将在质量保障中发挥越来越大的作用，无论是政府、质量保障机构、高等院校、办学者、学生、家长还是雇主，从各自不同的立场出发，都希望获得有关跨境学位项目确切、可靠的信息，包括课程、学术要求、成绩评价方法、教师基本情况、学生支持措施

等。这些信息将成为他们比较、判断学位项目质量的重要依据。

2. 推进与国外质量保障机构的合作

随着跨境教育及教育信息技术的飞速发展，教育已不再是各国关起门来单打独斗的"家事"。在区域一体化的进程中，各国需要相互合作，共同促进国际人才流动。教育质量保障机构是跨境高等教育质量保障中的重要角色，不论是教育的输入国还是输出国，若缺乏对方质量保障机构的支持与合作，则难以全面、动态地获取境外教育机构办学的信息资料，从而不利于有效、高效地开展和完成跨境高等教育质量保障工作。[1]另外，输入国和输出国在对同一跨境高等教育机构开展教育评估、审查或认证时若缺乏合作，一方面可能存在工作重复的问题，一定程度上会增加该教育机构的人力、物力、财力等多方面的支出和负担，对于双方质量保障机构也会造成资源浪费；另一方面也不利于质量保障机构对彼此质量保障政策与实践的认识和理解，影响评估、审查或认证结果与决定的互认。目前我国高等教育教学评估中心已经与国际高等教育质量保障网络组织（INQAAHE）、亚太教育质量保障网络组织（APQN）、俄罗斯联邦国家公共认证中心（NCPA）、日本大学改革支援与学位授予机构（NIAD-QE）以及韩国大学教育委员会（KCUE）建立了长期合作关系。但除北京（含教育部）、江苏、上海、广东等地的教育评估机构外，全国教育评估机构总体上与国外质量保障机构合作参与程度偏低。因而我国应推进与国外质量保障机构的合作，鼓励和推动更多教育评估机构更大范围地积极参与国际与区域教育质量保障网络组织，融入这些组织内部，承担组织运行相关工作，提升业务能力，建立稳定的国际合作关系。此外，在推进与国外质量保障机构的合作机制建设过程中，我国质量保障机构一方面应不断完善和推广本国教育文化和理念、质量及质量保障标准与体系；另一方面还需清醒地认识国外质量保障机构在这些方面对我国教育的侵蚀和冲击，防止过度西化。

（三）发展跨境远程高等教育

在信息和网络技术迅速发展的背景下，高等教育已经进入了无边界时代，远程教育的国际化成为各国实施跨境高等教育的重要方式。远程学习方式能够与传统学习方式相互融合并互相补充，不仅提供了另外一种获取学位的方法，而且可以有效实现课程的再培训及更新，不用中断工作或者费时费力地去学校上课。因此，发达国家传统的大学也越来越强调通过远程教学的方式输出跨境高等教育，这使

1　郭丽君.中国跨国高等教育质量保障体系研究[M].北京：社会科学文献出版社，2014：170.

得跨境高等教育服务贸易中纯跨境交付形式将更多地与境外消费和商业存在形式结合，呈现出巨大的发展潜力。对我国而言，尽管开放与远程教育近年来取得了很大进步，但大多数中国领导人和学者并不认为在线教育课程是跨境高等教育的最佳途径。一是因为语言障碍。大多数国外的在线教育课程多为英语教学，这些教育课程在一定程度上不能照顾到中国学生的文化和语言需求；此外，在线授课缺乏更多的时间去澄清教学内容中的概念及其他学习内容问题。若不以英语为母语的学生误解了教师的授课内容，这种误解将在教育过程中一直延续下去。二是开放与远程教育，特别是通过在线技术提供的类型，东道国对于国外大学提供了什么教育课程很难进行监管和规范。三是学位认证不受支持。根据 2018 年公布的《教育部留学服务中心国（境）外学历学位认证评估办法》，通过跨境远程教育方式获得的国（境）外学历学位证书和高等教育文凭暂不在教育部的认证范围内。[1]

1.促进跨境远程高等教育认证全面展开

随着信息通信技术的广泛应用，跨境远程高等教育发展迅猛，国内外院校（机构）对在跨境远程学历教育领域开展合作表现出浓厚的兴趣。促进跨境远程高等教育学历学位认证是促进教育公平，扩大受教育群体的重要手段之一。我国教育部留学服务中心早在 2014 年就组织远程高等教育领域的部分专家学者对跨境远程高等教育学历学位认证工作进行专题调研，并成立认证专家委员会做进一步深入的研究，但目前跨境远程高等教育的认证工作还未真正全面展开。跨境远程高等教育学历能否得到认证，并不是简单的教育问题，其背后涉及政治、经济、文化甚至意识形态等各种复杂的因素，业界人士对这一问题的态度、观点也并不一致。解决这个问题，并非能一蹴而就，只有在坚持教育主权的前提下，把握好跨境远程高等教育学历可比性、透明性和可读性原则，学习国外在跨境远程高等教育学历认证方面的经验和举措，扎实构建好我国的资历框架和认证网络，制定好相关的认证标准和办法，经过试点探索研究后，跨境远程高等教育学历认证工作才能真正全面展开。

2.建立跨境远程高等教育质量保障体系

传统高等教育质量标准并不适合跨境远程高等教育体系，跨境远程高等教育体系需要自己独特的质量保证体系。[2] 目前跨境远程高等教育质量面临着诸多

1　叶雨婷. 教育部留学服务中心邀请多方人士支招：暑假将至 留学生何去何从[EB/OL]. （2020-05-19）[2021-05-23].
2　窦梦茹，郝丹. 质量：远程教育和基于信息通信技术教育的关键——国际开放与远程教育协会（ICDE）2006 国际会议综述[J]. 中国远程教育，2006（5）：19-24.

挑战。一方面，跨境远程高等教育的教育过程、学习方法、评价方法，都与传统高等教育是不相同的，因此与同一国家中的传统高等教育机构相比较，其学术标准和资质评价系统难以进行评估。另一方面，办学的过程和程序应当能在国际背景下的开放和远程教育领域中得到评估，但目前并没有一个国际认可的、有关课程内容和资质的标准和定义。此外由于跨境远程教育质量保障体系的不完善，当前许多并无资格招收国际留学生的高校，借助虚拟教育体系，将教育服务的对象拓展到了世界各地。多数虚拟大学学生地域分布较广，而且突破了国家的界限，[1]难以保证教育质量，对跨境远程学习者造成严重的利益损害。此外，还有一些经常被提及的重要问题，包括如何为境外接受远程教育的学生提供支持性服务，例如：学生如何利用图书馆和其他研究资源；课程中发布的知识是否客观、准确；教学内容是否能够及时更新；在世界各国本土化课程中，翻译的课程是否符合原创者的意图等。这些问题都是关系跨境远程教育质量的关键问题，而这些问题的答案目前还处在不断探索的阶段。如何建立好跨境远程教育质量保障体系是跨境远程教育可持续发展的前提和保证，同时也为跨境教育质量保障制度的建立提出了新的挑战。

（四）提升中外合作办学的层次和水平

自中国加入世界贸易组织以来，中外合作办学进入高速发展阶段。根据中国教育部中外合作办学监管工作信息平台公布的数据，截至 2021 年 3 月，包括北京、上海、天津和重庆 4 个直辖市、江苏等 22 个省以及广西等 5 个自治区在内，依据《中外合作办学条例》及其实施办法批准设立和举办的中外合作办学机构有115 个，相比 2017 年增加了 73 个，中外合作办学项目有 873 个。[2]随着中外合作办学规模的扩大，由于教学服务管理水平没有及时跟上，在人才培养上不平衡不充分的问题日益显现，主要表现在有些学校将经济效益放在首位、优质教育资源引进不足、培养机制不健全、培养质量不高、与社会实际需求"脱节"等。

1.瞄准国家重大战略需求，拓展国际合作

中外合作办学是新时代中国对外开放的重要载体，随着我国参与全球治理能力的大幅提升，中国倡导、发起的多边合作机制和平台也不断增多，比如"一带一路"倡议，金砖国家合作组织，上海合作组织、"双一流"建设，创新驱动发展战略、健康中国战略等，都急需熟悉相关国家和相关领域的专业人才，因此中外合作办学必须紧紧瞄准国家重大战略需求，对接我国发展需要，利用好高质量

---

1 董秀华.从网上看国外虚拟大学[J].教育发展研究，2002（5）：53-55.
2 中外合作办学监管工作信息平台.教育部审批和复核的机构及项目名单[EB/OL].（2021-03-25）[2022-06-05].

的合作平台，积极学习国际先进技术，大力培养"高精尖急缺"人才，以此提升人才培养质量。

2. 创新制度安排，加大改革力度

尽管我国针对中外合作办学出台了相关政策措施，对审批程序和准入条件不断优化，持续开展评估和学历学位认证，以及初步建立了退出机制，但是这些制度的时效性、创新性和可操作性还有待进一步提高，不同维度机制之间的衔接性、关联性还不够强。为促进中外合作办学的可持续健康发展，必须首先从制度创新入手。其一，通过政策调控，优化地区、层次、学科专业整体布局，拓宽外方合作者所在国别范围。其二，抓紧修订《中外合作办学条例》及其实施办法。《中外合作办学条例》及其实施办法颁布实施至今已有十几年，一些条款暴露出一定的局限性，难以满足现阶段中外合作办学发展需要，亟须修订和完善，解决教育对外开放中出现的新情况、新问题。在《中外合作办学条例》修订过程中，应该处理好教育"引进来"和"走出去"的关系。现行文本中，明确规定中外合作办学是"以中国公民为招生对象"的教育活动，没有"走出去"境外办学的维度，这样就使得中外合作办学的概念"窄化"，不利于教育资源的整合和"一带一路"倡议的推进，建议在修订中把"走出去"办学的概念融入中外合作办学各层次框架和法律中。此外，随着信息化技术的发展和慕课的兴起，境外优质远程教育资源可以更为方便地获得，而在这方面的政策尚是空白，建议在修订中给予明确和规范。其三，要创新中外合作办学评估体系，创建独立的第三方社会中介评估机构，将合作办学的办学审批权和办学水平的评估权分离；强化过程评估与申报审批环节相关性及延续性，加大依法保障的力度。采用通讯评估、区域会评、实地考察相结合的评估办法，重点解决为什么评、评什么、怎么评、谁来评问题，着力提高评估结果社会公信力。

3. 与国际一流高校合作，引进优质教育资源

新时代赋予中外合作办学新的使命、新的担当。与国际一流高校合作，引进优质教育资源，进而服务于我国高校一流学科建设是我国高校提高中外合作办学的水平和层次的新思路。由于中外合作办学既是学习借鉴发达国家办学经验的新探索，又是扎根中国大地办教育的新实践。因此要充分利用引进世界优质教育资源的天然优势，发挥示范引领作用。引进一流大学、一流学科和高水平师资，在交流互鉴中合作开展课程开发和科研创新，为切实推动"双一流"高校建设，推动经济高质量发展提供高水平的人才支撑。如上海大学悉尼工商学院是国内成立

比较早的中外合作办学机构，从 1994 年发展至今，对学校"双一流"建设起了明显的推动作用。学院近年来学生就业率达到 100%，生均就业质量位居各高校前列。在建设"双一流"大学的教育大背景和环境下，扎根本土、接轨国际，培养国际型的商业人才。[1]

1　徐倩.新时代如何发展中外合作办学[EB/OL].（2019-08-05）[2021-05-23].

后记 / Postscript

　　跨境教育是高等教育全球化时代国家间教育交流合作、教育服务贸易的重要形式，是高等教育国际化发展的重要形态，也是文明互鉴、文化互习、民心互通的重要渠道，在当前变动不居的世界中扮演着国际交往信使、国际关系润滑剂、国际事务缓冲器等重要角色。

　　新时代中国高等教育肩负着实现现代化和建成高等教育强国的历史使命，面临着深化"一带一路"教育共建共享、深度参与教育全球治理、从世界教育舞台边缘走到中央、传递国际教育的中国声音、展示全球教育的中国风采的历史重任。人员、课题、机构等的国际流动、跨境活动和全球生发是新时代中国高等教育自信自强的必然要求。从之前以学习提升为主要目的的"走出去"留学和优质资源"请进来"并存的单向国际化，到如今学习提升与输出教育理念、规则和资源的"走出去"办学并重的双向国际化，中国高等教育进入了高水平对外开放的全新阶段，必须盘活、用好、用足跨境教育这一基本的抓手。

　　美国、英国、澳大利亚等国家和欧洲、东南亚等地区以及经济合作与发展组织、世界贸易组织等国际组织在高等教育跨国和区域性流动方面进行了各具特色的多样化探索，积累了值得借鉴的经验，基本能代表国际跨境高等教育的丰富实践和发展现状。本书选择这些代表性国家、地区、国际组织等开展的跨境高等教育活动作为分析对象，分别总结其历史发展、实践现状和发展经验，以资我国高等教育对外开放尤其是高等教育"走出去"办学的开创性事业行稳致远参考借鉴。

　　本书得以出版是团队协作的结果，其中本人进行了整体思考、设计和组织协调、全书统稿和校正，并与罗雅馨老师和李竹老师一起承担了第一章的研究任务；第二至八章的研究任务分别由方小田博士、吴妍博士、肖前玲博士、杨英博士、司俊峰博士、孙贵平博士和唐晓玲教授带领各自团队完成；罗雅馨老师承担了大量统稿和校对工作。本书能顺利出版还离不开重庆市国际教育发展研究中心、重庆大学出版社各位领导和专业人士的大力支持和辛苦工作。在此对以上各位老师、领导和专家表示衷心的感谢。当然，由于本人学术能力不足和学术视野有限，本书必然存在诸多疏漏和不足，敬请大家批评指正。

彭　江

2022 年 10 月 16 日于歌乐山麓